Ideias e formas virais

CB053943

SERVIÇO SOCIAL DO COMÉRCIO
Administração Regional no Estado de São Paulo

Presidente do Conselho Regional
Abram Szajman
Diretor Regional
Luiz Deoclécio Massaro Galina

Conselho Editorial
Áurea Leszczynski Vieira Gonçalves
Rosana Paulo da Cunha
Marta Raquel Colabone
Jackson Andrade de Matos

Edições Sesc São Paulo
Gerente Iã Paulo Ribeiro
Gerente Adjunto Francis Manzoni
Editorial Clívia Ramiro
Assistente: Maria Elaine Andreoti
Produção Gráfica Fabio Pinotti
Assistente: Ricardo Kawazu

Ideias e formas virais

O modernismo de 1922 em artes cênicas, música e cinema

Alvaro
Machado
[org.]

© Alvaro Machado, 2023
© Edições Sesc São Paulo, 2023
Todos os direitos reservados

Preparação Amanda Mendes
Revisão Mario Tommaso Pugliese Filho, Elba Elisa Oliveira
Pesquisa de imagens Alvaro Machado
Capa, projeto gráfico e diagramação Homem de Melo & Troia Design

Todos os esforços foram realizados para obtermos a
permissão dos detentores legais dos direitos das
imagens deste livro. Caso recebamos informações
complementares, elas serão devidamente creditadas
na próxima edição.

Dados Internacionais de Catalogação na Publicação (CIP)

Id25
Ideias e formas virais / Organização: Alvaro Machado.
— São Paulo: Edições Sesc São Paulo, 2023. —
296 p. il.: fotografias.

ISBN: 978-85-9493-270-9

1. Modernismo. 2. Semana de Arte Moderna de 1922.
3. Música. 4. Artes cênicas. 5. Cinema. I. Título.
II. Machado, Alvaro.

CDD 709.81

Elaborada por Maria Delcina Feitosa CRB/8-6187

Edições Sesc São Paulo
Rua Serra da Bocaina, 570 — 11º andar
03174-000 — São Paulo SP Brasil
Tel.: 55 11 2607-9400
edicoes@sescsp.org.br
sescsp.org.br/edicoes
f X 回 ▶ / edicoes**sescsp**

Theatro Municipal

SEMANA DE ARTE MODERNA

PROGRAMMA DO PRIMEIRO FESTIVAL

SEGUNDA-FEIRA, 13 DO CORRENTE — A's 20.30 horas

1.a PARTE

Conferencia de Graça Aranha:

A emoção esthetica na arte moderna, illustrada com musica executada por Ernani Braga e poesia por Guilherme de Almeida e Ronald de Carvalho.

Musica de camera

VILLA-LOBOS

1 — Sonata II de violoncello e piano — 1916).
   A (Alegro Moderato — B (Andante — C (Scherzo — D (Alegro vivace sostenuto e final.
   Alfredo Gomes e Lucilia Villa-Lobos.

2 — Trio Segundo (1916) violino, cello e piano.
A (Allegro Moderato — B (Andantino calmo (Berceuse-Barcarola) — C (Scherzo-Spiritoso — (Molto Allegro e final.
   Paulina d'Ambrosio, Alfredo Gomes e Fructuoso de Lima Vianna.

2.a PARTE

Conferencia de Ronald de Carvalho:

A pintura e a esculptura moderna do Brasil

3 — Solos de piano — Ernani Braga.
(1917) A (Valva Mystica — (Da simples collectanea
(1919) B (Camponeza Cantadeira — "Da suite floral".
(1921) C (A Fiandeira.

4 Ottetto — (Tres dansas africanas)

   A (Farrapos — (Dança dos moços) 1914.
   B (Kankukus — (Dansa dos velhos) 1915.
   C (Kamkikis — (Dansa dos meninos) 1916.

Violinos, Paulina d'Ambrosio, George Marinuzzi, Arlando Frederico.

Violoncellos, Alfredo Gomes, Basso, Alfredo Carazza Flauta: Pedro Vieira, Clarino: Antão Soares. Piano: Fructuoso de Lima Vianna.

Preços para as 3 recitas:

CAMAROTES e FRISAS, 186$000   CADEIRAS e BALCÕES 20$000

Aquém e além da Semana

Danilo Santos de Miranda

Diretor do Sesc São Paulo (1984 a outubro de 2023)
Texto escrito em agosto de 2023

Muito já se falou sobre o que ocorreu no Theatro Municipal de São Paulo, nas três noites da Semana de Arte Moderna, em fevereiro de 1922, durante suas sessões literomusicais e exposição — povoadas por leituras de manifestos renovadores, declamações de poemas rompedores de passadismos, audições da nova música e exibição de obras plásticas antiacadêmicas, além de uma *performance* de dança. Também as manifestações culturais populares vigentes na ocasião, porém apartadas do nobre palco paulistano, vêm sendo objeto de atenção e visibilização por parte de pesquisadores imbuídos das necessárias reparações históricas frente a hierarquizações e apagamentos característicos de uma memória nacional seletiva e mesmo discriminatória.

Menos se tem falado, contudo, dos gêneros consagrados ausentes do programa em si da Semana, especialmente as artes dramáticas, em que pese o lugar privilegiado ocupado por elas no panteão da arte — dadas as sínteses que seus artífices experimentam por meio da combinação das demais modalidades expressivas. Lançada no ano subsequente ao do centenário do acontecimento vanguardista, cuja efeméride foi marcada pela publicação de uma miríade de estudos, esta coletânea chega em tempo de situar o leitor sobre o "estado da arte" do teatro no eixo São Paulo-Rio de Janeiro, nas primeiras décadas do século XX, assim como radiografa suas consequências para as gerações seguintes. A isto se propõe o presente volume organizado por Alvaro Machado, que também inclui retrospectos sobre o circo, o cinema e a música, facultando uma compreensão mais abrangente do panorama artístico do período.

A não encenação de criações dramatúrgicas na jornada inaugural modernista revela-se, por outro lado, uma pista eloquente da situação coetânea do teatro no país, em termos estéticos. A despeito das assimetrias entre a ainda provinciana capital paulista e a então Capital Federal, a atividade teatral era constante em ambas as cidades. Em São Paulo, no entanto, o meio em questão se mantinha retardatário face às revoluções formais instauradas nos campos da literatura e das artes plásticas, aferrado que seguia ao melodrama e ao moralismo pretensamente exemplar, antiquados em suas representações — daí não ter sido incorporado ao evento no Municipal. Em contraponto, no Rio dessa época, era patente o processo de modernização cênica, apesar da indisponibilidade da crítica em reconhecê-lo naquele momento. Pode-se afirmar, com segurança, que o teatro moderno no Brasil emerge primeiramente no ambiente cultural carioca.

Houve, todavia, trânsito intenso entre os dois enclaves, com artistas do Rio de Janeiro se apresentando em São Paulo e criadores paulistas (ou aqui radicados) colaborando com as empreitadas daqueles. Fazendo jus à máxima de que o teatro englobaria as demais formas de arte — no sentido de conjugar múltiplas expressividades numa mesma peça —, era profícuo o intercâmbio da "gente do teatro" com escritores, artistas plásticos, compositores e coreógrafos, vários deles influentes na Semana de 22. Suas colaborações eram decantadas em espetáculos que, já naquela altura, passavam a explorar as materialidades próprias do som, da luz, do cenário, das rubricas e das formas de ocupação do palco pelos corpos, para além dos usos ilustrativos desses expedientes.

O amálgama de estímulos estéticos propiciado pela obra cênica moderna, conquanto tardio na terra que deu vida a Macunaíma, viralizará século XX afora, assumindo papel-chave na trajetória de modernização das artes no Brasil — convivendo com outro gênero igualmente não contemplado nas três noites históricas da Pauliceia: o cinema. Foi o descompasso entre as renovações desses domínios que, em contrapartida, ensejou assimilações entre eles. Exemplo disso é a figura do herói sem nenhum caráter, protagonista do romance de Mário de Andrade. Publicado em 1928, o livro foi adaptado para o cinema por Joaquim Pedro de Andrade em 1969 e vertido para o palco em 1978, na memorável encenação dirigida por Antunes Filho. Nessas passagens de um terreno a outro, em fases distintas, a modernidade antropofágica brasileira demonstra que a deglutição programática se processava inclusive de um meio em relação a outro, como se uma linguagem devorasse as potências da outra para se desenvolver.

Theatro Municipal

SEMANA DE ARTE MODERNA

PROGRAMMA DO PRIMEIRO FESTIVAL

SEGUNDA-FEIRA, 13 DO CORRENTE — A's 20.30 horas

1.a PARTE

Conferencia de Graça Aranha:

A emoção esthetica na arte moderna, illustrada com musica executada por Ernani Braga e poesia por Guilherme de Almeida e Ronald de Carvalho.

Musica de camera

VILLA-LOBOS

1 — Sonata II de violoncello e piano — 1916).

A (Alegro Moderato — B (Andante — C (Scherzo — D (Alegro vivace sostenuto e final.

Alfredo Gomes e Lucilia Villa-Lobos.

2 — Trio Segundo (1916) violino, cello e piano.

A (Allegro Moderato — B (Andantino calmo (Berceuse-Barcarola) — C (Scherzo-Spirituoso — (Molto Allegro e final.

Paulina d'Ambrosio, Alfredo Gomes e Fructuoso de Lima Vianna.

2.a PARTE

Conferencia de Ronald de Carvalho:

A pintura e a esculptura moderna do Brasil

3 — Solos de piano — Ernani Braga.

(1917) A (Valva Mystica — (Da simples collecta)

(1919) B (Camponeza Cantadeira — "Da suite rural)

(1921) C (A Fiandeira)

4 Ottetto — (Tres dansas africanas)

A (Farrapos — (Dança dos moços) 1914.

B (Kankukus — (Dansa dos velhos) 1915.

C (Kamkikis — (Dansa dos meninos) 191?.

Violinos, Paulina d'Ambrosio, George Marinuzzi, Arlando Frederico.

Violoncellos, Alfredo Gomes, Basso, Alfredo Caramz Flasta: Pedro Vieira, Clarino: Antão Soares. Piano: Fructuoso de Lima Vianna.

Preços para as 3 recitas:

CAMAROTES e FRISAS, 186$000   CADEIRAS e BALCÕES 20$000

Bilhetes á venda no theatro Municipal e na secretaria do Automovel Club de São Paulo.

A aventura da modernização, teoria e prática:
São Paulo e mais além

Alvaro Machado

À memória de Décio de Almeida Prado.

Anúncio de jornal para a primeira noite da Semana.

Este volume é mais um fruto das comemorações dos cem anos da Semana de Arte Moderna de 1922. Foi idealizado pela editora Isabel Alexandre e por mim desenvolvido com o intuito de evidenciar aspectos artísticos centrais do modernismo de 22 e suas mais significativas consequências na renovação de ideários e estéticas no teatro, na dança, na música e no cinema brasileiros ao longo de um século.

Já esta introdução procura traçar — a partir do influxo da Semana de 22 e de obras de seus integrantes datadas de anos precedentes — um panorama da fascinante aventura da modernização cênica brasileira, sobretudo no Rio de Janeiro das décadas de 1920 e 1930, em iniciativas de dezenas de inquietos artistas e autores, tanto cariocas como convergidos de várias regiões brasileiras à então Capital Federal. Este texto roteiriza, ainda, os capítulos do próprio volume por meio de indicações de desenvolvimentos temáticos.

———

É patente que uma das grandes contradições da Semana de 1922, de imensurável poder formador na cultura brasileira, reside no fato de o teatro ter sido alijado de sua programação — justamente essa arte ao mesmo tempo origem e pináculo da prática literária. A lacuna foi sublinhada pelos principais críticos teatrais do país e também pelos próprios idealizadores do evento em suas fecundas atividades críticas em jornais e revistas, sobretudo por Antônio de Alcântara Machado, conforme o capítulo 2 deste volume.

De acordo com Sábato Magaldi, escrevendo com Maria Thereza Vargas, "o teatro, como se sabe, não figurou na Semana de Arte Moderna de 1922. Talvez porque, sendo uma síntese de elementos artísticos, supusesse a renovação prévia das artes que o constituem".[1] O flagrante atraso no meio teatral não impediu, porém, a pesquisa de novas formas dramatúrgicas pelos principais integrantes do movimento, a exemplo de Mário de Andrade, com a "tragédia" curta *Moral quotidiana*, escrita em 1922 e publicada pela primeira vez no segundo número de *Estética* (jan.-mar. 1925), uma das revistas porta-vozes do modernismo, editada por Prudente de Moraes Neto e Sérgio Buarque de Holanda.[2] *Moral,* um dos tópicos abordados no capítulo 1 desta coletânea, foi dedicada ao escritor e jurista Tácito de Almeida, outro colaborador da Semana e da revista *Klaxon* (1922-23). Tácito era irmão do poeta Guilherme de Almeida, este o parceiro de Oswald numa primeira escrita teatral na década anterior, como se lê no capítulo 3.

O mesmo número de *Estética* também revelou a uma legião de novos leitores o escritor mineiro Aníbal Machado, estabelecido no Rio de Janeiro e mais tarde cofundador da companhia carioca Os Comediantes, abordada mais adiante nesta introdução. No jogo literário, frequente no período, de dedicatórias e epígrafes a indicarem colaborações e influências, o saboroso conto de Aníbal nessa revista — "O rato, o guarda civil e o transatlântico", com situações e diálogos delirantes — é dedicado, por sua vez, ao criador do carioca Theatro de Brinquedo, Álvaro Moreyra, que, ao conviver, ao lado de sua esposa Eugênia, com os artífices da Semana em salões literários na década de 1920, se tornaria objeto da admiração dos escritores paulistas.

A longa *performance*

Não obstante a ausência de dramaturgias, o caráter de *performance* de todo o movimento sediado no Theatro Municipal de São Paulo em fevereiro de 1922 tem sido sublinhado por diversos teóricos nos últimos anos.[3] A contribuir para essa constatação, as intervenções alçadas ao palco nobre e votadas a *épater le borgeois,* ou diretamente ao escândalo, foram suficientemente documentadas e festejadas *a posteriori* pelos próprios integrantes da

---

1 *Cem anos de teatro em São Paulo* (1875-1974), São Paulo: Senac, 2001, p. 192.
2 *Estética*, órgão nacional do movimento modernista em sua segunda fase, n. 2, São Paulo, jan.-mar. 1925.
3 Por exemplo, na seguinte formulação da professora e pesquisadora Elizabeth R. Azevedo: "Se procurarmos o 'teatro', aquele do texto, atores, enredo, fábula... de fato, não o encontraremos na Semana. Mas se pensarmos em termos de: performatividade, atuação, roteiro... poderemos recuperar uma espetacularidade da Semana. Uma espécie de camada oculta, criptoteatro, que esteve presente nos três dias de fevereiro". Em: "Esgalga chama: a participação da bailarina Yvonne Daumerie na Semana de Arte Moderna", *Revista de História da Arte e da Cultura*, v. 3, n. 2, Campinas, jul.-dez. 2022, p. 34.

Semana. Por exemplo, na *Revista Anual do Salão de Maio* (1939), editada em São Paulo por Flávio de Carvalho, a jornalista Carminha de Almeida lembrou ter assistido assustadíssima, já que ainda era menina, a um dos discursos de Mário de Andrade no saguão do Municipal: "Não é preciso dizer que a imprensa, com exceção do *Correio Paulistano*, atacou sis-te-ma-ti-ca-men-te. *O Estado de S. Paulo* publicou uma nota nestes termos: 'As colunas da seção livre deste jornal estão à disposição de todos aqueles que, atacando a Semana de Arte Moderna, defendam o nosso patrimônio artístico'". Já Guilherme de Almeida lembrou, na mesma revista, certo aspecto circense das noites:

> A célebre "palhaçada" — pobres de nós! — do Teatro Municipal foi apenas uma válvula que deixou escapar todo o vapor acumulado. [...] Resultado? — Nós. No princípio muita vaia, muitas pedras, iguaizinhas àquelas que se jogaram no proto-mártir Santo Estevão. Quando virá a canonização dos mocinhos que quiseram destruir os cânones?[4]

A "palhaçada" foi, pois, de caso pensado. Na formatação das três datas daquela semana de fevereiro de 1922 no nobre edifício inaugurado apenas onze anos antes — três "festivais", como anunciado na imprensa, com ingressos de preços mais ou menos elevados —, com leituras de manifestos de renovação estética e literária alternadas a declamações de poemas e de trechos de romances antiparnasianos, bem como audição de nova música clássica francesa e brasileira eivada de ironias dirigidas à tradição acadêmica, e, ainda, exposição de obras de arte de extração pós-impressionista ou cubista, buscou-se deliberadamente impactar e provocar a revolta do público.

Conforme o precedente histórico mais evidente, a intenção seria repetir o abalo provocado pela apresentação da coreografia *A sagração da primavera,* da dupla Nijinski-Stravinski, com a Cia. Ballets Russes, em Paris, a 29 de maio de 1913, marco lendário nas artes no século XX. Porém, segundo as "más línguas", que não faltaram para resenhar a Semana após a última noite, de 17 de fevereiro, a busca de escândalo e a "teatralização da insatisfação artística" do grupo, reunido já em janeiro de 1918 para defender a "Exposição de Pintura Moderna" de Anita Malfatti, obedecia a ditames derivados do futurismo italiano — uma das sementes do fascismo de Benito Mussolini —, movimento artístico do qual o grupo procurava aflitamente desvincular-se, porém sem muito sucesso após um artigo elogioso, dedicado por Oswald a Mário, intitulado "O meu poeta futurista", no *Jornal do Commercio,* em maio de 1921, em torno de versos que iriam constituir *Pauliceia desvairada.*[5]

---

4 "Ideias de 1922", *Revista Anual do Salão de Maio (RASM),* n. 1, São Paulo: ed. Flávio de Carvalho, maio 1939, p. 33.

5 Conforme Maria Eugênia Boaventura, no artigo "A teatralização da insatisfação: a Semana de Arte Moderna", a expressão constante desse título teria aparecido em artigos de jornais logo após o evento. Em: Marcos Antônio de Moraes (org.), *Semana de 22 — olhares críticos.* São Paulo: Edições Sesc-Publicações BBM, 2022, p. 33.

Não obstante, ainda em 1918, os bailarinos do célebre empresário russo Sergei Diaghilev executaram, em São Paulo e no Rio de Janeiro, um programa que incluía um número de potencial estranhamento até hoje: a iconoclástica coreografia *L'après-midi d'un faune,* de Vaslav Nijinski, estreada em 1912, sobre a música de Claude Debussy, por sua vez inspirada no poema homônimo de Mallarmé. Porém, àquela altura, a temporada brasileira da companhia franco-russa foi unanimemente aplaudida. Assistiu a essas apresentações Heitor Villa-Lobos, a grande "descoberta" musical da Semana paulistana, conforme o capítulo 7 desta antologia. O compositor carioca teria estudado a fundo as partituras do século XX especialmente pensadas para os Ballets Russes e regidas nos teatros municipais das duas capitais brasileiras pelo suíço Ernest Ansermet. A esse maestro, justamente, Villa dedicou seu poema sinfônico *Tédio da alvorada* (1918), retrabalhado para transformar-se, em 1935, no balé *Uirapuru* (1935).[6]

Pelas reações da maioria do público do evento de 22 — a ponto de, na terceira noite, quase serem despejadas das galerias sobre o palco latas de ovos podres e batatas, apreendidas em tempo pela polícia —,[7] bem como pela grita da imprensa, mas sobretudo pela consequência da permanência ou latência, ao longo das décadas posteriores, das ideias e estéticas ali deslanchadas, a *performance* tripartite da "Semana" alcançou inteiramente seu propósito e tornou-se, de fato, um divisor de águas na arte brasileira. O caráter performático das três noites é sublinhado, por exemplo, na escolha da escadaria do saguão do Municipal por Mário para sua pronunciação de palestra sobre artes plásticas — dois anos depois convertida no ensaio *A escrava que não é Isaura* —, sob apupos e vaias. E o motivo de o teatro não se presentificar no evento liga-se, mais propriamente, à rejeição, pelos modernistas, dos modos de produção cênica então vigentes, com culto de "divos" pela via de melodramas antiquados e *vaudevilles* repetitivos e moralistas, além de textos declamados sob forte acento lusitano — um índice de "alta cultura" — por personagens e intérpretes "característicos" — variações tipológicas de "galã", "vilão", "mocinha" e "matrona" —, cercados de telões decorativos e mobiliário de "bom gosto", despersonalizado. Diante de tal impossibilidade, nos anos 1910, Oswald de Andrade e outros autores escreviam peças em francês, como lembrado adiante, no capítulo 3. Ao mesmo tempo, Buenos Aires tomava a dianteira cultural no panorama teatral do continente, com as primeiras representações latino-americanas de Ibsen, Strindberg, Pirandello etc.

---

6 Cf. Jorge Luiz Schroeder; Tatiana Avanço Ribeiro, "Os Balés Russos como estímulo para o balé *Uirapuru* (1917), de Villa-Lobos e [Eros] Volúsia", *Revista Música*, v. 22, n. 1. Dossiê temático "Ciclo 22: o Bicentenário da Independência e o centenário da Semana de Arte Moderna, músicas e músicos no Brasil", Universidade de São Paulo, jul. 2022.

7 Ver capítulo 7 deste volume, p. 231.

A cena na Capital Federal

Também nos anos 1920, novas companhias criadas no Rio de Janeiro passaram a reagir contra a arraigada prosódia colonizada dos palcos por meio de propostas de uma "dicção brasileira", em novos textos nacionais com fundo psicológico; sobretudo as trupes comandadas pelos mais notáveis intérpretes da época, todos egressos do único teatro estável — porém de comediazinhas de rotina —, o Trianon, da avenida Rio Branco: a Companhia Abigail Maia (1921), criada por Oduvaldo Vianna (1892-1972), Viriato Correia e Nicola Viggiani, bem como as de Leopoldo Fróes (1882-1932), Procópio Ferreira (1898-1979), Jaime Costa (1897-1967) e Dulcina de Moraes (1908-1996). Já em 1937, Mário de Andrade avançava na libertação do jugo da "alta cultura" dos sotaques português e francês ao organizar o Primeiro Congresso da Língua Nacional Cantada — com colaborações de Manuel Bandeira e do professor Antenor Nascentes —, empreendimento que registrou, em estudos e gravações, pronúncias e vocabulários de populares nortistas, nordestinos, baianos, cariocas, paulistas, mineiros e sul-rio-grandenses. Esse evento também é abordado no capítulo 1.

Dessa maneira, a ecoar as vanguardas europeias da mesma época, em lugar do teatro, nos anos 1920 e 1930 o circo tornou-se a expressão cênica de eleição dos modernistas de 1922, como se lê nos capítulos 5 e 6, dedicados a Patrícia Galvão, e a preferência desses intelectuais e artistas recaiu, então, sobre a figura ímpar de Abelardo Pinto (1897-1973), o palhaço Piolin, elogiado até mesmo pelo presidente da República Washington Luís.

Entretanto, o circo também não foi citado nas manifestações da Semana, e a dança figurou num único item, coerentemente anunciado como "dança moderna", com a bailarina e coreógrafa baiana, filha de franceses, Yvonne Daumerie, a vestir asas de libélula e bastante aplaudida, não obstante o pânico que invadiu a artista minutos antes da apresentação. As vaias estavam reservadas não à *danseuse* ou à sempre prestigiadíssima pianista Guiomar Novaes — em grande medida responsável por lotar o teatro —, mas a figuras como Mário, Oswald e Menotti del Picchia. Yvonne foi apresentada por Del Picchia como "a *esgalga chama* musical e esguia [que] vai dançar", a repetir assim a inusitada qualificação "esgalga chama" do poema "Tu", de *Pauliceia desvairada*, publicado meses depois. Segundo pesquisa de Elizabeth R. Azevedo, da Universidade de São Paulo, seis anos mais tarde Daumerie declarou — em entrevista ao *Jornal do Brasil,* junto a Di Cavalcanti, Sérgio Buarque de Holanda e Múcio Leão —, sobre sua participação: "Sou uma futurista histórica". A bailarina também falou de sua "estilização, em movimentos e atitudes, [...] do nosso cateretê e outras danças" e de sua admiração pelo Theatro de Brinquedo.[8]

---

8 Entrevista ao *Jornal do Brasil*, 25 jul. 1928, p. 17.

O Brinquedo e a Quimera

Oito meses antes dessa entrevista, ou seja, em novembro de 1927, também no Rio, Di Cavalcanti, um dos integrantes da Semana paulista de 22, executara as "decorações" (telões pintados) de uma peça apta à classificação de "título inaugural" do teatro moderno no Brasil, ainda dezesseis anos antes do impacto provocado pelo *Vestido de noiva*, de Nelson Rodrigues, encenado por Os Comediantes (1943). De autoria do poeta e jornalista gaúcho Álvaro Moreyra (1888-1964), a obra intitulava-se *Adão, Eva e outros membros da família* e apresentava à sociedade carioca o Theatro de Brinquedo, espaço idealizado pelo autor com sua esposa Eugênia, de apenas 180 lugares, logo disputados pela elite carioca. Foi projetado pelo futuro modernista em arquitetura Lúcio Costa, no Cassino Beira-Mar, ao lado do Palácio Monroe (Senado Federal).

Curiosamente, uma das salas desse Cassino postado no Passeio Público já havia hospedado, no final do mesmo ano de 1922 da Semana paulista, um protótipo para o teatro moderno no país, apontado pelo crítico Sebastião Milaré como "elo perdido entre o teatro e o movimento modernista".[9] Esse "elo" seria a Sociedade dos Companheiros da Quimera, idealizada pelo dramaturgo carioca Renato Vianna (1894-1953), que, para pôr em cena uma obra sua, contou com colaborações do poeta Ronald de Carvalho, um dos nomes da Semana, e de Heitor Villa-Lobos, autor da música e regente da orquestra reunida para a peça inaugural do projeto. Porém Vianna e seu drama *A última encarnação de Fausto* foram impiedosamente vaiados pelo público e espinafrados pela crítica. Esta chegou a pedir, no *Jornal do Commercio*, "camisa de força para os loucos soltos na praça" — Renato e Villa-Lobos —, a determinar retirada de cartaz após a terceira récita. Em 1919, o compositor carioca já havia transformado em ópera — *Zoé* — a terceira dentre três dramaturgias do jovem Vianna encenadas pela atriz e diretora Itália Fausta à época do retorno do autor ao Rio, após sua educação secundária e estreia teatral transcorrerem na distante Manaus: *Os fantasmas* (1918). Já o grupo de 22 conhecido como "Batalha da Quimera" procurou, com *A última encarnação*, mostrar "pela primeira vez, no Brasil, o teatro de síntese, de aplicação da luz e do som como valores dramáticos, da importância dos silêncios, dos planos cênicos e da direção", conforme o próprio dramaturgo, citado pelo crítico teatral e ensaísta Gustavo Dória, a sugerir um teatro de encenador que valorizasse elementos e tempos cênicos por ele coordenados.[10] Milaré apontou, ainda, "atores representando de costas para a plateia, ou entradas e saídas arbitrárias, a música suplantando o diálogo e uma série de outros detalhes que, para a limitada crítica da época, indicavam 'profundo desconhecimento da arte teatral'" (por parte de Vianna). Alguns desses julgamentos foram recolhidos pela historiadora Rosyane Trotta: "Extenso volume de

---

9 Sebastião Milaré, *A batalha da Quimera*, Rio de Janeiro: Ed. Funarte, 2009, p. 64.
10 Cf. Gustavo A. Dória, *Moderno teatro brasileiro*, Rio de Janeiro: Ed. MEC, 1956, p. 14.

rubricas, [com] várias cenas mudas intermináveis, [...] parece uma representação cinematográfica"; "O autor patrício pode até obter sucesso inigualável em Paris, em Berlim, em plateias de grande cultura. A nossa [...] é que não poderá compreender ou ficar comovida".[11]

Classificado de maneira insistente e desdenhosa pela crítica como "vanguarda", termo a indicar então algo incompreensível, Renato Vianna ousou uma renovação dramatúrgica a partir dos teatros russo e francês e ao mesmo tempo buscou uma "expressão brasileira em cena". Em 1924, perseguiu seus objetivos também em São Paulo, com sua nova companhia A Colmeia, no "ambiente favorável às suas ideias teatrais da cidade que promovera a Semana de Arte Moderna",[12] porém mais uma vez com duração relâmpago, uma vez que, segundo Alcântara Machado, "o público paulista não ia ao teatro à procura do prazer estético, mas sim por patriotismo: cada colônia ia ao teatro para ver a companhia de sua terra de origem".[13] O homem de teatro voltaria à carga em 1927, mais uma vez no Rio, também no pavilhão do Cassino Beira-Mar, ao lado do artista plástico Roberto Rodrigues (irmão de Nelson Rodrigues) e de Paschoal Carlos Magno, com o novo Teatro da Caverna Mágica, mas seu drama *Fim de romance* foi igualmente recebido com estranheza, por suas "longas pausas e movimentos de luz" etc.[14] Já a partir de 1932, Vianna hospedou seu novo grupo, o Teatro de Arte, no Teatro João Caetano, com uma peça de sua autoria intitulada *O homem silencioso dos olhos de vidro*, na qual participou Dulcina de Moraes; e dois anos depois, com seu Teatro Escola, conseguiu apoio do governo Vargas para a inovação de conjugar récitas e cursos de formação de quadros teatrais a turnês de Norte a Sul do país. Assim, em outubro de 1934, o dramaturgo lançou o Teatro Escola com nova obra sua, *Sexo*, porém sob o mordaz pseudônimo "Dr. Calazans"[15], a denunciar a tirania machista nos costumes locais, e dessa vez com sucesso de público e crítica. Seguiu-se *Deus* (1935), já com sua assinatura explicitada, que provocou passeata de protesto de estudantes conservadores (ou enviados por escolas) no dia da estreia. Por conseguinte, a montagem foi transferida para São Paulo, onde foi bem recebida pela maioria dos críticos: "É o teatro moderno: expressão, movimento, dinamismo, cenas rápidas e diálogos ligeiros".[16]

11 Rosyane Trotta, "O teatro brasileiro: décadas de 1920-30", *O teatro através da história*, v. II, Rio de Janeiro: Centro Cultural Banco do Brasil, 1994, p. 130-1.

12 *Apud História do teatro brasileiro*, v. 2, São Paulo: Perspectiva/Edições Sesc, 2013, p. 45. Verbete de autoria de Nanci Fernandes.

13 Conforme análises de Sebastião Milaré, *op. cit.*, v. nota 9.

14 Cf. Sebastião Milaré, *Dossiê Renato Vianna: campanhas artísticas*, apud "Renato Vianna": *História do teatro brasileiro*, v. 2, *op. cit.*, p. 44-5.

15 Possível alusão ao livre-docente em psiquiatria José Júlio de Calazans (1862-1911), médico atuante em Salvador.

16 Crítica de autoria não identificada, datada de 7 ago. 1935, em: Sábato Magaldi; Maria Thereza Vargas, *Cem anos de teatro em São Paulo*, São Paulo: Senac, 2000, p. 139.

Para muito além da Capital, as dinâmicas teatrais de Vianna também aportaram em Fortaleza e no Recife em 1938 — com obras de dramaturgos pernambucanos, como *S.O.S.*, de Samuel Campello, interditada como "comunista" pela Censura local —, e influenciaram a criação, pelo diretor e autor Valdemar de Oliveira e seus companheiros, do Teatro de Amadores de Pernambuco (TAP, 1941), e portanto do moderno teatro nordestino. Durante permanência em Porto Alegre a partir de 1940, Vianna fundou a Escola de Arte Dramática do Rio Grande do Sul, e ao longo dessa década criou, no Rio, após engajamento à esquerda, o Teatro do Povo, feito com e para operários, e o Teatro Anchieta.

Um certo "Meierhoff"

Para retornar, entretanto, ao Cassino Beira-Mar, espaço destinado a renovar a cena carioca por meio de espetáculos com direções de cena estudadas e dramaturgias nacionais em chave de crítica social e aprofundamento psicológico, ao final do ano de 1927 da estreia, nesse espaço do Theatro de Brinquedo, Gustavo Dória recuperou palavras do próprio Álvaro Moreyra para resumir o espírito de seu grupo de *dilettanti* — amadores —, em tudo oposto aos objetivos dos grandes teatros reservados ao "teatro profissional":

> Sempre cismei uma companhia de artistas amorosos da profissão e que a não tornassem profissão... Tal qual foi o Vieux Colombier, tal qual é o Atelier, em Paris, o Teatro degli Indipendenti, o Teatro da Villa Ferrari, em Roma [...]. Representaríamos os nossos autores novos e os que nascessem por influência nossa. Daríamos a conhecer o repertório de vanguarda do mundo todo.

Para além do mentor do Colombier, Jacques Copeau, Moreyra citou um teatrólogo estrangeiro mais raro. Entrevistado pelo cronista do *Jornal do Brasil* Sebastião Fernandes, o diretor afirmou, no mês da estreia de sua aventura teatral, ser o russo Meierhoff — uma das grafias para Meyerhold à época — o seu "mestre atual", assim como já haviam sido Copeau e Luigi Pirandello.[17]

Fernandes também sublinhou, entre outros pontos, a novidade dramatúrgica de se esboçar o retrato de uma mulher que, circundada de admiradores ricos, aspira cocaína: "Quem em *theatro* fotografou tão bem a vida dum jornal? Quem teve a coragem de dizer abertamente o que é, na maioria, um diretor de jornal? Primeiro Lima Barreto. Agora Álvaro Moreyra", afirmou, a contemplar inesperadamente o autor carioca de estilo moderno, porém crítico da elite modernista de 22.

Não obstante a sátira ao jornalismo contida na peça de estreia do grupo, *Adão, Eva e outros membros da família*, escrita por Moreyra, o crítico teatral Mário Nunes exclamou, também no *JB*: "É o protesto da inteligência

---

17 "Theatro de Brinquedo", *Jornal do Brasil*, 27 nov. 1927, p. 11.

do Brasil contra a parvoíce, as ideias curtas, a imbecilidade assoberbante e invasora. É um formoso protesto!". Dois anos mais tarde, o autor enfrentaria, na imprensa, a descabida e colonizada acusação de *Adão* constituir plágio da peça *Topaze*, sucesso mundial do francês Marcel Pagnol, estreado em Paris um ano antes, em 1928. Não apenas *socialites*, mas também um ladrão e um mendigo trocavam diálogos na peça brasileira de 1927. Dez anos depois, Moreyra se tornaria colaborador da revista *Continental*, diretamente ligada ao Partido Comunista Brasileiro.

Dissolvido já no ano seguinte ao da inauguração, o Theatro de Brinquedo conheceu apenas uma segunda produção, o *Espetáculo do Arco da Velha*, miscelânea de atrações cabaretistas, na qual Di Cavalcanti também colaborou em dramaturgia e cenários, mais precisamente na pantomima *Samba*, uma parceria com o compositor alagoano Heckel Tavares.

A interpenetração entre projetos de Álvaro e Eugênia Moreyra e as ideias de Oswald de Andrade e seu Movimento Antropofágico, prestes a ser divulgado com o Manifesto de 1928, torna-se evidente em declaração de Álvaro, de 1927, sobre seu grupo teatral: "A *mise-en-scène* é de brinquedo, como tudo lá... [...]. A ordem, o método, a disciplina anulam a expressão que só o instinto sabe criar. E, neste ponto, *mais uma identidade absoluta com a antropofagia* — o instinto acima de tudo".[18] Mais tarde, Oswald nomearia Álvaro integrante da "segunda dentição antropofágica".

A atriz Eugênia Moreyra, *c.* 1927. Foto de autor desconhecido e caricatura do paraguaio Andrés Guevara para o jornal *A Manhã*, em anúncio de declamação.

---

18 *Apud* Rosyane Trotta, "O teatro brasileiro: décadas de 1920-30" em: *O teatro através da história*, v. II, *op. cit.*, p. 131. Grifo meu.

Para além do Theatro de Brinquedo, são muitas as imbricações das diretrizes do modernismo paulista com ideias e realizações de companhias e personalidades da Capital Federal de menção obrigatória numa história da modernização teatral brasileira, a exemplo de outras figuras fundadoras, *a posteriori,* de grupos com o mesmo propósito: após atuar em peça de Renato Vianna, em 1926 o poeta Paschoal Carlos Magno (1906-1980) participou como ator do projeto dos Moreyra, para fundar, já em 1938, o Teatro do Estudante do Brasil (TEB), descobridor em definitivo de Sérgio Cardoso com seu Hamlet (1948) — ator cuja primeira formação deu-se em Belém do Pará e que antes pisara uma única vez em palco carioca, em 1945, no Teatro Universitário (1938-1950), capitaneado por Jerusa Camões e Esther Leão, companhia "amadora" que também teve a virtude de iluminar as estreias de Sérgio Britto, Fernando Torres e Nathalia Timberg.

Os Comediantes do Café Simpatia

O Theatro de Brinquedo propiciou, ainda, o primeiro trabalho de ator do pianista e tradutor Brutus Pedreira (1898-1964), nascido de pais brasileiros em cidade uruguaia fronteiriça, mas educado em Porto Alegre. Em 1938, Pedreira passou a integrar o núcleo fundador de Os Comediantes, este surgido "a partir de conversas de um grupo de intelectuais ligados ao movimento modernista, no Café Simpatia da avenida Rio Branco: Luíza Barreto Leite, Aníbal Machado, Carlos Lacerda, Jorge de Castro"[19] — à citação acrescente-se o nome do ator e empresário Labanca (1913-1988). Pedreira tornara-se ícone entre a elite artística ao aparecer na única obra cinematográfica moderna, ou de vanguarda, produzida no país até meados dos anos 1960 — o silencioso *Limite* (1931), de Mário Peixoto, abordado no capítulo 8 —, e em 1958 foi convidado a ministrar aulas em Salvador por outro importante renovador teatral e herdeiro das experiências modernistas, o diretor recifense Eros Martim Gonçalves, ex-cenógrafo de Os Comediantes, da cia. O Tablado (1951-1955) e do Teatro de Amadores de Pernambuco, e à época professor na Escola de Teatro da Universidade da Bahia.

Da fundação de Os Comediantes (1938-1947), companhia com papel decisório nos rumos do teatro moderno no país, participou, além de Brutus Pedreira, o ilustrador paraibano Tomás Santa Rosa (1909-1956), outro iniciado nas lides teatrais por Álvaro e Eugênia Moreyra. Desde 1932 era membro da Associação dos Artistas Brasileiros (AAB), fundada no Rio pelos modernistas Di Cavalcanti, Portinari e Lasar Segall, entre outros.

---

19 Cf. Luíza Barreto Leite, em: Alfredo Mesquita *et al. Depoimentos II*, Rio de Janeiro, MEC/ SNT, n. 22, dez. 1975. Sobre o pintor, fotógrafo e homem de teatro carioca Jorge de Castro, do qual não se conhecem as datas de nascimento e morte, ainda nos anos 1930 estreitou laços com Mário e Oswald de Andrade, os quais retratou diversas vezes em fotos. Mário dedicou-lhe a crônica "O homem que se achou" (1940). Dirigiu a companhia Os Comediantes entre 1940 e 1943.

Santa Rosa, que, segundo se dizia, encarnava "a própria renovação do teatro, assim como da pintura",[20] marcou época como cenógrafo também do Teatro Experimental do Negro (Rio de Janeiro, 1944), criado pelo paulista Abdias Nascimento, com apoios do TEB de Paschoal Carlos Magno e Aníbal Machado, e a contar com colaborações diretas de Eros Martim Gonçalves, Cacilda Becker, Anísio Medeiros (cenógrafo piauiense), Clóvis Graciano, Flávio de Carvalho, Di Cavalcanti, Oscar Niemeyer, Nelson Rodrigues, Hermilo Borba Filho e Tom Jobim, entre muitos outros renovadores artísticos de todo o país em meados do século passado. Em 1941, o encontro de "Santa" (como era conhecido) e dos Comediantes inspirados no Theatro de Brinquedo — cujo sucesso *Adão* cogitaram remontar em 1938 — com o diretor e *designer* de luz judeu-polonês Ziembinski, recém-escapado do nazismo, desaguaria no "momento de ruptura" por excelência do modernismo teatral brasileiro: a encenação de *Vestido de noiva,* em 1943, avesso do então normativo "teatro para fazer rir", propiciando, com suas 140 mudanças de luz, vozes *off* etc., o encantamento de gente como o modernista de 22 Manuel Bandeira e o escritor Augusto Frederico Schmidt, da segunda geração modernista, entre muitos outros intelectuais e artistas.

Página do *Diário da Manhã,* do Recife, em 27 de março de 1937, com foto da chegada da companhia de Renato Vianna, em navio. O texto destaca as atrizes Suzana Negri e Déa Selva, pernambucana celebrizada no cinema nacional.

---

20 Cf. Vânia Magalhães, "Os Comediantes", em: Rosyane Trotta, *op. cit.*, p. 157.

A aventura da modernização...

À esquerda, o teatrólogo Renato Vianna em encenação de *Em família*, de Florêncio Santos, no Rio de Janeiro, no início dos anos 1950.

À direita, o diretor e cenógrafo Eros Martim Gonçalves, criador da Escola de Teatro da Universidade da Bahia, em imagem tomada no início dos anos 1950.

Vestido de noiva, que se beneficiou do afrouxamento do regime censório em 1942 e potencializou-se com o acentuado expressionismo introduzido por Ziembinski, foi repetido por seus encenadores em outras três temporadas: em fins de 1945; em abril de 1947 — no Theatro Municipal de São Paulo e no Teatro Carlos Gomes, no Rio, com interpretações de Maria Della Costa, Olga Navarro e Cacilda Becker; e em janeiro de 1976, ainda com a mesma direção, luz e cenários , no Teatro do BNH (RJ), com Camilla Amado, Maria Cláudia e Norma Bengell. Nessa última temporada, com impecável recriação da montagem original pelo próprio Ziembinski, Nelson Rodrigues, de camisa branca imaculada e suspensórios, cumprimentava emocionado cada espectador com aperto de mão à porta do teatro. O choque do espetáculo de 1943, seja em dramaturgia, seja em estética — o crítico e dramaturgo Miroel Silveira afirmou que a montagem "quebrara" a quarta parede do teatro convencional —,[21] seria igualado ou superado somente em 1967 com *O rei da vela*, a peça de Oswald de Andrade posta em cena por José Celso Martinez Corrêa e pelo Teatro Oficina, como se lê no capítulo 3. No entanto, apesar de *Vestido* ter sido aplaudido incondicionalmente inclusive por seu colega Álvaro Moreyra, em 1952 Oswald impingiu ao autor do drama duas classificações redutoras: para ele, "o sempre *noviço* Nelson Rodrigues" constituiria caso de "teratologia

---

21 *Ibidem*, p. 167.

Vestido de noiva, de Nelson Rodrigues, pela companhia Os Comediantes, Rio de Janeiro, 1943. No alto, Lina Grey (Evangeline Guinle), Stella Perry, Maria Barreto Leite e Carlos Perry. Foto de autoria desconhecida.

militante", a aludir assim às monstruosidades morais dissecadas pelo autor pernambucano, não obstante o paulista também ter trabalhado, embora em outra chave, os mesmos elementos de ranço religioso e hipocrisia moral.[22]

No contexto das colaborações culturais, formais ou espontâneas, entre as duas maiores capitais do Sudeste, diversos integrantes da Semana paulista intervieram de maneira decisiva, entre 1922 e 1940, no ambiente carioca: Graça Aranha, Prudente de Moraes Neto, Manuel Bandeira, Sérgio Buarque de Holanda e Alceu Amoroso Lima, ao mesmo tempo em que artistas como Álvaro e Eugênia Moreyra promoviam declamações de textos e poemas da nova geração em teatros do Rio e de São Paulo,[23] como lembrado por Oswald de Andrade em seus diários, a incluir elogio a Eugênia indicativo de retrocesso cultural pós-Semana: "No meu tempo de moço (Semana de Arte Moderna, a [revista] *Para Todos* do Álvaro [Moreyra] etc. etc.), só havia no Brasil uma declamadora — Eugênia Álvaro Moreyra. Depois, apareceram diversos elefantes de palco, recitando toda a versalhada paquidérmica dos nossos românticos".[24]

_____

22 Oswald de Andrade, "Criação do teatro paulista", em: *Diário confessional*, São Paulo: Companhia das Letras, 2021, p. 447. Grifo meu.
23 As informações deste parágrafo até este ponto são corroboradas, por exemplo, no artigo "Semana de 1922 foi fruto de parceria entre São Paulo e Rio", de Jason Tércio. *Folha de S. Paulo*, caderno "Ilustríssima", 7 mar. 2020.
24 Oswald de Andrade, *Diário confessional, op. cit.*, p. 296.

Amadores paulistas

De outro lado, concomitantes ao Teatro do Estudante Brasileiro e aos Comediantes do Rio de Janeiro, surgiam, em São Paulo, dois "teatros amadores de arte" de fatura moderna e amplo ecletismo, sob o carisma das fortes figuras de seus diretores fundadores, grupos que afluiriam, em 1948, à matriz artística do "profissional" Teatro Brasileiro de Comédia (TBC), este erigido com capital do industrial ítalo-brasileiro Franco Zampari, e a agregar, ao rigor desenvolvido pelos amadores paulistas, a arte e a *expertise* de excelentes diretores, cenógrafos e teóricos italianos, emigrados de seu país em escombros, bem como do belga Maurice Vaneau e do polonês Ziembinski, este escapado do nazismo.

Já em 1942, o teatrólogo e dramaturgo Alfredo Mesquita fundou o Grupo de Teatro Experimental (GTE), que encenaria textos nacionais apenas a partir de 1944, com *Heffemann*, do próprio Mesquita, seguido de *A bailarina solta no mundo*, de Carlos Lacerda, em 1945, e *Pif-Paf*, primeira dramaturgia de Abílio Pereira de Almeida, levada ao palco em 1946. Mais tarde, no mesmo espírito desse grupo, Mesquita também criaria a Escola de Arte Dramática (EAD), que em seus primeiros anos funcionou no prédio do TBC. Em 1943, surgiu o Grupo Universitário de Teatro (GUT), por iniciativa do professor e depois crítico Décio de Almeida Prado e do historiador de arte Lourival Gomes Machado, ambos saídos dos quadros docentes da Universidade de São Paulo, e, ainda, do pintor e cenógrafo Clóvis Graciano. O grupo visava textos em língua portuguesa e foi responsável pelos primeiros protagonismos de Cacilda Becker, tanto no clássico *Auto da barca do inferno*, de Gil Vicente, como em uma nova dramaturgia brasileira: *Pequenos serviços em casa de casal,* de Mário Neme, jornalista e gestor na cultura pública, por indicação de Mário de Andrade.

Ambos os grupos paulistas têm sido exaustivamente analisados em publicações desde os anos 1960, mas é preciso lembrar o elogio do sempre demolidor Oswald de Andrade dirigido ao GUT, ainda que a saudar os professores acadêmicos de maneira inusitada: "Os *chato boys* estão de parabéns. Eles acharam o seu refúgio brilhante, a sua paixão vocacional talvez. É o teatro. Funcionários tristes da sociologia, quem havia de esperar desses parceiros [...] aquela justeza grandiosa que souberam imprimir ao *Auto*".[25]

O devorador de emoções

Assim, em São Paulo, antes desses dois grupos, o único experimento teatral modernista a conhecer de fato o palco, para além de ocasionais "declamações" de obras dos poetas de 22, foi *O bailado do deus morto,* apresentado em 1933 por Flávio de Carvalho em seu Teatro da Experiência — espetáculo a reunir dança, música, *performance* e artes visuais e decupado no

---

25 Cf. *Ponta de lança*, São Paulo: Globo, 1991, p. 86.

Publicidade em jornais para a estreia de *O rei da vela*, 1967, no Teatro Oficina.

Otelo interpretado por Abdias do Nascimento, e Desdêmona, por Cacilda Becker, em produção do Teatro Experimental do Negro. Direção: Willy Keller. Rio de Janeiro, dezembro de 1946. Foto: José Medeiros.

capítulo 4 deste volume. Entretanto, a evidenciar os fortes laços que uniram o artista fluminense radicado em São Paulo a Oswald de Andrade, coube a este uma leitura solitária de trechos de seu *O homem e o cavalo* (1933-34) no Clube dos Artistas Modernos (CAM), que funcionava no mesmo endereço do Teatro da Experiência, este porém já fechado pela polícia. Segundo Flávio, a leitura provocou "grande sucesso e certo escândalo".[26]

Em 1930, no 4º Congresso Pan-Americano de Arquitetos, no Rio de Janeiro, Flávio já havia proferido a palestra "Antropofagia do Século XX". De seu lado, Oswald registrou, em texto jornalístico sobre a performática *Experiência n. 2* do amigo (1931), também abordada no capítulo 4: "Flávio de Carvalho, homem de talento e ação, surgiu em São Paulo com a violência de uma tromba. Antropófago entusiasta, ele intentava transformar a mentalidade consuetudinária e burguesa da grande cidade. E é natural que sua atitude tenha provocado escândalo, e até pavor...".[27] A justificar a avaliação de Oswald, além

---

26 Catálogo RASM 1939, *op. cit.*, p. 47-8.

27 Em: J. Toledo, *Flávio de Carvalho, o comedor de emoções*, São Paulo: Brasiliense, 1994, p. 93. O mesmo artigo citado encontra-se reproduzido em: *Obras incompletas*, São Paulo: Edusp, coleção Archivos, 2022.

do seminal *Bailado*, mencione-se ainda que, em seus domínios do CAM, Flávio cutucou dogmas vigentes com pelo menos três espetáculos a destacarem a cultura e a expressão negras. Já em torno da criação do *Bailado*, o autor-diretor-cenógrafo explicara: "Devido à natureza do instrumental (urucungo, reco-reco, uquiçamba, tamborim, cuíca ou puíta, bumbo), os atores eram *quasi* todos negros, pegados a esmo na rua (Risoleta, Henricão, hoje célebre, Armando de Morais etc.). Depois ficaram famosos".[28]

Para além do corpo de baile de intérpretes negros de *Deus morto* e dos instrumentos musicais e máscaras e figurinos de origens africanas utilizados no espetáculo, historiadores apontam, em Flávio, "o claro objetivo de trazer para o teatro, de forma ativa e concreta, a participação do negro e de sua cultura".[29] Assim, houve ainda no CAM um espetáculo com danças e cânticos de trabalho da época da escravidão, bem como recital com trechos de *Urucungo* (1932), coletânea de poemas sobre aldeias à beira do rio Congo e senzalas e favelas brasileiras — interpretados pela atriz Maria Paula Adami —, de autoria do modernista e "antropófago" gaúcho Raul Bopp, um viajante obstinado por todas as regiões brasileiras.

Flávio, "o comedor de emoções", como quis seu amigo e biógrafo J. Toledo, nutria relações intensas com a gente de teatro. Em 1938, cinco anos após as noitadas cênicas do CAM, o artista tornou-se amante estável da futura estrela maior do teatro brasileiro, Cacilda Becker, com convivência marital e pedido de casamento lançado à então jovem bailarina de 16 anos, apresentada a ele por Miroel Silveira, conforme memórias da atriz registradas em biografia de Luís André do Prado. Intensamente performático mesmo no cotidiano — não bastassem seus dois metros de altura e a libido faunesca —, entre incontáveis "estripulias", Flávio alimentou o noticiário policial paulistano, em 1939, com nova transgressão em praça pública, então punida com prisão: para uma nova "experiência" performática, porém não catalogada ou numerada, o arquiteto tomou banho na "fonte das lagostas" da praça Júlio Mesquita, no centro paulistano, em companhia do amigo pintor e escultor Quirino da Silva, coorganizador do Salão de Maio, ambos nus.[30]

Flávio cultivou, ainda, colaboração cenográfica com duas personalidades renovadoras da dança no país. Em 1952, na primeira sede do Museu de Arte de São Paulo (MASP), à rua Sete de Abril, executou cenários para uma coreografia de Yanka Rudzka (1916-2008), polonesa convidada ao Brasil pelo compositor de vanguarda e musicólogo alemão Hans-Joachim Koellreuter e encarregada por Pietro Maria Bardi de ministrar curso de dança expressionista nas oficinas do museu. Assim, tornou-se professora de Cacilda Becker,

28 Flávio de Carvalho, "A epopeia do Teatro da Experiência e *O bailado do deus morto*", em: Catálogo RASM 1939, *op. cit.*, p. 51.

29 "Flávio de Carvalho", em: *História do Teatro Brasileiro*, v. 2, *op. cit.*, p. 55. Verbete de autoria de Nanci Fernandes.

30 J. Toledo, *op. cit.*, p. 214n, a partir de registros do Arquivo da Polícia Civil de São Paulo, 1941.

A coreógrafa
Yanka Rudzka, na
Escola de Dança
da Universidade
Federal da Bahia,
anos 1960.
Foto de autoria
desconhecida.

Walmor Chagas, Sérgio Cardoso e Antunes Filho, entre outros. Para Rudzka, Flávio criou, ainda, os cenários e figurinos da coreografia *Ritmos* (Teatro Cultura Artística, 1956). Para o Ballet do IV Centenário da Cidade de São Paulo realizou, em 1954, os cenários e figurinos premiados de *A cangaceira*, coreografia do expressionista Aurel von Milloss, com música do pós-modernista Camargo Guarnieri, no Theatro Municipal de São Paulo. No mesmo ano confeccionou esculturas monumentais para o carnavalesco Baile das Quatro Artes, no Circo Piolin, e, já em 1965, tornou-se parceiro no espetáculo de dança moderna *Tempo* — a incluir movimentos de improviso e de ioga —, criado por Maria Esther Stockler (1939-2006).[31]

Por fim, sobre as contribuições de Flávio à dança contemporânea, mencione-se sua proposta de três cenografias constituídas por tiras de tecidos a conduzirem feixes de luz — por ele chamadas "cenários luminosos" —, a preconizar em décadas o trabalho *Teteia* (2002), da artista neoconcretista Lygia Pape: a primeira para o citado *Ritmos*, de Rudzka; depois para a *Sinfonia* do Grupo Experimental de Balé; e finalmente para *Calígula*, do balé Tempo, em 1959, no inusitado Teatro de Alumínio da Praça das Bandeiras.

---

31 Stockler se tornaria companheira do diretor teatral, cineasta e escritor tropicalista *avant la lettre* José Agrippino de Paula — citado no capítulo deste livro dedicado ao cinema —, assinando com ele um marco da vanguarda teatral paulistana, *O rito do amor selvagem* (novembro de 1969), celebração dos sentidos a envolver ativamente o público com música, palavras e dança no pior momento da ditadura militar brasileira.

Como se lê no capítulo 3 deste livro, dedicado a Oswald de Andrade, a antropofagia amplamente comungada por Flávio de Carvalho acabou por constituir base inspiracional do Tropicalismo nos anos 60, a informar o trabalho do Teatro Oficina e do diretor José Celso Martinez Corrêa. Assim, em 2019, *O bailado do deus morto* é redescoberto pelo núcleo estável de atores-criadores dessa legenda, que reproduziu as máscaras de alumínio do artista e outros acessórios de 1933 para temporadas intermitentes daquela obra até 2023.

A Pauliceia dramática de Mário

Embora as obras dramatúrgicas de Mário de Andrade raramente tenham sido submetidas cabalmente à prática teatral — à exceção, por exemplo, de *As enfibraturas do Ypiranga,* em montagem de Maria José de Carvalho, em 1993, de encenação da ópera *Pedro Malazarte*, com música de Camargo Guarnieri, no Theatro Municipal de São Paulo, em 1994, e da ópera *Café,* dirigida por Sérgio de Carvalho também no Municipal, em 2022, conforme registrado no capítulo 1 —, sua produção poética e literária também foi adaptada diversas vezes, tanto para o teatro como para o cinema, de maneira extraordinária. A versão de *Macunaíma* por Joaquim Pedro de Andrade, em 1969, na esteira do Cinema Novo, integrou com destaque todo um filão de obras a representarem, entre 1964 e 1975, modernização cinematográfica definitiva no país, conforme análise do capítulo 8. No teatro, porém, somente em 1978 assistiu-se à notável adaptação do diretor Antunes Filho (1921-2019) para a mesma obra-prima. Aplaudido em dezenas de cidades de todo o país, além de Estados Unidos e mais de vinte países latino-americanos e europeus até 1987, o *Macunaíma* de Antunes representou a somatória de experiências, processos laboratoriais e inquietudes desse encenador paulista desde

Cena da montagem de *Macunaíma*, de Antunes Filho, no Theatro São Pedro (SP), 1978. Foto: Emidio Luisi.

1964, ano de sua também histórica encenação, no TBC, de *Vereda da salvação*, de Jorge Andrade, um dos dramaturgos formados na EAD de Alfredo Mesquita, celeiro de talentos não apenas para o TBC, mas para todo o teatro brasileiro.

Entre outras inspirações marianas tornou-se notável, ainda, a integração entre música, teatro e composições visuais de *Macunaíma, uma rapsódia musical,* levada ao palco pela diretora carioca Bia Lessa, em 2019, com dramaturgia de Veronica Stigger, apresentada em diversas capitais.

———

Agradeço o empenho dos colaboradores na composição desta antologia e, *in memoriam*, ao amigo pesquisador e professor Gutemberg Medeiros (1964-2023), discípulo dileto do casal de mestres Boris Schnaiderman e Jerusa Pires Ferreira, que nos deixou repentinamente após ter referendado a preparação de capítulo em torno de sua muito admirada Patrícia Rehder Galvão. Já em meio à diagramação dos textos, nos despedimos do autor do capítulo dedicado a Oswald de Andrade, José Celso Martinez Corrêa, revolucionário corifeu do teatro brasileiro, com o qual tive o privilégio de conviver desde *Gracias, Señor* (1972), cuja visão panorâmica de toda a modernidade teatral do século XX manifestou-se — já em sua série de seis peças *Cacilda!* — no genial amálgama do delírio agônico da Adelaide de *Vestido de noiva* ao coma-transe da passagem da vulcânica Cacilda Becker. Evoé!

Aspectos de recriação de *O bailado do deus morto*, de Flávio de Carvalho, pelo Teatro Oficina, em temporadas de 2019 a 2023. Os figurinos inspiram-se na *Experiência n. 3*, do mesmo artista. Foto: Jennifer Glass.

Mário de

e o

Andrade
teatro

Entre outras produções dramatúrgicas ou de fundo dramático de Mário de Andrade, neste capítulo Sérgio de Carvalho aborda um texto identitário do próprio modernismo, e por isso discutido pelo autor em cartas trocadas com Manuel Bandeira. Em 1925, esses correspondentes trataram a maneira como deveriam ser apresentados, enquanto movimento de renovação, pelo jornal carioca *A Noite*, fundado por Irineu Marinho. Desconfiados a respeito dessa exposição, aventaram exercitar a provocação e se apresentaram nas páginas do jornal como "animais de circo amestrados". A princípio, o poeta pernambucano tomaria a si essa tarefa, mas depois Mário pede para encarregar-se, rejeitando proposta do amigo para ele aparecer como "intelectual sério", líder do grupo: "É um bom jeito de mostrar que a gente não cai na esparrela e em última análise nada mais somos que elefantes ensinados, nós artistas".[1]

Surgiu, assim, o monólogo "salto [acrobático] de meia-coluna" (de jornal) reproduzido a seguir, a prenunciar estilisticamente a obra prima *Macunaíma* (1928). Publicado na edição de 18 de dezembro de 1925 de *A Noite* — dentro do "Mês Modernista" promovido pelo jornal —, nesse texto Mário se autodramatiza enquanto homem de letras, a estender o procedimento aos demais escritores juntados em bando para o movimento. Em 1972, o monólogo foi reproduzido no volume *Brasil: 1º tempo modernista (1917/29),* produzido pelo Instituto de Estudos Brasileiros (IEB) para comemorar os 50 Anos da Semana de 1922.[2]

[Alvaro Machado]

---

1 Conforme a historiadora Mônica Pimenta Velloso, em "Entre o sonho e vigília: o tema da amizade na escrita modernista", *Revista Tempo*, Rio de Janeiro, set. 2007, p. 218-9.

2 São Paulo, IEB-USP, 1972, p. 247-8. Volume organizado por Telê Ancona Lopez, Marta Rossetti Batista e Yone Soares de Lima.

Monólogo dum elefante do Circo Sarrasani

Afinal não me lamento muito não de ter perdido os tempos de liberdade em que vivi muito independentinho no mato deserto da minha terra... Não tenho sodades desse tempo não. Hoje que muita gente me assunta e conhece e que andam falando de mim, eu me inteiro bem da solidão em que vivi. É certo que a gente era sempre cinco, seis passeando juntos porém pra bichos tão sociáveis como nós, os elefantes, grupos de cinco, seis e mesmo dez nada mais são, ó misantropos vis do mundo!, do que fórmulas aumentativas de solidão. Mas porém agora isso não sucede mais: vivo arrodeado por uma gentarada olhando, cada curumim de olho fuque-fuque relumeante de interesse pra ver se descobre o segredo da força dos meus muques (faz doçura no meu sentimento pensar neles!) e cada moça, puxa-vante! como esses homens masculinos têm pelo!... Enfim: todo mundo olha pra gente agora. Me sinto feliz, vivo cheio de satisfação, estou me fazendo mais manso e cada vez parafuso menos na minha independência selvagem e perdida de elefante indivíduo. Me olham pasmados e as massas do meu corpo dão pra todos essas comoções praticamente desinteressadas, que desde uns sujeitos escritores do século dezenove são chamadas de comoções estéticas.

Já fui selvagem fui, porém agora não sou mais porque transformei as minhas selvagerias por meio de estilizações curiosíssimas. E por saberem disso é que me separaram, e aos colegas, da elefantada anônima da jungla, me ensinaram coisas e hoje o público paga pra assistir às minhas sortes e examinar as minhas formas. Minha cabeça, por exemplo, é diferente da do leão. A dele finge só que é grande porque ele botou uma juba por cima da testinha, levantou nariz fungando no ar só pra imaginarem que ele traz a cabeça alta e é nobre. Mas eu é que tenho de deveras uma cabeçona assú com testa rija que não ergo porém vai rompendo caminho pra mim, afasta palmeirinha e arrebenta cipó. Meus instintos me mandam andar comendo ervas cruas e relando com o corpo no corpo das elefantas sem mesmo pôr reparo na boniteza delas, é elefanta? pronto: principio relando etc. Porém me fizeram torcer um poucadinho a cola do destino e agora engulo umas papinhas cozidas que fazem muito bem pra elefante, dizem, e de vez em quando vem uma elefanta escolhida, acontece o tal etc. e assim seu Sarrasani vai aumentando a raça elefântica dele.

É verdade que não é só o Circo Sarrasani que tem elefantes porém eu e meus companheiros de coleção somos um pouco diferentes dos elefantes que os outros circos têm passeado por aí. Sobretudo não mostramos aquele ar de sujeição, de tristura e miséria dessa elefantada de porcaria que os circos mambembes possuem. São bichos macambúzios jururus sujos e mais menores. Nós somos grandões, somos lépidos e, embora estilizadamente, ainda conservamos dos instintos primitivos a bruteza do abacaxi e fresquinha da nossa selvageria. Mas somos ensinados também. Eu, duma feita em que estava desprevenido, vieram uns bípedes calçudos, diz que inteligentes... me escolheram e caçaram. E vai, como eu fiquei macota e sempre meio selvagem, me ensinaram coisas mais *exquises*, que nem falam os franceses, me ensinaram música, alemão, estética, psicologia, métrica bizantina, simultaneidade, verso-livre, me botaram estes óculões por cima do nariz, me chamaram de Mário de Andrade e agora me pagaram 50 bagarotes pra eu vir quatro vezes nesta cidade fazer o salto de meia-coluna pros espectadores d'*A Noite*. Pois faço, que que tem? Ao menos me sobra o consolo de conservar no meu ser de elefante ensinado um pouco daquela crueza misteriosa dos meus instintos nativos. Sou fruta comestível mas porém ácida e indigesta na minha doçura estilizada. Não sirvo pros que têm açúcar nas urinas. Mas que os poetas, os músicos, os escultores, os jornalistas, os políticos são elefantes ensinados só pra divertir o público, isso não tem que guerê nem pipoca, são mesmo.

[Mário de Andrade]

1.

Mário de Andrade e o teatro: apontamentos para uma cena futura

Sérgio de Carvalho

*"Alguma coisa é sempre preciso sacrificar",
como falou Machado de Assis numa frase que
me impressionou desde a primeira vez que li.*
Mário de Andrade a Guilherme Figueiredo,
10 fev. 1944.

O *teatro* surge na obra de Mário de Andrade com muitas formas e sentidos. Como meio de aproximação da literatura à vida pública, como vontade de participação social, como recusa à indiferença política. Para ele, o teatro nunca foi sinônimo de drama, nem apenas um edifício que abriga a plateia e o palco. Ele sabia que certas invenções dramáticas podem não ser "teatrais, propriamente".[1] Seu gosto por espetáculos não se restringiu à cena cúbica do palco italiano, adotada por sociedades que separaram o espetáculo da festa no intuito de produzirem representações idealizadas de si próprias. A teatralidade foi para ele uma espécie de *atitude de metamorfose*, algo que se encontra na dança, no coro cantado, no cortejo, na pantomima, no circo, no *music-hall*, no Boi, na congada, entre tantos outros modos de interação por meio da cena. Desse ângulo, era uma possibilidade de encontro entre a ação individual e a coletiva, um anseio de rítmicas e gestos socializantes. Era, assim, algo sempre por completar, como sugere sua definição de 1943: "O teatro é a transposição dos dramas vitais pelo gesto do corpo todo organizado em arte, *que ele tende a criar*".[2]

Apesar de não se pensar como dramaturgo, Mário de Andrade concebeu algumas notáveis peças-projeto, obras em processo que enfrentaram o "drama impossível" brasileiro no intuito de criá-lo de algum jeito.[3] São obras que sonharam com um palco ainda inexistente, como o libreto da ópera *Café*, uma das mais importantes realizações da cena politizada no país, a mais inconformista de suas ações poéticas de *teatro*.

Atuação modernista

Uma imagem rara de Mário de Andrade como "ator", para além das fotografias em festas de carnaval, aparece na lembrança de amigos que estiveram presentes na Semana de Arte Moderna de 1922. Acontecimento mitificado da cultura brasileira, organizado sobretudo por setores cultos da elite cafeeira paulista, a Semana foi, como se sabe, uma resposta à polêmica ainda acesa em torno da exposição de Anita Malfatti de 1917. A pintora encabeçava a lista de artistas que teriam obras expostas no saguão do Theatro Municipal de São Paulo durante a Semana. E afora o número de "dansa pela senhorinha Yvonne Daumerie", não houve espetáculos cênicos programados. Nenhum escritor do círculo modernista, mesmo os que escreviam peças ou críticas de jornal, como Oswald de Andrade, aventurou-se a debater a dramaturgia

---

1 Sobre o primeiro episódio de *Macário*, de Álvares de Azevedo, Mário de Andrade escreve: "É uma página magistral como limpidez de estilo, diálogo corredio, invenções dramáticas (não teatrais, propriamente) esplêndidas". Mário de Andrade, *Táxi e crônicas no Diário Nacional*, São Paulo: Duas Cidades, 1976, p. 421.

2 "Ao Dnieper", "Mundo Musical", 30 set. 1943, em: Jorge Coli, *Música final: Mário de Andrade e sua coluna jornalística Mundo Musical*, Campinas, Editora da Unicamp, 1998, p. 86.

3 Sérgio de Carvalho, *O drama impossível*, São Paulo: Edições Sesc, 2023.

moderna. O próprio Mário de Andrade fora nomeado poucos dias antes como professor de "Dicção, História do Teatro e Estética", do Conservatório Dramático e Musical de São Paulo. Na Semana, o centro da experiência deveria ser o choque cultural contra as expectativas do público conservador, o atrito com um gosto lírico-burguês que mobiliza até hoje frequentadores do espaço cultural mais importante da cidade, o Theatro Municipal. O conjunto das atividades, assim, foi concebido nos termos do que se pode chamar de "ação performativa". Um comentário, feito anos depois por Anita Malfatti, permite imaginar a cena de Mário de Andrade no dia 15 de fevereiro de 1922, quando atuou ao lado das obras de arte da exposição modernista e de certo modo "contracenou" com o edifício erguido pelo dinheiro do café: "Mário não tinha voz para empolgar as massas. Sua voz desaparecia no barulho das vaias e gritarias. Resolveu, pois, ler sua conferência *A escrava que não era Isaura*, da escadaria do saguão. Pegou, pois, o pessoal de surpresa e leu, nervoso mas decidido, sua célebre conferência".[4] A imagem do poeta tomado pela "loucura modernista", que confronta as vaias do coro reacionário, e que grita para o vale do Anhangabaú, é semelhante àquela de seu primeiro trabalho teatral importante, "As enfibraturas do Ipiranga", peça escrita em outubro de 1921, e que faz parte do livro *Paulicea desvairada*, de julho de 1922.

Arlequim

Os losangos coloridos na capa de *Paulicea desvairada* anunciam sua metáfora mais recorrente. As formas e cores se inspiram, provavelmente, no figurino do *Arlequim imperador na lua*, de Watteau. O quadro mostra o empregado esperto da *Commedia dell'Arte*, o ator-personagem que observa, com os braços tortos, do assento único na carroça elegante, seus parceiros de cena, de pé ao lado do burrico. No "Prefácio interessantíssimo", em que Mário de Andrade funda o desvairismo, o nome do pintor francês é mencionado ao lado de outra imagem, a do *Indiferente*, momento em que os "braços ao ar" da poesia modernista são comparados ao fidalgote dançante de Watteau.[5] A teatralidade já aparece no prólogo da *Paulicea*: o poeta não acha mais "graça nenhuma nisso da gente submeter comoções a um leito de Procusto" para que os versos obtenham o "ritmo convencional, num número convencional de sílabas", mas não desdenha dos "balouços dançarinos de redondilhas e decassílabos". O acordo possível entre o sentimento novo e a forma antiga terá que ser teatral: "Acontece a comoção caber neles. Entram pois às vezes no *cabaré* rítmico dos meus versos".[6]

---

4 Mário de Andrade, *Mário de Andrade, cartas a Anita Malfatti*, org. Marta Rossetti Batista, Rio de Janeiro: Forense Universitária, 1989, p. 29.
5 *Idem, Poesias completas*, v. 1, Rio de Janeiro: Nova Fronteira, 2013, p. 62.
6 *Ibidem*, p. 65-6. Grifo meu.

A imagem do cabaré sugére a linguagem descontínua, associativa. É uma cena antiburguesa capaz de acolher a dança regrada, tal como o poeta modernista não deve recusar formas de outros tempos históricos. Na visão musical do autor apresentada no prefácio, os modernistas devem superar as frases melódicas e, em favor de harmonias imprevistas, buscar os encantos próprios da dissonância, da simultaneidade e do improviso. Ao fim desse *Prefácio* ele exige a conversão do leitor em ator. Aquele que não souber *cantar, urrar, rezar, desprezar, sofrer* e *perdoar* em face de certos poemas da *Paulicea* não conseguirá lê-los.

A *atitude gestual*, nos termos de Brecht, irrompe, assim, em toda parte do primeiro livro modernista de Mário de Andrade e será, depois, constitutiva de seu ideal artístico. Não é preciso sublinhar o quanto o arlequim é mais do que um refrão no livro. Arlequinal é São Paulo, cidade em traje cinza e ouro. Arlequinais são os convites dos milionários, feitos em inglês, para os passos da *tarantella*. Arlequinal é o céu ouro-rosa-verde, é a imprevisibilidade climática, a bruma cotidiana. O poeta veste a roupa colorida da *Commedia* porque é um semelhante da cidade que o comove, um *cabotino*, aspecto tão bem discutido por Anatol Rosenfeld,[7] esse ator errante da tradição da era burguesa, aquele que lança mão do exibicionismo canastrão, quando é preciso, para chamar a atenção de seu público.

O mascaramento, entretanto, produz seu reverso, é uma dinâmica contraditória. O ser da máscara é um ser *outro*, que evidencia o não ser. Não é a primeira aparição de uma *persona* na obra de Mário de Andrade. A assinatura dos versos pacifistas e juvenis de *Há uma gota de sangue em cada poema*, de 1917, eram de um pseudônimo, Mário Sobral. Em *Paulicea*, porém, seu outro eu tem uma fuligem no rosto, sinal de sua *Tristura* fundamental, descrita no poema com o mesmo título: "E dizem que os polichinelos são alegres! Eu nunca em guizos nos meus interiores arlequinais!...".[8]

Tragédia e triunfo

Não se trata, ainda, de uma dinâmica trágica, tendência que se intensifica ao longo dos anos. Àquela altura era possível supor um interesse apenas teórico-formal na tragédia. Orientado pela leitura de Nietzsche, Mário de Andrade concebia o trágico na ligação com o "espírito da música", como forma de pensamento concreto. Sua visão teatral, por outro lado, desde cedo tendia para a coralidade, no que acompanhava a retomada do recurso coletivizante feita por poetas e dramaturgos expressionistas. Os coros de "As enfibraturas do Ipiranga" não são de tragédia porque não pressentem fatalidades reais, ainda que sejam representações de vozes da cidade.

---

7   Anatol Rosenfeld, "Mário e o cabotinismo", em: *Texto/Contexto*, São Paulo: Perspectiva, 1996.
8   Mário de Andrade, *Poesias completas, op. cit.*, p. 89.

O que mais o aproximava de um sentimento trágico, então, era a percepção melancólica da inescapável mudança. As visões teatralistas vinham como símbolos do cruzamento do tempo, como intuições de êxtases passageiros, algo que se lê no comentário sobre o dia em que foi retratado por Anita Malfatti: "Por trás da minha face longa, divinizada pelo traço do artista, um segundo plano arlequinal, que era minha alma. Tons de cinza que eram minha tristeza sem razão... Tons de oiro que eram minha alegria milionária... Tons de fogo que eram meus ímpetos entusiásticos...".[9]

O arlequim de *Paulicea desvairada* é uma metáfora do ser multiforme. Cabotino, como ele, é o indígena tupi que toca alaúde, é o cortejo urbano das "serpentinas de entes frementes a se desenrolar", a marcha burguesa "de mãos nas costas", o "domador" do automóvel na avenida sob os "aplausos do esfuziante *clown*". Até as casas adormecidas da noite paulistana "parecem teatrais gestos dum explorador do polo que o gelo parou no frio...". E o "maxixe do crime puladinho" alude a espetáculos do cotidiano violento nos bairros pobres. O vozerio coral, harmonicamente composto, entra em cena para expandir a frase melódica: "São Paulo é um palco de bailados russos".

No poema que encerra *Paulicea desvairada*, para o qual todo esse imaginário teatral converge, Mário de Andrade dispõe seus coros na forma musical do "oratório profano". "As enfibraturas do Ipiranga" estão mais próximas da ópera barroca do que da Atenas clássica. Acompanham a tradição "oratória" do teatro cantado religioso, que desde Monteverdi foi *contrafeito* ao profano.

Em 1919, três anos antes da publicação de *Paulicea*, ele apresentou uma conferência na Congregação Mariana de Santa Efigênia, organização católica à qual era filiado. Seu tema era um espetáculo colonial, o *Triunfo eucarístico*, procissão cênica de traslação do Santíssimo Sacramento, organizada em 1733 pelas confrarias de Vila Rica. O relato de Simão Ferreira Machado, que descreve a festa, é um panfleto custeado, significativamente, pela irmandade de Nossa Senhora do Rosário dos Pretos. A descrição de Mário de Andrade do espetáculo (mais tarde considerada "hórrida" por ele) chamava a atenção da plateia cristã para a importância de uma arte religiosa capaz de fazer uso da "influência do sensível na parte espiritual do homem".[10] O *Triunfo eucarístico* reaparece nos versos de "Noturno de Belo Horizonte", poema de 1924, quando o cortejo dança em meio à riqueza mineradora, sustentada pelo escravismo:

9 *Idem*, "No Atelier", em: *Mário de Andrade, cartas a Anita Malfatti, op. cit.*, p. 48.
10 *Idem*, *A arte religiosa no Brasil*, São Paulo: Experimento; Giordano, 1993, p. 33.

Lumeiro festival... Gritos... Tocheiros...
O Triunfo Eucarístico abala chispeando...
Os planetas comparecem em pessoa!
Só as magnólias — que banzo dolorido! –
As carapinhas fofas polvilhadas
Com a prata da Via-Látea
Seguem pra igreja do Rosário
E pro jongo de Chico-Rei...[11]

"As enfibraturas do Ipiranga"

Apesar da forma alegórica e da musicalidade de oratório, o espetáculo previsto em "As enfibraturas do Ipiranga" não tem nada da procissão triunfalista que cruza a cidade. "As enfibraturas" teatralizam um embate ideológico e poético, confinado no centro urbano, num vale do Anhangabaú disputado por grupos culturais da elite econômica, enquanto o povo assiste a tudo de longe. Sua forma cênica é imobilista. Somada ao gigantismo anunciado — expresso no número de 550 mil cantores —, ela procura uma graça polifônica e autocrítica.[12]

Uma breve descrição permite ver que o efeito poético das "Enfibraturas" depende da gestualidade e da música projetadas pelas palavras. O coro mais importante da peça é o das "Juvenilidades auriverdes", uma representação ambígua da visão modernista. Sua capacidade de comoção se liga a sua visível "falta de ensaios". Seu canto coral é acompanhado da orquestra sinfônica, e "alguns desafinam". Sua sonoridade não é apenas europeia, tem ritmos de borés e maracás indígenas. O coral das Juvenilidades auriverdes atua com os pés enfiados no chão do parque do Anhangabaú, de onde confronta seus maiores oponentes, os "Orientalismos convencionais", que cantam das janelas e dos terraços do Theatro Municipal, como se estivessem encastelados na defesa da tradição.

Em suas primeiras frases musicais, o coral burguês dos Orientalismos declara amar as "chatezas horizontais" e odiar as "matinadas arlequinais".

Outros dois grupos de cantores acompanham o conflito anunciado como comentadores distantes. Um deles é de trabalhadores da cidade, os "Sandapilários indiferentes". Logo após o primeiro coro pianíssimo das

---

11 *Idem, Poesias completas*, v. 1, *op. cit.*, p. 243.
12 A obra foi encenada apenas uma vez, pela atriz, diretora e professora da Escola de Arte Dramática de São Paulo (EAD) Maria José de Carvalho (1919-1995), no Teatro do Memorial da América Latina (SP), em 1993, nas comemorações do Centenário de Mário de Andrade. Participaram dezenas de intérpretes, entre os quais Raul Cortez, Sérgio Mamberti, Gianfrancesco Guarnieri e Renato Borghi, além da cantora Suzana Salles, da Orquestra Jazz Sinfônica da Universidade Livre de Música, da Banda da CMTC e do grupo Premeditando o Breque. Cf. Alvaro Machado: "Tradição, modernidade e vanguarda em Maria José de Carvalho", em: *Maria José de Carvalho: mestra e provocadora cultural*, São Paulo: ACM Abdalla Arte, 2018, p. 34.

Juvenilidades, eles gritam, do Viaduto do Chá, uma reclamação crítica: "Esta gente não nos deixa mais dormir! Antes '*E lucevan le stelle*' de Puccini! Oh! pé de Anjo, pé de Anjo!".

A frase remete ao gosto operístico dos proletários italianos e cita um verso do samba "Pé de anjo", de Sinhô, sucesso nas comunidades pobres e negras. Sua brevíssima participação termina com berros de "Fora! Fora o que é de despertar!".[13]

Na outra ponta da escala social, um coro de endinheirados se espalha por lugares como as sacadas da prefeitura, o Hotel Carlton, o Automóvel Clube. Na primeira intervenção, os vocalistas das "Senectudes tremulinas" tomam o partido dos Orientalismos. No ritmo dançado do minueto, anunciam "Como é bom ser rico!". Dizem admirar "os célebres e os recomendados também!" e se orgulham de "assinar o Lírico" por "elegância de preceito!".

A tensão poética cresce quando canta a única solista, uma soprano ligeiro, "Minha loucura", que está no meio dos tenores das Juvenilidades, com os pés também enterrados no solo do parque. Ela começa seu *recitativo,* após um silêncio orquestral, e o converte numa *balada* com a ajuda de harpas e trompas. Desperta reações de raiva aristocrática dos grupos ricos, que disfarçam seu ódio dançando a gavota.

O *crescendo fantastico* dos corais em luta leva as Juvenilidades a pedir mais "cravos" na própria cruz. O frenesi gestual e musical dos modernistas conduz, enfim, à fuga dos corais conservadores, que desistem de seguir na disputa diante da aproximação da "máxima Verdade". A cantiga final de Minha loucura é feita sobre os corpos caídos das Juvenilidades, arrependidos do próprio "tresvario final", exaustos e chorosos. No acalanto, a solista tem falas proféticas:

> Virão os fevereiros do café-cereja!
> Virão os marços das maturações!
> Virão os abris dos preparativos festivais!
> E nos vinte anos se abrirão as searas! [...]
> Tereis a cultura da recordação!
> Que o Cruzeiro do Sul e a saudade dos martírios
> Plantem-se na tumba da noite em que sonhais...
> Importa?!... Digo-vos eu nos mansos
> Oh! Juvenilidades Auriverdes, meus irmãos:
> Chorai! Chorai! Depois dormi![14]

A obra termina quando Minha loucura se funde ao coro, "quase a sorrir, dormindo", enquanto entoa: "Eu... os desertos... os Cains... a maldição...".[15]

---

13 Mário de Andrade, *Poesias completas*, v. 1, *op. cit.*, p. 114-5.
14 *Ibidem*, p. 126.
15 *Ibidem*, p. 127.

"As enfibraturas do Ipiranga" contém cenas ambíguas de uma República em disputa, imagens da indiferença das classes baixas sobre a cultura letrada, e mostra a atitude antiburguesa de uma vanguarda que se sentia culturalmente próxima da "civilização do Café". O tom trágico é paródico, ridículo, e a opereta bufa atravessa o melodrama nos momentos de martírio. Há mesmo uma *parábase* farsesca, quando a nota de rodapé pede que o leitor contribua com a obra, e insira nomes reais na polêmica cantada. A intenção alegórica, assim exposta, faz com que "As enfibraturas" permaneçam distanciadas dos "dramas vitais" e que seu conjunto pareça espectral. Como escreveu Walter Benjamin sobre Baudelaire, "a alegoria se fixa às ruínas. Oferece a imagem da inquietação entorpecida".[16] E esse irônico poema coral sobre certa cultura letrada em combate se conclui, não por acaso, num torpor mortuário.

Peças do *Primeiro andar*

Num caminho paralelo ao da *Paulicea*, o teatro surge também nos primeiros escritos de Mário de Andrade, em pequenas peças-contos.

No texto teórico lido na Semana de 1922, e publicado como brochura em janeiro de 1925 — *A escrava que não é Isaura* —, há um comentário sobre as tendências do teatro europeu de vanguarda. No que se refere à "decoração teatral", Mário de Andrade via poucos avanços, além do cubismo, que pudessem resistir à "influência perniciosa do bailado russo". Quando imagina, porém, o que seria o novo *drama* emergente, menciona o nome de dois encenadores, sendo um deles o francês Jacques Copeau.[17] Esses artistas colaboram "para que o drama volte de novo ao que foi na Antiguidade, ao que poderíamos tomisticamente chamar o abandono do princípio de individuação acidental pelo princípio imaterial. Descobriu-se de novo o teatro metafísico".[18]

Copeau talvez fosse mais individualizante do que supunha Mário de Andrade. A procura do diretor francês por uma depuração cênica, sua luta contra os estrelismos do elenco, seu desejo de equilíbrio entre o texto e a cena continham também o desejo pós-simbolista de se afastar dos temas da luta de classes. O diretor encantou muita gente no Brasil porque propunha uma modernização idealista, menos crítica e agressiva do que a da vanguarda soviética e alemã. Apesar do interesse por esse "novo teatro metafísico", àquele tempo Mário de Andrade já se dirigia para o lado das impurezas sociais.

No livro de contos *Primeiro andar*, impresso em setembro de 1926, e relançado em 1932, existem escritos dramatúrgicos anteriores a 1922 que

---

16 Walter Benjamin, *Charles Baudelaire: um lírico no auge do capitalismo*, trad. José M. Barbosa e Hemerson Alves Baptista, São Paulo: Brasiliense, 1989, p. 159.

17 O outro nome citado é do alemão Schumacher, de quem não pudemos localizar informações.

18 Mário de Andrade, *Obra imatura*, Rio de Janeiro: Agir, 2009, p. 295.

são reveladores do gosto em formação. Na primeira edição, hoje raríssima, há quatro pequenas peças. Duas delas foram excluídas da reorganização de 1943, quando Mário de Andrade remodelou *Primeiro andar* com supressões e inclusões de contos, para que o livro fizesse parte de sua *Obra imatura*.

A mais antiga das pecinhas recusadas se chama *Cocoricó*. Em muitos aspectos pode ser considerada mesmo "uma vergonha", como o escritor a avaliou mais tarde. Escrita em 1916, ela demonstra, de outro lado, um conhecimento técnico da comédia de costumes. Sua "primeira única interminável Scena" acontece entre uma mulher formada em Direito, autora de duas obras feministas, que chega do trabalho, cansada e mal-humorada, e seu marido Carlos, responsável pela casa e pelo bebê da família. A empregada Marieta é uma participante ocasional do quadro.

A inversão das expectativas patriarcais gera o cômico da abertura: a doutora Gilberta Cavalcanti de Albuquerque morde o cigarro e fica irritada por ter que gritar pelo marido. E, quando Carlos aparece na sala, surpreso, ela repudia os beijos melosos e desagradáveis de um homem carente:

> GILBERTA — Nós, mulheres, passamos o dia ao sol, escrevemos, falamos discutimos andamos, algumas vezes somos até obrigadas a não almoçar, enfim ganhamos o suficiente para o sustento da família e... eis aí o que nos espera! Quando imaginamos encontrar em casa a calma necessária aos pensadores, encontramos um marido horror! Um marido impertinente azedo sem carinho![19]

O verdadeiro alvo satírico, entretanto, desenha-se quando uma pequena barata atravessa o cômodo. A "doutora feminista" sobe numa cadeira, em pânico, à espera de que seu marido a livre do inseto. E a rubrica nos informa que ele usa dezenas de livros para "assassinar" a baratinha, o que consegue com um grosso volume de uma autora feminista belga: "A scena é trágica de mudez. Carlos contempla com olhos infelizes o livro, como olhos que choram: Pobre baratinha!" Gilberta desce então da cadeira, "um pouco envergonhada", e se ouve nalgum galinheiro um galo cantar: "Cocoricooooo..."

O canto do galo é ouvido a cada vez que a mulher fraqueja no projeto emancipador, quando ela não contém seu ciúme ao presenciar um absurdo assédio sexual cometido pelo marido contra a empregada, ou quando ambos, enfim, se reconciliam, e ele volta a tratá-la por "minha mulherzinha". É o momento em que o galo canta pela terceira vez, como fez o de Pedro, na negação de Cristo.

Ao lado do tema reacionário, um segundo assunto, porém, se infiltra na estrutura. Ao flagrar os beijos forçados do marido na empregada, Gilberta entra "como se entra sempre nas comédias". E na saída de cena de Marieta, a

19 *Ibidem*, p. 363.

moça se transforma numa nuvem azul. O espetáculo imaginado pelo autor tenta, assim, expor a própria comédia de costumes ao ridículo, converten-do-a em tema. A ambiguidade gerada por essa depreciação da forma não chega a abalar o enredo machista. Acredito, porém, que uma encenação crítica teria meios de expor a ideologia conservadora da peça.

Na outra peça excluída de *Primeiro andar* existe também uma ironia em relação à representação burguesa. É um quadro sentimental, de 1918, em que um Pai, uma Mãe e uma Avó comentam a recusa da filha, Helena, de sair do quarto. A moça está ali recolhida desde que a proibiram de se encontrar com o rapaz que ama. Durante o breve ato, a família analisa seu comportamento, como diz o título, *Por trás da porta*. O convencionalismo é abalado pelos comentários do filho pequeno, uma criança de três anos, Boaventura, que, apesar de "doentia e gélida", é muito faladora. O menininho está preocupado com seus jogos e com um tico-tico que teve a asa quebrada pela pedrada da irmã. A rubrica inicial do draminha falhado mostra o quanto seu autor sabia que a família burguesa só poderia ser representada do ângulo do estrago social: "Sala de jantar, pouso e prisão da família. Dos móveis antigos mas bons ressumbra ar de abastança e burguesice. Tristeza perniciosa do mofo. [...]".[20]

Eva e *Moral quotidiana*

Nas peças preservadas no *Primeiro andar*, 1943, encontramos uma tentativa dramática mais bem-sucedida, e uma exposição épica da comédia de costumes mais radical.

A mais antiga dessas peças é *Eva*, de 1919, possivelmente modificada em 1925, e revista no ano de sua inclusão nas *Obras imaturas*. À primeira vista, trata-se de um diálogo despretensioso entre dois priminhos.[21] A personagem central, que tem apenas "meia dúzia de anos mais dois", é uma menina que tenta convencer o primo mais velho, Julinho, com "seus 12 anos sem beleza", a desobedecer às ordens da mãe dele, Dona Júlia, para que não saíssem ao quintal e nem comessem maçãs no pomar. A cena alegórica sobre o pecado original, que se passa numa casa rica da cidade, tem, porém, diálogos concretos e rubricas que expõem o "subtexto" dramático. Atinge, assim, um realismo incomum no teatro brasileiro:

---

20 *Ibidem*, p. 381.

21 Nas edições de 1926 e 1932 de *Primeiro andar,* Mário de Andrade incluía, na lista de personagens, uma quarta figura (além dos dois priminhos e de Dona Júlia). Era uma alegoria que não tinha falas: "O DESEJO - Demônio familiar. Nasce na comissura dos lábios das meninas. Divide-se em dois mais tarde e sai pelo mundo para que uma das suas partes eleve a dona ao altar enquanto a outra sacrifica os homens na ara". A descrição foi suprimida na revisão para as *Obras imaturas*, mas foi recuperada no volume *Primeiro andar* (Mário de Andrade, apresentação Jean-Pierre Chauvin e José de Paula Ramos Jr., 3ª ed. São Paulo: Com-Arte, Edusp, 2018).

EVA (tristonha) — Ai...

JÚLIO — Você está triste, Eva?

EVA (confessando) — Não. Não tenho nada.

JULINHO (carinhoso sem querer) — Zangou comigo, é?

EVA — Não. Também por que você não falou que queria vir?

JULINHO — Não falei porque não era verdade. Não gosto de mentira. (*Um silêncio.*) Você está chorando!

EVA (*soluçando com lindos gritinhos finos de camundongo*) — Você disse que eu sou uma mentirosa![22]

A ação das crianças é às vezes inconsciente, o que produz uma dialética subjetiva. Após arrancar a maçã da árvore, Eva morde a fruta verde e anuncia, impassível, que está "esplêndida":

EVA — Experimente! Parece mel!

(*Julinho estende a mão para a maçã. Eva coloca-lhe a fruta na boca, do lado já mordido por ela.*)

JULINHO (*retirando a boca*) — Desse lado não![23]

O giro da maçã — para que a parte comida toque a boca do menino — é o gesto mais provocativo da pequenina Eva. A recusa do priminho ao contato das salivas não impede sua dentada no outro lado do fruto proibido. A peça se constrói sobre essa imagem da maçã oferecida, que é o núcleo vivo de seu drama.

Num comentário sobre a arte do diálogo escrito anos depois, Mário de Andrade atribui a dificuldade de se escrever falas cênicas no Brasil à "enorme distância que medeia entre a língua nacional falada e a escrita".[24]

Acredito, porém, que a dificuldade da fala dramática se deve antes à precariedade do imaginário social do indivíduo, à escassez de sujeitos capazes de constituírem relações sociais de alteridade. Numa sociedade em que o indivíduo não se apresenta como categoria social, em que o ideal da autonomia pouco opera nas estruturas públicas, o drama aparece sempre como uma forma postiça, como um desejo ideológico de configurar "pessoas morais" num lugar onde elas não têm condições de existir. É a forma almejada e fugidia num "país como o nosso", em que, nas palavras de Mário de Andrade, "a irresponsabilidade é o elemento por assim dizer mais fundamental do indivíduo".[25]

---

22 *Ibidem*, p. 132.

23 *Ibidem*, p. 135-6.

24 Mário de Andrade, "Diálogos", *Diário de Notícias*, Rio de Janeiro, 16 abr. 1939, em: *Vida literária*, pesquisa, estabelecimento de texto, introdução e notas por Sonia Sachs, São Paulo: Hucitec, Edusp, 1993, p. 30.

25 *Idem*, "Maracatu de Chico Rei", *Diário de São Paulo*, 14 out. 1934, em: Mário de Andrade, *Música e jornalismo*, pesquisa, estabelecimento de texto, introdução e notas por Paulo Castagna, São Paulo: Hucitec, Edusp, 1993, p. 258.

Em *Eva*, os comportamentos ingênuos e irresponsáveis — porque infantis — correspondem ao lugar social. O drama vive nas relações sem palavras.

A quarta peça de *Primeiro andar*, também preservada na *Obra imatura*, se chama *Moral quotidiana*. Seu assunto é a tradição teatral do triângulo amoroso. Mário de Andrade oferece uma chave irônica de leitura na nota de rodapé conectada à palavra *Tragédia*, que vem como subtítulo. Diz ele, para reforçar a piada: "Juro que é tragédia".

Ela se passa num hotel do Guarujá, talvez o mesmo da comédia *Mon coeur balance*, escrita em francês por Oswald de Andrade e Guilherme de Almeida. No triângulo amoroso de Mário de Andrade, porém, as figuras têm nomes abstratos e caracterizações específicas. A Amante é uma belíssima francesa alta, com cabelos "quase rubros" e olhos verdes, no esplendor dos seus 35 anos. A Mulher é uma brasileirinha de 24 anos, morena, "cabelos negros, viva, uma pomba". Só o marido é uma figura abstrata, um "joguete nas mãos do destino".

O "terceiro único ato" do texto começa com um bate-boca das mulheres. Ao contrário da tradição, é a Amante quem sofre com o fato de o homem ter voltado para a esposa. A Mulher, por sua vez, escuta essas queixas com bocejos, enquanto o desespero passional da outra aumenta:

> AMANTE (*desfeita*) — ... por... por piedade...! Não me roube o meu amor! Não imagina como amo seu marido!... Pôde aguentar calada... Pôde sofrer sozinha... Mas eu... Eu não posso... não posso! Por piedade!...
>
> MULHER — Detesto-a! Vá se embora! Chore na cama! (*Melodiosa maldade mimosa tão delicada e melindrosa*) Por que não procura meu marido? Vá chorar pro seu amante! (*denticulada*) Garanto que ele virá me castigar... Com carinhos.[26]

As rubricas sugerem uma atuação ironicamente melodramática, e anunciam um salto formal inesperado: o diálogo dá lugar a uma pantomima, um intermédio que "dura dois minutos", e que estiliza a briga das duas mulheres. Elas "avançam danadinhas uma pra outra. Eternamente as garras nos cabelos. Chapéus mariposas *poc*! no chão". Quando a pancadaria se instala, entram no palco quatro grupos de *coros apressados*.

A Amante, tombada no chão, aos soluços, tenta se esconder dos comentários, enquanto a Mulher se arranja rápido. Começa desse modo a cena seguinte, de sentido épico-cômico. O "coro das senhoras casadas" condena a sem-vergonhice e o ridículo do espetáculo. O "coro dos senhores casados", em seguida, repudia a exposição ao escândalo ("Pois um pobre marido não pode ter amante? Mais de uma até!"). O "coro das senhoras idosas" acha

---

26 *Idem, Obra imatura, op. cit.*, p. 175.

tudo belíssimo, reprovando o deslize dessa "gente de hoje" que "não sabe se conter". O "coro dos senhores idosos", enfim, só tem olhos para as pernas bonitas da francesa que se contorce no chão.

A partir da chegada do marido, há uma mudança no tema do falatório, que passa a criticar o amor do esposo e da esposa, algo que os torna um "par escandaloso". Os quatro coros se unificam, enfim, num *quarteto coral* fortíssimo. Cantam ritmicamente a palavra "Fora" em muitíssimas variações: "Fó-fó-fó-ra!", até os aplausos frenéticos da assistência diante da fuga dos casados.

A Amante ressurge no solo lamentoso da "Cavatina da abandonada", recitativo entoado sobre um fundo musical de Marcelo Tupinambá, que antecede sua morte patética. Os coros, antes da saída, dão um giro pseudotrágico em torno do cadáver:

> O coro das senhoras idosas com gestos chaplinianos de deploração estende sobre a morta um grande manto branco. Os coros de senhores idosos e senhores casados dançam em torno do cadáver um hiporquema grave e gracioso desfolhando sobre a Amante as 20 dúzias de cravos [...].[27]

Tal como no ditirambo dionisíaco, essa dança do *hiporquema* se combina ao cortejo final, o êxodo, outra paródia da tragédia antiga. Ele é animado por uma *Marcha fúnebre* de Chopin, op.35, tocada por uma banda de *jazz*, enquanto aparecem (talvez em cena) os nomes de algumas marcas industriais: Salus, Bella Cor, Guaraná Espumante, Lacta, Dunlop.

Moral quotidiana e *Eva* são esboços cênicos inventivos, realizados como divertimentos. Sua graça está na liberdade crítica em relação às formas burguesas convencionais. É significativo que o poeta se lembre da pecinha das crianças quando, num comentário a Prudente de Moraes Neto, em 1927, pensava no risco das classificações literárias:

> Agora o que eu acho mais prejudicial nisso tudo é você vir com esses conceitos sobre o que é conto, o que é romance, o que é novela, o que é poesia, numa época destas. Você não acha mesmo? Creio que nessa história só tem alguma importância prá liberdade de criação distinguir os *gêneros* porém as formas não. O Alcântara já me garantiu que a *Eva* do *Primeiro andar* é poesia![28]

27 *Ibidem*, p. 179.
28 Mário de Andrade, *Cartas de Mário de Andrade a Prudente de Moraes, neto*, org. Georgina Koifman, Rio de Janeiro: Nova Fronteira, 1985, p. 222. Grifos nossos.

Dança dionisíaca

A partir de 1926, os escritos de Mário de Andrade começam a mostrar um olhar mais concreto para as artes da cena, que vai além do interesse pelos gestos literários "cabaretizados". Consolida-se, no seu pensamento teatral, algo que é também uma autoimagem, a da transitoriedade. Dois anos antes, em 1924, ele escreveu, numa carta a Manuel Bandeira: "Minhas forças, meu valor, meu destino, estou convencido disso, é ser transitório. Isso não me entristece nem orgulha. É".[29]

O teatro é uma arte do tempo presente, de passagens, da superação das especializações. A metáfora do trânsito ressurge nos poemas de *Losango cáqui ou afetos militares de mistura com os porquês de eu saber alemão*, obra de "poesia de circunstância" publicada em 1926, a partir da experiência no Exército. O lindíssimo poema do "Cabo Machado" descreve um "dançarino, sincopado", que encantou o poeta. Roger Bastide viu ali uma constante dionisíaca na obra de Mário de Andrade: "E tudo acaba em dança! Por isso cabo Machado anda maxixe".[30]

A dissolução em dança é teatral, como o olhar que a "tudo procissiona" por desejar o "batuque público da vida", conforme o "Rondó das tardanças".[31] E são coreográficas as polifonias da noite de *music-hall* e seu *clown* desengonçado, como no "Rondó do tempo presente".[32]

Em *Clã do Jabuti*, livro de 1927, e no *Remate de males*, de 1930, obras do tempo em que o poeta era também um viajante-pesquisador, encontram-se outras metáforas semelhantes. O escritor segue se movendo como o cabo Machado, um "dançarino brasileiro", mas começa a pressentir, em termos trágicos, "que o progresso é também uma fatalidade".[33] Não é casual que os versos de *Danças*, onde se lê a necessidade brasileira de *dançarinar* pela vida, venham em seguida à proclamação da multiplicidade do poema famoso "Eu sou trezentos...", que abre *Remate de males*.

Começava o tempo da crise social. Um Dioniso abrasileirado a prenuncia no poema "Carnaval carioca", que integra o *Clã do Jabuti*. É um "Baco num carro feito de ouro e de mulheres" com "dez parelhas de bestas imorais". Ele participa de uma festa em que a miséria brasileira dos "quatro barrigudinhos sem infância" vem após o "Etna de loucuras e pólvoras" que sustenta os "Tenentes do Diabo".[34]

---

29 Mário de Andrade; Manuel Bandeira, *Correspondência Mário de Andrade & Manuel Bandeira*, org., introdução e notas de Marcos Antonio de Moraes, São Paulo: Edusp, 2001, p. 147.
30 Mário de Andrade, *Poesias completas*, v. 1, *op. cit.*, p. 177.
31 *Ibidem*, p. 197.
32 *Ibidem*, p. 200.
33 *Ibidem*, p. 208.
34 *Ibidem*, p. 222.

Chaplin e Piolin

O teatro como realidade aparece na obra de Mário de Andrade em 1926, quando escreve sobre o artista da cena que mais mobilizou a imaginação modernista, o palhaço Piolin. Não era a primeira vez que ele discutia a arte de um comediante popular. Quatro anos antes, no quinto número da revista *Klaxon*, comentou um filme de Charlie Chaplin, como réplica à observação da poeta dadaísta Céline Arnauld a *O garoto*. Ela não gostava da cena do sonho de Carlitos, em que os anjos tinham rostos de camaradas do submundo e de policiais, e sugeria ao comediante outras imagens oníricas: "*pierrots* enfarinhados" ou "minuetes de aeroplanos". O comentário de Mário de Andrade destaca o fundo realista da composição irrealista de Chaplin: "Estes aeroplanos imaginados pela adorável dadaísta é que viriam forçar a intenção da modernidade, em detrimento da observação da realidade. Carlito sonhou o que teria de sonhar fatalmente, necessariamente [...]".[35]

Em 1926, o Circo Alcebíades — onde Piolin trabalhava — era muito frequentado pelos modernistas, desde que o escritor francês Blaise Cendrars chamou a atenção dos escritores paulistas para o talento do palhaço. No número de abertura da revista *Terra roxa e outras terras*, lançada naquele ano, o jovem editor da publicação, Alcântara Machado, também crítico de espetáculos em jornal, proclamava que a única companhia "bem nacional, bem mesmo, é a de Piolin! Ali no Circo Alcebíades! Palavra. Piolin, sim, é brasileiro. Representa Dioguinho, o Tenente Galinha, Piolin sócio do diabo, e outras coisas assim, que ele chama de pantomimas, deliciosamente ingênuas, estupendas, brasileiras até ali".[36]

Mário de Andrade participa do debate com o pseudônimo Pau D'Alho. No terceiro número da revista, ele trata da arte de Piolin no artigo "Do Brasil ao *Far-west*". Reitera a admiração de Alcântara Machado e compreende que a força de Piolin está na "vagueza" dramática, na indeterminação formal que permite as maiores extravagâncias expressivas, algo que se liga à vida brasileira:

> Os únicos espetáculos teatrais que a gente inda pode frequentar no Brasil são o circo e a revista. Só nestes inda tem criação. Não é que os poetas autores de tais revistas e pantomimas saibam o que é criação ou conservem alguma tradição efetivamente nacional, porém as próprias circunstâncias da liberdade sem restrições e da vagueza desses gêneros dramáticos permite aos criadores deles as maiores extravagâncias. Criam por isso sem leis nem tradições importadas, criam movidos pelas necessidades artísticas do momento e do gênero, pelo interesse de agradar e pelas determinações inconscientes da própria personalidade.[37]

---

35 *Klaxon: mensário de arte moderna*, São Paulo, set. de 1922, n. 5, p. 13-4.
36 Antônio de Alcântara Machado, "Teatro: indesejáveis", *Terra roxa e outras terras*, São Paulo, jan. 1926, p. 5.
37 Mário de Andrade, "Do Brasil ao *Far-west*: Piolin", *Terra roxa e outras terras*, São Paulo, 27 fev. 1926, ano 1, n. 3, p. 2.

Não é o caso de discutir aqui as várias contradições do debate modernista em torno de Piolin, o que já fiz em outra ocasião.[38] Cabe apenas registrar que o elogio discutível à sua criação supostamente inconsciente, a uma "indiferença no criar", não corresponde à realidade da técnica circense, à codificação rigorosa e nem ao domínio do repertório que antecede um improviso de picadeiro.

Por outro lado, o artigo contém a percepção importante de que o pulo do gato das "pantomimas" de Piolin estava na sua capacidade de configurar relações amorais. "O bem é cômico" e o herói "é coberto de opróbrios e ridículos", numa peça "que não tem nenhuma lógica realista".[39]

Num artigo posterior, de 1931, Mário de Andrade oferece mais elementos sobre a vagueza moral, também perseguida naqueles anos em figuras literárias como o *João Bobo* (do romance não realizado) ou *Macunaíma*. Ele diz que a comicidade de Piolin converge para o tipo psicológico "universalmente contemporâneo" do "ser abúlico, do ser sem caráter predeterminado e fixo, do ser 'vai na onda'. O mesmo ser que, apesar de suas especificações individuais, representam Carlitos, Harry Langdon, os personagens de *Ulisses*, os de Proust e as tragicômicas vítimas do relativo que Pirandello inventou".[40]

A ausência de caráter, a atitude "vai na onda", o informe — hoje considerados *macunaímicos* pelos leitores do romance brilhante — são aspectos da possível forma brasileira, de concepção negativa, e que correspondem, na visão de Mário de Andrade, à inquietação, à perplexidade, e ao sentimento de "fim de civilização" observado no centro do capitalismo pelos artistas que constataram a crise da ordem burguesa.

Pirandello e o *Monólogo dum elefante do Circo Sarrasani*

Formava-se a convicção modernista de que certa vanguarda internacional procurava o "informe que nós somos", de que nosso atraso cultural poderia ser uma vantagem artística (o "desrecalque localista", na expressão de Antonio Candido), de que haveria uma sintonia entre o "ser abúlico", criado pelo palhaço brasileiro, e as "vítimas do relativo" de Pirandello.

A crítica conservadora ao modernismo, em particular a de Tristão de Ataíde, de imediato reagiu a isso. Considerou a eleição de Piolin uma imitação superficial do programa "primitivista" das vanguardas europeias. E o debate não foi formulado apenas em artigos. Existe um breve exercício teatral de Mário de Andrade em torno da polêmica que aparece no quarto número de

---

38 Sérgio de Carvalho, *O drama impossível*, São Paulo: Edições Sesc, 2023.
39 Mário de Andrade, "Do Brasil ao *Far-west*: Piolin", *op. cit.*
40 *Idem*, "Circo de Cavalinhos", *Diário Nacional*, 2 ago. 1931, em: *Táxi e crônicas no Diário Nacional*, *op. cit.*, p. 403-5.

Terra Roxa. Sem usar o pseudônimo, ele publica uma pequena peça-comentário com o título *Pirandello, a epiderme desvairada e um sentimento alegre da injustiça.* Seus personagens, *Dona Poesia, Eu* e o *Coro dos fanáticos lunáticos* (e que se passa no templo da Deusa) dão voz a elementos difusos da crítica conservadora. A piada metalinguística expõe o centro do assunto:

> DONA POESIA — Tu é um primitivo!
> Banca ingênuo sem sê!
>
> EU (*levantando*) — Tá bão, dona Poesia.
> Mecê é taco em percebê!

O uso de uma forma dramatúrgica num debate crítico não era novidade. Já havia algum tempo que a teatralidade era evocada em situações semelhantes. Em novembro de 1925, o jornal *A Noite*, do Rio de Janeiro, convidou vários escritores a colaborarem numa série jornalística chamada "mês modernista". Entre aqueles que hesitaram em aceitar o convite estava Manuel Bandeira. Ele sentia que a homenagem tinha algo de ridículo, que os modernistas poderiam ser apresentados "um pouco como o Sarrasani exibe os elefantes ensinados". Mário de Andrade escreve a Prudente de Moraes, em seguida, e pergunta, desconfiado, se não seriam apresentados como "bichinhos ensinados". Em outra carta a Manuel Bandeira ele pede autorização para roubar a ideia circense, o que dá origem ao artigo-peça *O monólogo dum elefante do Circo Sarrasani*, publicado em 18 de dezembro de 1925.[41]

Ainda que não se trate de uma dramaturgia cênica, o artigo supõe que o leitor imagine um elefante humanizado no centro de um picadeiro, em confissão aos espectadores: "Já fui selvagem fui, porém agora não sou mais porque transformei as minhas selvagerias por meio de estilizações curiosíssimas." E se o Arlequim da *Paulicea* expunha seus guizos da tristura, o Elefante do Sarrasani ostenta a força primitiva atrás da humanização precária: "Sobretudo não mostramos aquele ar de sujeição, de tristura e miséria dessa elefantada porcaria que os circos mambembes possuem. São bichos macambúzios jururus, sujos e mais menores. Nós somos grandões, somos lépidos e, embora estilizadamente, inda conservamos dos instintos

---

41 "De que é que se tem de falar? De modernismos ou de toda coisa sabível? Não vão apresentar a gente como bichinho ensinado, não?" (Manuel Bandeira a Mário de Andrade, em carta de 23 out. 1925). Num cartão de quatro dias depois, Mário de Andrade escreve: "Vou escrever pro Viriato aceitando por você. Se você me dá os elefantes do circo Sarrasani para mim, faço uma das meias colunas sobre isso. É um bom jeito de mostrar que a gente não cai na esparrela e em última análise nada mais somos que elefantes ensinados, nós artistas". Carta de Mário de Andrade a Manuel Bandeira, 29 nov. 1925, *Correspondência Mário de Andrade & Manuel Bandeira, op. cit.*, p. 255-7. No dia 29, Mário de Andrade ainda informa a Prudente de Moraes Neto: "Já escrevi um Monólogo do Elefante do Circo Sarrasani que ficou bem pândego, aproveitando a rabugem do Manú. Isso ressalva a nossa posição um poucadinho mostrando que a gente vai na onda com consciência que vai". *Cartas de Mário de Andrade a Prudente de Moraes, neto, op. cit.*, p. 155.

primitivos a bruteza do abacaxi e fresquinha da nossa selvageria. Mas somos ensinados também".[42]

A autoimagem do artista como animal culturalmente adestrado "para divertir o público" reaparece nos escritos dos últimos anos de vida de Mário de Andrade. No texto de 1925, a relação mercantil é exposta com franqueza, consciência de que o artista, em alguma medida, é um "vai-na-onda": "[...] me ensinaram música, alemão, estética, psicologia, métrica bizantina, simultaneidade, verso livre, me botaram esses oculões por cima do nariz, me chamaram Mário de Andrade e agora me pagam 50 bagarotes para eu vir quatro vezes nesta cidade fazer salto de meia-coluna pros espectadores d'*A Noite*. Pois faço, que tem?".[43]

Danças dramáticas

São as viagens do turista aprendiz, realizadas nos anos de 1927 e 1928, que mudam mais radicalmente o pensamento teatral de Mário de Andrade. A partir delas, ele passa a considerar a importância do *conjunto da relação cênica*, centrado na *atuação*, como o gerador de um trânsito para o qual a palavra poética contribui.

Nas "pantomimas" de Piolin, que não eram cenas mudas, o espetáculo nascia da improvisação gestual e sonora, de uma cena que se lançava para fora do quadro ficcional e assim expunha a própria rarefação dramática. Uma perspectiva semelhante — e ainda mais radical no que se refere à negação do espetáculo autônomo — pode ser encontrada nas festas populares brasileiras.

Na viagem de navegação pelos rios amazônicos, entre 7 de maio e 15 de agosto de 1927, ou pelos estados do Nordeste, entre 27 de novembro de 1928 e 24 de fevereiro do ano seguinte, o poeta e musicólogo se converte num etnógrafo amador, em estudioso das cenas festivas e rituais chamadas por ele de "danças dramáticas", experiências em que o *teatro*, esse lugar "de onde se vê", não pode ser estático, porque a distinção entre os atores e espectadores é abolida a todo instante.

Na Amazônia, Mário de Andrade toma notas de espetáculos tradicionais e registra canções ligadas ao ciclo dos festejos juninos. Mostra uma atenção especial ao imaginário de morte e ressurreição de uma força vital (tema central do Boi), que é comum a muitos dos bailados nessa época.[44]

Seu objetivo de pesquisa se organiza ainda mais na segunda expedição, no período entre a Natividade de Cristo e o transe do Carnaval. No Rio Grande do Norte, ele descreve máscaras, ritmos e "trejeitos acrobáticos magistrais"

---

42 Mário de Andrade, "Monólogo dum elefante do Circo Sarrasani", *A Noite*, Rio de Janeiro, 18 dez. 1925.

43 *Ibidem*.

44 *Idem*, *O turista aprendiz*, estabelecimento de texto, introdução e notas de Telê Porto Ancona Lopez, 2ª ed., São Paulo: Duas Cidades, 1983, p. 268.

dos reisados, pastoris e cheganças, e anota centenas de melodias. Nos artigos que escreveu, no calor da hora, para jornais do Sudeste, em especial na série do *Turista aprendiz*, publicada originalmente no *Diário Nacional* de São Paulo, ou em apontamentos que almejavam se tornar estudos científicos maiores, encontramos um material de imensa importância cultural. Até o fim da vida, Mário de Andrade seguiu com seus estudos da cena tradicional no Brasil, trabalhando num projeto de livro chamado *Na pancada do ganzá*.

Chico Antônio

Em meio a esse mundo do teatro popular, não há dúvida de que sua referência maior, como modelo artístico, foi Chico Antônio. Conheceu o *cantador* no começo de 1929. Dias antes, na véspera de Natal, Mário de Andrade tinha fechado o corpo numa cerimônia de Catimbó, o de Dona Plastina, situado num bairro pobre da capital do Rio Grande do Norte. O rito impressionante foi descrito nos diários como um "espetáculo" em que ele próprio é uma personagem, a figura apavorada do doutor da cidade que tenta diferenciar a qualidade da incorporação dos mestres espirituais nos corpos dos oficiantes: "Acredito que João era sincero. Manuel, não, um farsante de marca maior, charlatão cabotino pararaca — os Mestres que entraram no corpo dele foram mal representados, procuravam jeito para cair [...]".[45]

Após assistir às danças dos Bois no Dia de Reis, ele conheceu, no interior do estado, numa fazenda, em Bom Jardim, Chico Antônio. Em seu escrito mais antigo sobre a experiência, anota que o cantador se ajoelhava quando cantava o "Boi Tungão". E se dirigia ao interlocutor da cidade, antes de se apresentar a si próprio e de nomear o Maiorá (o diabo), com quem seu canto vai brigar:

> Ai, seu dotô
> Quando chegá em sua terra
> Vá dizê que Chico Antonho
> É danado prá embolá!
> Oh-li-li-li-ô!
> Boi Tungão
> Boi do Maiorá!...[46]

"Divinizado por uma das comoções mais formidáveis" da vida, Mário de Andrade anota que Chico Antônio não sabe que "vale uma dúzia de Carusos". Como fez com Piolin, retoma a ideia de uma "inconsciência criativa", insistência que corresponde mais à imagem da própria liberdade artística desejada do que à realidade do compositor popular brilhante. Anota que o

---

45 *Ibidem*, p. 253.
46 *Ibidem*, p. 273.

"refinamento inconsciente do canto" desse inventor de cocos e emboladas, de timbre às vezes rouco, mas "sensual, acalorado, e que atinge a quintessência do canto anasalado popular" (um "nasal discreto, bem doce e mordente, um nasal caju"[47]) é também gestual. E o gesto de Chico Antônio tangencia o transe: "Não se perde uma palavra que nem faz pouco, ajoelhado pro 'Boi Tungão', ganzá parado, gesticulando com as mãos doiradas, bem magras, contando a briga com o diabo que teve no inferno, num embolada sem refrão, durada por 10 minutos sem parar. Sem parar. Olhos lindos, relampejando numa luz que não era do mundo mais. Não era desse mundo mais".[48]

Por mobilizar tantas relações de arte, por sugerir uma espécie de "ópera" do povo, impensável para Caruso, Chico Antônio se converte num guia poético. Talvez fascinado pela história do enfrentamento do Cão e do conhecimento do Inferno (daí a fama de "ter parte com o Maioral"), Mário de Andrade resolveu torná-lo personagem de romance. Chico Antônio iria descer às profundezas de outro inferno, São Paulo, convocado pelo pai adotivo, colono de uma fazenda cafeeira. Nesse livro, intitulado *Café*, o cantador do Rio Grande do Norte seria, nas palavras de Mário de Andrade, "uma espécie de *compère* de teatro de revista",[49] a figura do ator-comentador que distancia as imagens da noite paulistana de sábado. Idealizado em 1929 e escrito em 1941, o material do romance só foi publicado bem depois da morte de Mário de Andrade.[50] Ele desistiu da escrita em 1942, e parte do texto foi divulgado nos artigos de *Vida do cantador*, entre 19 de agosto e 23 de setembro de 1943, na coluna "Mundo Musical" da *Folha da Manhã,* de São Paulo.[51] Como a pesquisa para a obra narrativa se inspirou na crise da economia cafeeira, ela contribuiu também para a ópera *Café*, que tomou o nome do romance naquele ano de 1942.

Mário de Andrade anotava as belas melodias de Chico Antônio e também a sua atitude gestual e rítmica, sua capacidade de manter o público mobilizado noite adentro, o que despertava um "mimetismo quase dramático" dos outros coqueiros e do público. A plateia ficava como que encantada, acocorada, num "circo de gente sentada", sem poder deixar o "irapuru":

---

47 Mário de Andrade, "Chico Antônio", *A República*, Natal, 27 jan. 1929, em: *Vida do cantador*, Edição crítica de Raimunda de Brito Batista. Belo Horizonte, Rio de Janeiro: Villa Rica Editoras Reunidas, 1993, p. 168-9.

48 *Idem, O turista aprendiz, op. cit.*, p. 77.

49 *Idem*, Carta de 6 nov. 1941, em: Moacir Werneck Castro, *Mário de Andrade: exílio no Rio*, Rio de Janeiro: Rocco, 1989, p. 183.

50 *Idem, Café*, estabelecimento do texto, introdução, posfácio e seleção de imagens por Tatiana Longo Figueiredo, Rio de Janeiro: Nova Fronteira, 2015.

51 *Idem, Vida do cantador,* edição crítica de Raimunda de Brito Batista, Belo Horizonte, Rio de Janeiro: Villa Rica Editoras Reunidas, 1993.

Porque Chico Antônio não é só a voz maravilhosa e a arte esplêndida de cantar: é um coqueiro muito original na gesticulação e do processo de tirar um coco. Não canta nunca sentado e não gosta de cantar parado. Forma os respondedores, 2, 3, em fila, se coloca em último lugar e uma ronda principia entontecedora, apertada, sempre a mesma. Além dessa ronda, inda Chico Antônio vai girando sobre si mesmo. Ele procura de fato ficar tonto porque, quanto mais gira e mais tonto, mais o verso da embolada fica sobrerrealista, um sonho luminoso de frases, de palavras soltas, em dicção magníficas. Poemas que nenhum Aragon já fez tão vivo, tão convincente e maluco. É prodigioso.[52]

A cena ativa e contemplativa, espetacular e festiva, se move nos solos e nos "ritmos contratempados riquíssimos" que instauram danças e respostas corais. A cena promove o encontro entre o individualismo do "coqueiro absolutamente excepcional" e de seu "valor social formidável".

O artista do agreste do Rio Grande do Norte, com seus 27 anos de idade, apresenta a Mário de Andrade uma dimensão de teatralidade socializante:

> E essas palavras ajuntadas assim numa função que na aparência é meramente musical, tiradas da subconsciência pela procura de ritmo, rima e som, têm gosto de terra, de amor, de trabalho, e vanglória individualista. E o povo se deixa encantar. Dentro da magnífica expressão individualista dele, Chico Antônio é um *valor social exato*. O canto dele exerce a função das encantações primitivas, canto de todos num ritmo de dinamogenias benfazejas.[53]

"A morte do aviador" e *O carro da miséria*

Qualquer imagem panorâmica sobre o trabalho teatral de Mário de Andrade nos anos seguintes será imprecisa. A partir do contato com a cena tradicional do Brasil real, esse país dos "descalcinhos", sua obra se mobiliza mais e mais à procura de uma atitude crítica.

Na década de 1920 a relativização de seu idealismo original em relação à "arte pura" vinha ocorrendo em termos teóricos. Vez ou outra ele observa que o projeto de uma autonomia estética radical, ao se organizar como reação, conduz inexoravelmente à "arte interessada". Como escreveu mais tarde, sua "convicção intelectual" em torno da arte pura dava lugar a uma "convicção mais profunda" ligada à arte como prática relativa à vida.[54] Desconfiava, entretanto, de qualquer instrumentalização rebaixadora da qualidade estética, algo que prejudicaria o potencial de felicidade que é próprio da arte.

---

52 *Idem, O turista aprendiz, op. cit.*, p. 278.
53 *Idem*, "Chico Antônio", em: *Vida do cantador, op. cit.*, p. 169.
54 *Idem*, Carta de 23 fev. 1944, em: Moacir Werneck Castro, *op. cit.*, p. 216.

Até o início dos anos 1930, ele não considerava, contudo, o valor social como indissociável do político. Ainda assim, naquele momento assistia de perto às tentativas da elite cafeeira paulista de se renovar por meio do Partido Democrático (do qual seu irmão Carlos participava). Viu, em seguida, as consequências da crise econômica de 1929 e a desilusão com o golpe de 1930. E sofreu a dor da guerra civil gerada pela reação "constitucionalista" de 1932. São eventos, inclusive, que produzem em sua obra um breve momento de regressão conservadora, que reacendem um catolicismo de direita já superado. Esse triste tempo de paulistanismo conservador, de "desamor brasileiro", tem poucos registros em sua obra. Um deles é uma brevíssima peça cênico-musical que não publicou em vida, o poema "A morte do aviador".

A peça foi escrita semanas depois da morte de dois aviadores das tropas constitucionalistas, ocorrida no dia 24 de setembro de 1932, durante tentativa de bombardeio em Santos. Mário de Andrade dedica a cantata trágica "à memória de Gomes Ribeiro, morto pela causa da liberdade". Nos três movimentos musicais (*Allegro, Andante* e a *Consagração*) ele contrapõe o "Solo da desgraça", feito por uma soprano, que pressente o pior e que narra a catástrofe, à ladainha do "Coral dos paulistas", feita de perguntas sobre o destino do Aviador.

Motivado pelo mesmo desespero, o poeta produz no período outro poema politizado que recorre à teatralidade, uma de suas obras mais impressionantes. Seu andamento, entretanto, é negativo. *O carro da miséria* é um poema iniciado em 1930, retomado em 1932 e revisto em 1943. Em seus versos, a "integridade artística" prevalece acima da "integridade estética", numa tensão entre o lado burguês e o socialista de sua poesia, nos termos com que avaliou o escrito mais tarde. O poema promove um inventário carnavalizado da miséria brasileira, para o qual o individualismo artístico também contribui. No ensaio de interpretação de 1943, Mário de Andrade observa tratar-se de um "poema interessado, 'poema de circunstância' mesmo, derivado diretamente de preocupações políticas, sociais, nacionais de função imediata, *O carro da miséria* é, no entanto, o poema mais escuro (e escuso...), mais aparentemente poesia pura que já escrevi".[55]

Os versos relativos a seu título surgem nessa sequência:

Plaff! chegou o Carro da Miséria
Do carnaval intaliano!
Tia Miséria vem vestida de honour
Cor de cobre do tempo
Atrás dela recolhendo guspe
O caronel o ginaral o gafetão
O puro o heroico o bem intencionado
Fio da usina brasileira
Requebra o povo de Colombo.[56]

55 *Idem*, "Ensaio de interpretação de *O carro da miséria*", em: *Poesias completas*, v. 2, *op. cit.*, p. 48.
56 *Idem, Poesias completas*, v. 1, *op. cit.*, p. 478-9.

Numa das notas de *O turista aprendiz*, de 1929, há um trecho que pode ser comparado a esse poema bêbado, politizado e lindíssimo, que é *O carro da miséria*. Enquanto escutava de seu quarto, ao longe, o toque do zambê de uma cantoria popular, no Rio Grande do Norte, o poeta escreve: "Uma sensação estranha de século XIX... Samba de escravos perpetuado através de todas essas liberdades servis... Que não acabarão de verdade enquanto não vier uma fatal, mas longínqua ainda, bandeira encarnada".[57]

Cortejos do povo

Em 1933, com quarenta anos de idade, em um momento de profundas autoavaliações e retomada do "bom senso" em relação ao *Brasil possível*, Mário de Andrade observa o crescimento sórdido, em escala global, de uma ultradireita racista e anticomunista. Alguns de seus posicionamentos indicam a procura de uma compreensão política dos fatos do tempo. Num texto sobre o Festival Richard Wagner, promovido pelo Municipal, ao qual ele assiste como crítico de música, Mário se esforça para distinguir a arte do compositor alemão de sua instrumentalização ideológica pelos nazistas, e reconhece que a tentativa tem seus limites. Seu artigo é uma réplica a um comentário do programa: "Tudo isso seria absurdo se não fosse apenas ridículo, nos tempos que correm. E acabou por me deixar num estado iconoclástico de irritação. Que diabo! Um ser humano já não terá mais direito de escutar algumas páginas de um gênio humano, sem se lembrar de germanismos *über alles*, e fascismos horrendos?".[58]

Entre 1934 e 1935, Mário trabalhou intensamente nos ensaios sobre congos e maracatus que comporiam sua obra em projeto *Na pancada do ganzá*. Suas anotações procuram explicar a melodia, descrever a coreografia, as máscaras e também constituir uma historicidade sempre difícil quando se trata das artes tradicionais, produzidas por mundos culturais diversos, que não separavam tempos míticos e sociais. Seu estudo demonstra também um interesse pelas "dinamogenias políticas", formas sonoras e rítmicas, de canto e dança, que teriam o potencial de promover uma experiência social coletivizadora. A seriedade com que encara a tarefa, e sua exigência de método científico, fazem com que o estudo cresça e nunca se complete.

Os três volumes de *Danças dramáticas do Brasil*, organizados após sua morte pela ex-aluna e amiga Oneyda Alvarenga, constituem a mais importante reunião dos inúmeros ensaios deixados pelo autor. Essas obras são, ainda hoje, referências obrigatórias para o estudo da cena artística tradicional no Brasil, assim como outras coletâneas excelentes — *Música de*

---

57 *Idem*, "Bom Jardim, 12 jan. 1929", em: *O turista aprendiz, op. cit.*, p. 280.
58 *Idem*, "Festival Wagner", *Diário de São Paulo*, 14 out. 1933, em: *Música e jornalismo: Diário de São Paulo, op. cit.*, p. 65.

feitiçaria no Brasil, As melodias do boi e outras peças, Os cocos, Ensaio sobre a música brasileira — que documentam a grandeza do projeto.

Entre os tantos aspectos observados, há uma hipótese de que a cena popular sempre se forma a partir do desfile integrador da comunidade:

> É o "cortejo" que perambula pelas ruas, cantando e dançandinho, em busca do local onde vai dançar a parte propriamente dramática do brinquedo. Esse cortejo, quer pela sua organização, quer pelas suas danças e cantorias, que são exclusivas deles, já constitui um elemento especificamente espetacular. Já é teatro.[59]

Apesar do recurso constante ao diálogo, as formas cênicas tradicionais não se organizam pela individuação subjetiva. O povo, segundo Mário de Andrade, dialoga com base nas amostras concretas que tem da comunicação cotidiana:

> O diálogo evita a análise psicológica, evita a descrição de gestos e de ambientes, facilita a síntese dos recontos, sem que haja propriamente desistência de elementos tão importantes como psicologia e descritividade, pois que ele os implica a todos. Daí a criação poética de *princípio oratório e dialogal* que é a mais universal de todas e porventura a mais "clássica" como equilíbrio entre o sentimento e sua expressão artística.[60]

O classicismo das tradições comunitárias é socializante. E a invenção que se liga a uma dimensão "social, tribal, religiosa, comemorativa", observa Mário de Andrade, é "arte de circunstância". "É arte interessada".[61]

Malasartes e Chico Rei

De certo modo, Mário de Andrade realiza seu estudo à procura de modelos de trabalho. As formas comunitárias dos congos, maracatus, pastoris, caboclinhos e cheganças contêm elementos de estranhamento da racionalidade cristã burguesa que podem ser utilizados pela arte modernista.

A ideia de um teatro cantado brasileiro rondava sua imaginação há tempos. Em 1928 ele escreveu um libreto de ópera para o compositor Camargo Guarnieri, motivado por uma conversa casual com o jovem músico, que contou com a participação de Lamberto Baldi, seu professor de composição e

---

59 *Idem, Danças dramáticas do Brasil*, primeiro tomo, edição organizada por Oneyda Alvarenga, 2ª ed. Belo Horizonte, Ed. Itatiaia; Brasília: INL, Fundação Nacional Pró-Memória, 1982, p. 31.

60 *Ibidem*, p. 47.

61 Mário de Andrade, *Ensaio sobre a música brasileira*, 4ª ed., Belo Horizonte: Itatiaia, 2006, p. 15.

coralista. O tema proposto por Mário de Andrade vinha do ciclo de histórias populares de Pedro Malasartes. Em dois dias ele entrega seu "libretinho-merda de ópera-cômica em um ato", em que a figura central é Malasarte. No enredo, o malandro aparece na casa de uma mulher casada e flerta com ela "só para bispar a janta boa dela". "Ela é baiana, mora em Santa Catarina casada com um alemão". Quando abre a janela, conforme explica o autor:

> [...] entra uma rajada de coro (pretexto para aproveitar o coro do Baldi, a ópera vai ser representada o ano que vem). É uma ciranda pedindo para dançar na casa. Ela manda o pessoal dançar no vizinho e põe o resto na mesa: caninha do Ó, língua do Rio Grande, doce de bacuri, tacacá com tucupi (Nem um prato baiano só pra moer). Ciranda amazônica passando por baiana em Santa Catarina. Ciranda vai e assim fica perto entrando intermitentemente na ópera.[62]

Em 1928, a proposta era apenas fazer um "espetáculo musical bonito, movimentado, cheio de possibilidades musicais e coloridas, nada mais". Seria um exemplo de *desgeografização*, a mistura de sonoridades de regiões distintas, para sondar sua unidade possível e sugerir integrações brasileiristas. Em 1932, porém, quando a música foi enfim concluída, essas intenções soavam ingênuas demais num país cindido.[63]

A colaboração com outro músico mais jovem, Francisco Mignone, a quem igualmente procurava influenciar no sentido de uma musicalidade brasileira, gerou parcerias mais sintonizadas com a década de politização. Também a Mignone ele sugeriu um argumento extraído das pesquisas, um tema para bailado inspirado na história de Chico Rei. De acordo com o mesmo ideal transgeográfico, a música não deveria se guiar pela sonoridade do congo mineiro ou do jongo sudestino, conforme sugerem os versos do "Noturno de Belo Horizonte" que associam Chico Rei ao *Triunfo eucarístico*, e sim por um maracatu de Pernambuco. Mário de Andrade admirava o "pendor para a música dramática" de Mignone e lamentou por anos sua hesitação em se dedicar à musicalidade do país.

Mignone morava no Rio de Janeiro em 1933, quando compôs essa peça que se tornaria uma de suas obras mais conhecidas, escrita para balé, orquestra e coro. O plano, hoje raramente realizado, é o de uma cena musical com bailarinos, que após a abertura convocam o maracatu e participam da Dança das Macumbas. Nos movimentos seguintes, o príncipe e as macotas também bailam, antes das coreografias finais de Chico Rei e da Rainha N'ginga (N'zinga).[64]

---

62 Mário de Andrade; Manuel Bandeira, *Correspondência Mário de Andrade & Manuel Bandeira, op. cit.*, p. 404.

63 O libreto pode ser consultado em: "Pedro Malazarte", *Revista do livro*, Rio de Janeiro, mar. 1960, ano 5, n. 17, p. 191-203.

64 Mário de Andrade fica em dúvida se a obra perde ou ganha força pelo fato de não conjugar

Capa da primeira edição de *Os contos de Belazarte*, Editora Piratininga, 1934. Ilustração de Joaquim Alves (1911-1985). Filho de portugueses pobres e pintor de painéis publicitários, Joaquim Iokanaan Alves conheceu Flávio de Carvalho, Noêmia Mourão e Antônio Gomide, e, em 1933, acabou por tornar-se presidente do Clube dos Artistas Modernos (CAM). Conviveu com Mário de Andrade, que colecionou seus desenhos assinados como Iokanaan. Nunca expôs seus trabalhos.

Quando a obra estreou em 1934 no Theatro Municipal do Rio, por trás da musicalidade festiva, entrava em cena algo que não se encontrava no Malasarte "sem caráter". Chico Rei é uma imagem contraditória do passado colonial, um rei do Congo escravizado, que compreendeu o poder destruidor do ouro e o utilizou para proteger seu povo. Nos anos seguintes, Mignone segue trabalhando em peças ligadas às temáticas afro-brasileiras.

Ao longo da década de 1930, Mário de Andrade se mostrava cada vez mais preocupado com o "confusionismo social" e com a "incultura" artística nacional. Dedica-se mais e mais a leituras antifascistas e procura expandir a dimensão pública de seu trabalho. Sua correspondência passa, então, a discutir a necessidade de que os artistas se proponham "problemas de assunto" para que a elaboração estética surja como decorrência necessária de um interesse pela vida. O ponto de partida é o amor pelos assuntos, "seja para uma crítica da vida tal como é, seja para o ideal de uma vida milhor", como escreveu anos depois.[65]

A publicação de *Os contos de Belazarte* em 1934, composta de escritos elaborados na década anterior, mostra que essa atenção social não era recente. Nova era sua reorganização crítica. Antípoda do Malasarte, esse Belazarte que dita os contos é também um cabotino. O nome "Jaburu malandro", dado a um conto, relembra o passo dançante famoso de Piolin. Existe um

a dança de Chico Rei aos coros cênicos, o que expõe em sua crítica: "Não creio que a dança do Chico Rei obtenha mais efeito unida aos coros. Já está magnífica, e talvez mesmo a pretensa abstenção dos coros nesse momento não seja desaconselhável, simbolizando o respeito dos negros pelos seus reis velhos. Mas isso caso a dança não mostre toda beleza da criação musical, na versão coral primitiva, o que ainda está por decidir.", *Música e jornalismo: Diário de São Paulo, op. cit.*, p. 259-60.

65 Mário de Andrade, *Carta ao pintor moço*, São Paulo: IEB/Boitempo, 1995, p. 19.

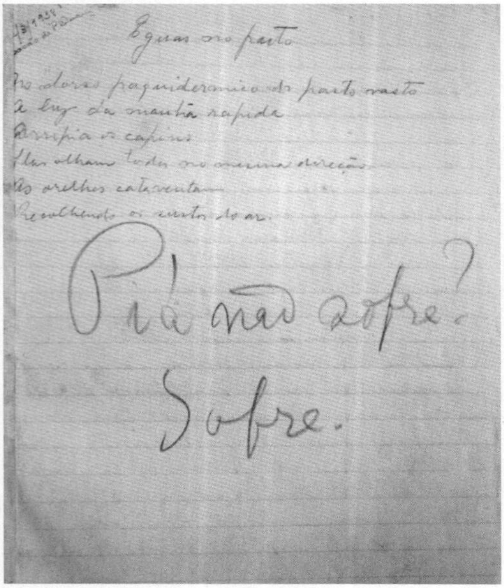

Capa do manuscrito do conto
"Piá não sofre? Sofre.", de
Mário de Andrade, do volume
Os contos de Belazarte (1934).
Acervo Biblioteca Mário
de Andrade.

O seguinte poema, cujo título
o autor utilizou mais de
uma vez, foi manuscrito no
alto da página:

"Éguas no pasto"

No dorso paquidérmico do pasto vasto
A luz da manhã rápida
Arripia os capins
Éguas olham todas na mesma direção.
As orelhas cataventam
Recolhendo os sustos do ar.

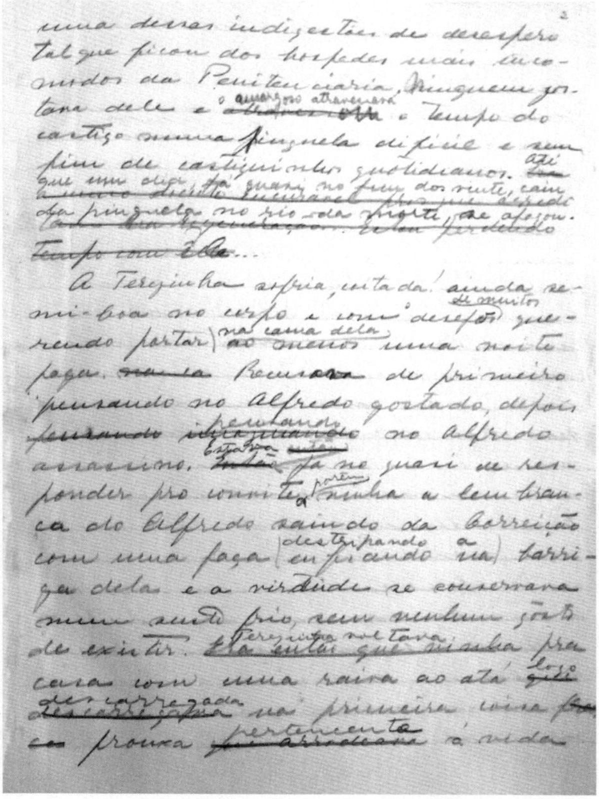

Página de manuscrito
de Mário de Andrade
para *Os contos de
Belazarte*.
Acervo Biblioteca
Mário de Andrade.

cartaz de circo no meio dessa história de amor. Entre as atrações que anuncia, há um homem-cobra, o "Malunga", e o "elephante" sábio, como no *Monólogo*. Pode-se dizer que o cartaz contém um irônico resumo do ideário poético de Mário de Andrade nos anos 1920, uma vez que termina com a oposição entre o dionisismo e o mercantilismo: "Evohé! Todos ao grande Grande Circo Bahia! Hoje! (Esquina da rua Guaicurús) Só 2$000 — Cadeiras a quatro. Impostos a cargo do respeitável Público. Eviva!".[66]

Departamento de Cultura, Amador Bueno e *Nau Catarineta*

Em maio de 1935, um acontecimento pessoal oferece a Mário de Andrade a possibilidade de uma intervenção direta na vida pública. É o convite feito pelo prefeito Fábio da Silva Prado, através do deputado Paulo Duarte, para que ele assuma o comando do Departamento de Cultura da Cidade de São Paulo. Como diretor, Mário teria que supervisionar e organizar quatro divisões: 1. Bibliotecas, 2. Educação e Recreio, 3. Documentação Histórica e Social, 4. Turismo e divertimentos públicos. Tais divisões comportavam nove seções, assim descritas pelo poeta: "uma de teatro e cinemas, outra de rádio-escola, outra de divertimentos públicos, outra de parques infantis, outra de esportes, outra de bibliotecas, outra de bibliotecas populares ambulantes e uma infantil, outra de documentação histórica, e outra de documentação social!".[67]

Em pouco tempo, ele propôs uma nova divisão, a de Expansão Cultural, que produziria documentação etnográfica e formaria quadros de pesquisadores, sob sua própria responsabilidade.

De modo geral, seu plano cultural era baseado, também, na ideia de *trânsitos*: entre a arte e a pedagogia, entre as diferentes classes sociais, entre a cidade e o país. Esforçou-se para que fosse fundada uma Discoteca pública, coordenada por sua ex-aluna Oneyda Alvarenga, que seria também responsável pelo registro sonoro de músicas tradicionais no interior do Estado. Ainda, sob a coordenação de Claude Lévi-Strauss, seriam feitos filmes com os povos indígenas no Mato Grosso. Dessa movimentação resultou a célebre Missão de Pesquisas Folclóricas, de 1938, que foi organizada pelo Departamento e que produziu 21 mil documentos culturais de interesse nacional.

No que se refere ao teatro, Mário de Andrade procurou levar associações operárias ao Theatro Municipal de São Paulo. Formou um coral — o chamado Orfeão — ligado à Biblioteca Infantil, com o objetivo de difundir o cancioneiro tradicional brasileiro. Esse coral colaborou com os cursos nos parques infantis, onde as crianças podiam estudar danças tradicionais, indígenas, teatro, além de marcenaria e jardinagem, contando com assistência alimentar e médica.

---

66 Mário de Andrade, *Os contos de Belazarte*, 8ª ed., Belo Horizonte, Rio de Janeiro: Villa Rica Editoras, 1992, p. 33.
67 Mário de Andrade; Oneyda Alvarenga, *Cartas*, São Paulo: Duas Cidades, 1983, p. 118.

Existe um raro texto dramatúrgico dessa época, escrito possivelmente para alguma ação do Departamento. É um roteiro para um *poema sinfônico* chamado "Amador Bueno". Como costuma acontecer nessa forma musical, o compositor escreve a música com base no relato de ações, sem que isso signifique um espetáculo cantado. O texto de Mário Andrade, porém, tem algumas indicações que poderiam ser desenvolvidas como um roteiro de cena operística.

Apesar do tema paulistano por demais, o caso tem ambiguidades que o distanciam do elogio simples do passado bandeirante. Em 1641, Amador Bueno foi aclamado rei de Piratininga, como decorrência da notícia, recém-chegada ao Planalto, de que Portugal restaurava seu poder de Estado em relação à Espanha. Aproveitando-se da origem sevilhana da família de Bueno, os moradores da vila decidem pela autonomia paulista, e saúdam um rei local. O tema da pecinha é a recusa de Amador Bueno em colaborar com a movimentação. No manuscrito, datado de 15 de setembro de 1936, o primeiro movimento musical é o *Allegro vivace* da aclamação, ao que Amador Bueno replica aos amotinados: "Viva Dão João IV, nosso Rei!". No *Andante*, a multidão cerca o Mosteiro de São Bento, onde Bueno se recolhe, e decide "destruir o herói", sendo posteriormente apaziguada pelos cânticos religiosos dos monges. O movimento *Final* é o de Bueno na cela: "sem um gesto", alquebrado, olhando para os campos ao redor e tendo "visões indistintas, terríveis, felizes" da cidade futura: "Amador Bueno de Ribeira não sabe nada, não vê nada, não enxerga nada! Quer saber, e volta mais uma vez a saber nada!... Mas na bulha infernal da visão misturada se dissolve serenamente o espírito de grande construtor".[68]

O espetáculo efetivamente realizado por Mário de Andrade à frente do Departamento de Cultura aconteceu em 1937. Foi uma versão da cena festiva da *Nau Catarineta*, feita por crianças, atividade ligada ao I Congresso de Língua Nacional Cantada. Ocorrido no Theatro Municipal, o congresso discutia padrões de pronúncia e de enunciação para o teatro cantado, para que fossem substituídos o lusitanismo e estrangeirismos vigentes. Na cena coreográfica e festiva, realizada ao ar livre, havia dezenas de crianças pobres, muitas delas filhos de imigrantes, que cantavam e dançavam com adereços e figurinos produzidos para o evento. Frequentadoras das bibliotecas e dos cursos dos parques, as crianças foram ensaiadas pelo grupo do Orfeão, numa ação artístico-pedagógica da qual participaram professores das escolas municipais e os grupos de pesquisa etnográfica do Departamento. O roteiro foi estabelecido com a ajuda de Mário de Andrade. Na estreia no Parque Dom Pedro, apresentada para homenagear os congressistas, estava Manuel Bandeira, que se encantou com o que viu e chegou a descrever o espetáculo no Rio de Janeiro, num programa de rádio.[69] Há fotos e um breve comentário sobre a montagem, registro feito pelas

---

68 Mário de Andrade, *Poesias completas*, v. 2, *op. cit.*, p. 269.
69 Mário de Andrade; Manuel Bandeira, Carta de 26 jul. 1937, em: *Correspondência Mário de Andrade & Manuel Bandeira, op. cit.*, p. 638.

próprias crianças no jornal *Voz da infância,* de julho de 1937. A *Nau Catarineta* pode ser considerada uma direção cênica de Mário de Andrade.

Movimento modernista

Já se disse sobre a crise pessoal que se seguiu à desmontagem desse trabalho tão importante no Departamento de Cultura, o desânimo diante da devassa iniciada após o golpe do Estado Novo, em novembro de 1937.

Em julho de 1938, Mário de Andrade decide se mudar para o Rio de Janeiro, onde permanece por mais de três anos. Acreditava ele que assumiria a direção do Serviço de Teatro da cidade, que seria ainda fundado, mas acabou por se tornar professor de Filosofia da Arte na Universidade do Distrito Federal. Posteriormente, Mário colaborou com o Ministério da Educação e, entre outras tarefas, formulou o anteprojeto para a criação do SPHAN.

Nesse período muito difícil de sua vida pessoal, de grandes incertezas e bebedeiras, como mostra o livro triste de Moacir Werneck de Castro, seu trabalho literário se concentra principalmente na composição do romance falhado *Quatro pessoas,* um estudo de caracteres burgueses, talvez o mais dramático de seus projetos, que se propunha a fazer uma "análise de quatro almas" em suas interações afetivas, "duas masculinas e duas femininas".[70]

Os personalíssimos poemas de "Grã cão do outubro", que acompanham os anos traumáticos de sua vida (1933, 1937), contêm registros inusitados desse período carioca. Os versos sobre a Guanabara, de dezembro de 1938, enxergam teatralidades iconoclastas, de sentido sexual:

> E este céu cor-de-cinza,
> E este mar cor-de-prata,
> E o Cristo do Corcovado!
> Olha! parece um palhaço,
> Parece um filósofo, parece até Cristo mesmo
> Trepado no altar?...[71]

No Rio de Janeiro ele frequenta um grupo de jovens intelectuais comunistas ligados à *Revista Acadêmica,* para a qual escreve. Eram pessoas com um passado recente de militância e prisões. Murilo Miranda, os primos Moacir Werneck de Castro e Carlos Lacerda, que em breve se desligaria do Partido Comunista, e Lúcio Nascimento Rangel. Apesar da diferença de idade, esses jovens foram seus maiores interlocutores na chamada "fase sócio-estourante", que começava ali e duraria até o fim de sua breve vida. Ao lado deles, Mário de Andrade recebeu notícias catastróficas sobre a Segunda

---

70 Mário de Andrade, *Quatro pessoas,* notas críticas de Maria Zélia Galvão de Almeida, Belo Horizonte: Itatiaia, 1985.
71 *Idem, Poesias completas,* v. 1, p. 447-8. Adotei aqui a versão da carta a Oneyda Alvarenga.

Guerra e soube da tomada de Paris pelas tropas de Hitler, e junto deles não teve dúvidas de que o nazismo era a contrafação do liberalismo, usada quando o capitalismo não consegue mais realizar de modo democrático sua exploração.

No Rio de Janeiro, Mário de Andrade se encontrava com Francisco Mignone. Em um desses encontros, ocorrido em 1939, eles discutem a possibilidade de realização de uma obra musical participativa, não apenas social, mas também "de combate". Na visão dos dois amigos artistas, era preciso enfrentar a violência dos "donos da vida", essa constante escravista da sociedade brasileira. E para isso era necessário, de uma vez por todas, tomar um lado, participar da *luta de classes*.

Mário de Andrade conhecia alguns dos textos fundamentais do marxismo. Mantinha-se sempre atualizado sobre os debates mais importantes no cenário cultural mundial e, diante da Guerra, sua crítica aos "donos da vida" mudava de grau. A necessidade da Revolução — a "bandeira vermelha" utópica no mundo de Chico Antônio — entrava em seu pensamento como uma *fatalidade* trágica, como reflexão imposta pela consciência ética.

São muitos os escritos dos anos seguintes que discutem, em contextos variados, o que ele agora pensava sobre arte e sociedade. Basta o contraste entre as duas conferências mais famosas, o discurso de paraninfo da *Elegia de abril* e *O movimento modernista*, para que se veja o quanto as ênfases variam conforme o interlocutor. Na primeira delas, de 1941, que seria publicada pelos universitários de esquerda da revista *Clima*, ele lamenta o "abstencionismo" político de sua geração de intelectuais, mas também condena o caráter esvaziador da "tese da arte social", que por vezes legitima o descuido formal de artistas que se comprazem na exposição da vítima, no retrato genérico do "tipo do fracassado". Para Mário de Andrade, existe uma moralidade própria do trabalho da arte, e sua verdade fundamental está ligada à consciência técnica: "Como atividade, o intelectual, por definição, não é um ser político". Lembrava também, na ocasião, que o mais importante em arte não era a enunciação do tema crítico, "mas a maneira de realizar o seu assunto".[72]

Em 1942, na Casa do Estudante do Rio de Janeiro, ele faz outra conferência que apenas aparentemente discorda da anterior. De um modo meditativo e límpido, o autor empreende em *O movimento modernista* a mais pesada autocrítica que um artista brasileiro já fez. Mário condena o individualismo e os equívocos de sua geração, que não soube criticar o próprio lugar de classe. Lamenta a proximidade perigosa que tinham dos salões aristocráticos e a hesitação de modernistas que se acreditaram "democráticos" enquanto crescia, entre alguns de seus pares, a simpatia pelo Integralismo. Num momento de horror nacional, diante de uma história de condicionamentos sociais não

---

72 *Idem*, "O Movimento Modernista", em: *Aspectos da literatura brasileira*. 5ª ed. São Paulo: Martins, 1974, p. 193-4.

percebidos, o assunto crítico adquire um valor fundamental como parte da "funcionalidade humana da arte". Concluindo, afirma o autor: "Deveríamos ter inundado a caducidade utilitária de nosso discurso, de maior angústia do tempo, de maior revolta contra a vida como está. [...] Não me imagino político de ação. Mas nós estamos vivendo uma idade política do homem, e a isso eu tinha que servir".[73]

Numa carta datada do ano seguinte ao da realização da conferência, esse jogo de ênfases em relação à participação política se suspende diante da consciência de uma situação decisiva. Seu pensamento, então, se aproxima da ideia de Brecht de que *não tomar partido em arte é tomar o partido dominante*. É a advertência feita a um jovem escritor: "Nem você, nem nenhum artista, *poderá nem que queira não participar*. [...] Ou você não-conformisticamente se inclue na coletividade ou conformisticamente se vende à chefia".[74]

Café

A maior das obras cênicas de Mário de Andrade é o projeto da ópera *Café*. A obra respira o ar dos primeiros anos da Grande Guerra, do fascismo que se irradia pelo Estado Novo, da reposição da miséria brasileira num momento de crise capitalista. Está ligada ao sentimento daquele tempo, que "tão drasticamente" mudou a visão poética de Mário de Andrade, desde a experiência no Departamento de Cultura. Essa transformação "que veio se processando através dessa ascensão, nessas etapas sempre dolorosas que foram o *Discurso de paraninfo* e a conferência *O Movimento modernista*. E enfim o *Café*".[75]

As primeiras imagens do projeto podem ter surgido de fato em 1933, ano mencionado na correspondência, quando, pela primeira vez, como crítico de jornal, ele verifica estar "gostando de ópera". A afirmação de Mário de Andrade vem após dois textos escritos sobre a *Fosca*, de Carlos Gomes. Ele acreditava que a cena lírica deveria superar o culto do vedetismo e do tecnicismo fútil, no sentido de uma "significação mais geral" oriunda de um "interesse social". Ao mesmo tempo, percebia o potencial do palco em reinventar a musicalidade: "Muitas vezes o que nos entusiasma no exame duma partitura desaparece ou produz mau efeito no teatro".[76]

Apesar da longa maturação, a quase totalidade dos documentos de *Café* são de 1942, quando define o plano da ópera e propõe colaboração a Francisco Mignone e sua esposa Liddy Chiaffarelli, a quem o libreto será

---

73 *Ibidem*, p. 252-3.
74 Mário de Andrade, Carta de 22.09.1943, em: *Cartas a um jovem escritor: de Mário de Andrade a Fernando Sabino,* Rio de Janeiro: Record, 1982, p. 86.
75 *Idem, Cartas de Mário de Andrade a Murilo Miranda*, Rio de Janeiro: Nova Fronteira, 1981, p. 144.
76 Ver a sequência de artigos "Fosca-I", "Fosca-II" e "Teatro Lírico", em: *Música e jornalismo: Diários de São Paulo, op. cit.*, p. 115-24.

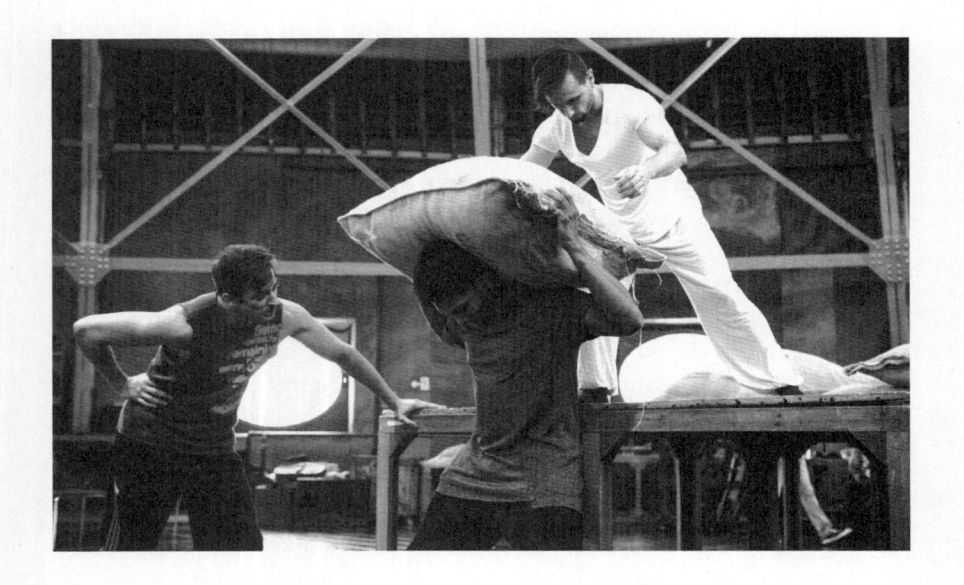

Café, a ópera de Mário de Andrade, em
encenação de Sérgio de Carvalho, no Theatro
Municipal de São Paulo, maio de 2022.
Foto: Stig de Lavor (Arquivo Complexo
Theatro Municipal de São Paulo).

dedicado. Até o início daquele ano, ele trabalhava ainda no romance *Café*, e
tudo indica que foi a desistência da ficção literária em torno de Chico Antônio
que abriu os caminhos para a cena musical com o mesmo nome.

Segundo as cartas, o processo de escrita de *Café* não foi fácil. Frequentemente, o poeta se perguntava se seus poemas não padeciam de eloquência
falsa ou de verborragia, ainda que ele próprio gostasse muito do trabalho.[77]
Confessava aos amigos nunca ter se sentido tão hesitante e humilde diante
de uma obra sua. Tentava materializar uma contribuição poética ao "amilho-
ramento" social da humanidade, sem abandonar a convicção de que a arte só
se realiza na procura da liberdade formal. Entretanto, sabia que seu antigo
idealismo da *arte pura* era também um sacrifício: o da relação vital em nome
da estética. Procurava meios de inverter o sinal dessa operação sacrificial,
para que a beleza se tornasse o "elemento transpositor de que a arte se serve
para funcionar dentro da vida humana coletiva", como disse ao pintor Enrico
Bianco. Mas de que modo? É na relação com seu funcionamento social que um
assunto, seja ele qual for, se politiza: "Pode ser até flor, não importa, embora

---

77 Mário de Andrade, *A lição do amigo: cartas de Mário de Andrade a Carlos Drummond
    de Andrade,* anotadas pelo destinatário, Rio de Janeiro: José Olympio, 1982, p. 210. Ver
    também *Cartas de Mário de Andrade a Murilo Miranda, op. cit.*, p. 130.

tudo adquira valor político e de classe, até flor".[78] Mas o assunto maior do *Café* — a *revolução* — era ele próprio politizado, um conteúdo social manifesto, o que poderia levar a funcionamentos imprevisíveis.

Em síntese — pois já tratei do assunto num outro estudo[79] —, *Café* apresenta um conjunto de cinco quadros cênicos em que corais de trabalhadores vivem as consequências da crise do café de 1929, num momento traumático em que as sacas do "grão pequenino" foram queimadas, para que seu valor mercantil não despencasse.

O material do *Café*, para o qual Mário de Andrade chegou a fazer desenhos cenográficos, se divide em três documentos: a *Concepção melodramática*, no qual descreve os movimentos corais e os estados de espírito das cenas; o *Poema*, com as letras a serem musicadas; e a *Marcação*, roteiro de ações e gestos com detalhamento cênico.[80]

Em cada quadro, ele cria movimentos dramáticos para os coletivos de trabalhadores. No primeiro, o do "Porto parado", estivadores estão à espera de notícias da crise cafeeira num grande armazém abarrotado de sacas. Enquanto esperam, entre queixas, tristezas e um jogo de "truco disfarçador", mulheres desesperadas invadem a cena para mobilizá-los, o que resulta numa imploração conjunta: "Fome de fome, fome de justiça, fome de equiparação, fome de pão! Fome de pão!". No segundo quadro, o da "Companhia cafeeira", ocorre uma discussão entre os camponeses e os donos da fazenda, que negociam a propriedade com investidores. O coral final expressa o sentimento de abandono dos camponeses: "Muitas vezes a gente se revolta, não que falte a paciência de lutar, muitas vezes a gente se revolta por incapaz de não se revoltar". O terceiro quadro, da "Câmara balé", abre com uma paródia farsesca da política nacional. Na câmara, os deputados cantam discursos escatológicos, enquanto os desempregados ocupam as galerias dos espectadores. A "endeixa da Mãe" é um dos raros solos da peça, o único positivo, e mobiliza a fúria coletiva dos pobres: "EU SOU AQUELA QUE DISSE: Raça culpada, a vossa destruição está próxima". O quarto quadro, "O êxodo", é o dos migrantes que chegam à Estação Progresso, à espera de um trem que não virá. Trazem a esperança amarga da cidade, e assistem à passagem de mortos-vivos do mundo do trabalho que rumam para o nada. O coral final clama por vingança: "Que mando fatal me encaminha? Que sangra os meus olhos? Quem arma o meu braço? Quem age por mim contra o meu próprio horror da matança?". O último quadro, "Ato final", é o "Dia Novo". Mostra a luta revolucionária num bairro pobre da grande cidade. Na imagem que encerra o *Café*, a Mãe se põe ao lado do povo, na afirmação coletiva: "EU SOU

---

78 *Idem, Carta ao pintor moço, op. cit.*, p. 12 e 19.

79 No ensaio sobre o *Café* de *O drama impossível*, São Paulo: Edições Sesc, 2023.

80 O conjunto desse material pode ser consultado em: Flávia Camargo Toni, *Café, uma ópera de Mário de Andrade: estudo e edição anotada,* tese de livre-docência apresentada ao Instituto de Estudos Brasileiros da Universidade de São Paulo, IEB-USP, 2004.

AQUELE QUE DISSE: Eu sou a fonte da vida, não conta o segredo aos grandes, e sempre renascerás".

A complexidade do projeto surge da combinação de diversos impulsos. Entretanto, foram poucos os amigos e comentadores que não receberam o libreto com frieza. Com exceção de Oneyda Alvarenga e do jovem crítico Antonio Candido, pouca gente percebeu se tratar de uma obra de primeira grandeza da poesia cênica no Brasil.[81] E até hoje é recorrente a avaliação de que o "enredo da ópera é excessivamente esquemático",[82] de que o libreto ficou "no limbo das boas intenções",[83] de que é uma "ópera falhada de estado socialista",[84] juízos que correspondem à crença de que é uma peça apologética, positiva.

Entretanto, um olhar menos ideológico ao *espetáculo projetado pelo texto* — que encena a crise capitalista, a luta de classes não realizada, e a revolução como fatalidade *ex-máquina* — mostra que a dimensão negativa predomina na estrutura concebida como "tragédia secular", que procura encenar ações inconscientes, resultantes da paz impossível numa sociedade de exclusões.

Ainda que situada em "país nenhum", não há dúvida de que a peça mostra uma paisagem paulista. A capital do estado é a encruzilhada da riqueza agroexportadora que move o país, vista do ângulo de pessoas a ela levadas pela miséria, pela esperança ou raiva.

Numa carta a Murilo Miranda, o poeta da *Paulicea* faz um comentário curioso sobre a cena da Estação: "São Paulo ainda não entrara em minha poesia. Agora creio que entrou e ficou bonito".[85] Como nos poemas da juventude, o eu poético e a cidade se confundem nos ecos de fora do palco do "Coral da esperança", o mais pessoal dos poemas do *Café*. O sonho da individuação é também o da cidade esfinge, a sedutora Terrível:

---

81 "Pela intenção, pela beleza e grandeza trágicas, o *Café* e a 'Meditação sobre o Tietê' (poema final da *Lira paulistana*) constituem o importantíssimo remate da nobre existência de Mário de Andrade", em: Oneyda Alvarenga, *Mário de Andrade, um pouco,* Rio de Janeiro: José Olympio; São Paulo: Secretaria de Cultura, Esportes e Turismo, 1974, p. 58. "Para começo, acho que o seu empreendimento resultou na maior obra que jamais viu ou sonhou ver a poesia dramática no Brasil. Aliás, isto não é dizer muito, concordo... Mas eu acho, sinceramente, que ela é uma grande obra no plano universal.", Carta de Antonio Candido a Mário de Andrade, 16 jan. 1943, em: Philippe Curimbaba Freitas, *Épica e engajamento na ópera* Café, *de Mário de Andrade,* tese de doutoramento. Guarulhos, Escola de Filosofia, Letras e Ciências Humanas, Unifesp, 2019, p. 181. O original está no Arquivo do Instituto de Estudos Brasileiros da USP, Coleção Mário de Andrade, Série Correspondências de Mário de Andrade, Subsérie Correspondência passiva, MA-C-CPL6596.

82 Eduardo Jardim, *Mário de Andrade: Eu sou trezentos: vida e obra,* Rio de Janeiro: Edições de Janeiro, 2015, p. 191.

83 Opinião do Werneck mais velho, que divergia daquela que emitiu quando Mário de Andrade estava vivo. Moacir Werneck de Castro, *Mário de Andrade: exílio no Rio, op. cit.,* p. 141.

84 José Miguel Wisnik, "República Musical Modernista", em: *Modernismos 1922-2022,* organização de Gênese Andrade, São Paulo: Companhia das Letras, 2022, p. 170-95.

85 Mário de Andrade, *Cartas de Mário de Andrade a Murilo Miranda, op. cit.,* p. 127.

Mas eu penetrei na cidade inimiga e os meus pés não queriam andar
de saudade
E a Terrível riu seu riso de garoa pervertida.
E me fez punir as sete provas.
Ela me fez passar pelas sete provas da promissão.[86]

Por dentro do assunto social há, portanto, um movimento mítico: o das potências da vida. São muitos os sinais no texto e na cena que remetem a ciclos de morte e renascimento, como nas festas tradicionais do Boi, no ciclo de Osíris, ou nas danças do Dioniso das metamorfoses, lembranças do culto de deuses vegetais. É como se uma religiosidade arcaica, telúrica, feminina, rondasse cada gesto. Algo que não deixa de gerar contradições entre a dimensão mítica e a social.[87]

Parece haver no *Café* uma tensão que ele entrevê nas congadas de matriz africana, que pode ter se originado, na hipótese do escritor, da transformação da memória social em mítica: "E provavelmente daí a conversão dos Congos, aparentemente de fundo político (e histórico, como provarei adiante) e exclusivamente profano, a uma liturgia mágica, bastante vaga necessariamente, muito pouco ou nada consciente já, mas de antiquíssimo fundo tradicional africano com o qual o espírito popular se compraz".[88]

Para dar conta dessa conjugação de temporalidades diversas, o poeta procurou uma dicção específica, extática, profética. Inspirou-se nas canções antigas dos bardos celtas, o que permite a seus trabalhadores anunciarem suas visões pelo canto ou pelo recitativo sem que a estilização soe uma paródia ridícula da tragédia clássica. Algumas falas em tom de oratório saltam ocasionalmente para a farsa, em desvios impostos pelos donos da vida, ou como comentários livres das figuras do povo. A polifonia é sofisticada, numa obra que pede muitas variações, para que se evite o risco da monotonia coral, daí a grande dificuldade técnica para a composição.

Não se sabe ao certo se Francisco Mignone escreveu alguns trechos da música. Até hoje não foram localizados, apesar das cartas sugerirem tentativas, como no caso do Quinteto dos Serventes. O brilhante compositor, entretanto, reconhecia a grandeza da tarefa, a beleza do material, e agradecia a Mário de Andrade ter sido o artista convidado (e não Camargo Guarnieri). Dizia que precisava se atirar "à obra com o sacrossanto fogo necessário e indispensável". É que teria de "realizar as maiores safadezas artísticas dentro de um plano melódico claro", de modo a encontrar seu melhor "eu musical", sem o qual fracassaria, o que de fato aconteceu.[89]

---

86 Mário de Andrade, *Poesias Completas*, v. 1, *op. cit.*, p. 600.
87 Ver, a esse respeito, *O drama impossível, op. cit.*
88 Mário de Andrade, "Os Congos – III", em: *Música e jornalismo: Diário de São Paulo, op. cit.*, p. 164.
89 As cartas de Mignone podem ser encontradas na tese de Thaís Maura Marques, *A obra nacionalista de Francisco Mignone: considerações sobre a escrita epistolar a Mário de An-*

A arte do *Café* não se restringe aos versos do *Poema*. Provém também de uma relação com a *Concepção melodramática* e *Marcações*. Mário de Andrade dizia que o sentido total iria se impor pela música.[90] Imaginou, a rigor, uma ópera nova. Para concretizá-la, dependia de uma cena viva e de uma musicalidade inventiva.

Um modelo teatral de seu plano cênico foi a coreografia *A mesa verde*, espetáculo referencial para a dança moderna, que ele teve a chance de assistir no Municipal do Rio de Janeiro em julho de 1940. Ficou tão empolgado com a dança antifascista proposta por Kurt Joss, com as máscaras e gestos — que sugerem financistas e políticos mecanizados, em torno de uma mesa, decidindo os destinos do mundo —, que fez campanha para os amigos não perderem a apresentação paulistana.

Mário de Andrade conhecia e admirava os métodos coreográficos de Dalcroze, um dos grandes artistas da cena moderna, com quem a obra pós-expressionista de Kurt Joss dialoga. Fez uso disso no *Câmara balé*, combinando a influência vanguardista à comicidade popular.

Além de trânsitos análogos aos do congo, aparecem nas cenas do *Café* os movimentos dos coros endiabrados de Chico Antônio, as pantomimas malandras de Piolin, as loas do Mateus-Arlequim do reisado — aquele que bate nas pernas a bexiga seca do boi. Entre tantas influências, a cena é ocupada por bacantes furiosas da tragédia antiga, nas peles de mulheres revolucionárias, e por imagens pictóricas dos colonos no cafezal e dos migrantes espectrais de Portinari.

Conhecedor dos convencionalismos da ópera, o poeta intuía que o potencial de incômodo maior do *Café*, sua funcionalidade sociopolítica, ligava-se à opção radical pela coralidade. Por isso, seu esquema cênico tem um lado tradicionalista, um sequenciamento de quadros cênicos à italiana, para que pudesse atender ao sistema de expectativas da ópera, antes de subvertê-lo. Não bastava um tema da luta coletiva, era preciso uma solução técnica derivada do conceito de coletividade. A forma teria que expressar a procura de igualdade e justiça: "E logo a ideia de tocar um assunto da vida coletiva é que me deu a ideia que, esta sim, me parece uma invenção minha e de certa importância: fazer uma ópera inteiramente coral. Em vez de personagens-solistas, personagens massas".[91] É evidente que ele tinha modelos para essa invenção, a maior delas o *Boris Godunov* de Mussorgski. Admirava no artista russo a "essência coreica de sua expressividade".[92] Aprendeu com

drade, Belo Horizonte, Programa de Pós-Graduação em História, Faculdade de Filosofia e Ciências Humanas, UFMG, 2016, p. 218-26.

90 Mário de Andrade, *Cartas de Mário de Andrade a Murilo Miranda*, op. cit., p. 126.

91 *Idem*, Carta de 3 mar. 1943, em: *A lição do amigo: cartas de Mário de Andrade a Carlos Drummond de Andrade*, op. cit. p. 209.

92 "Ao Dnieper", "Mundo Musical", *Folha da Manhã*, 30 set. 1943, em: Jorge Coli, *Música final: Mário de Andrade e sua coluna jornalística Mundo Musical*, Campinas: Editora da Unicamp, 1998, p. 86.

ele que "as próprias multidões, como os indivíduos, apresentam sempre traços sutis, difíceis de observar".[93] Mas o impacto da forma anti-individualista nas condições da ópera brasileira, ampliado pela temática comunista, só poderia ser medido no dia em que *Café* fosse encenado com a devida qualidade musical e cênica, num teatro de importância pública, como o Municipal de São Paulo, para o qual a obra foi escrita. E isso só veio a ocorrer muito depois de sua morte, em 2022.[94]

Em janeiro de 1944, Mário de Andrade pensava que o projeto do *Café* só seria preservado se fosse publicado numa edição paga do próprio bolso, para amigos e colecionadores, o que livraria a peça do veto da censura: "E creio que vou editar o *Café* numa grande edição de luxo, muito cara, com o Clóvis Graciano na ilustração, que é o único jeito 'clandestino' de sair. Fora do mercado. Que ironia, justo o quê, fora de mercado!...".[95]

Café é uma obra-prima da cena politizada brasileira, até hoje pouco compreendida, por razões que confirmam sua importância. Sintetiza a visão multiforme de Mário de Andrade, seu amor pela verdade e pela transformação, por tempos históricos e não históricos. Nas palavras de José Antonio Pasta, o mesmo poeta que um dia quis "dar uma alma ao Brasil, intentou, desta feita, dar ao país a sua revolução. Naquela hora infelizmente tardia, tornara-se definitivamente claro, para ele, que os caminhos da alma, quem os abre, é a revolução".[96]

Sinfonia proletária e O banquete

Entre a última versão do *Café*, no Natal de 1942, e sua morte pouco mais de dois anos depois, Mário de Andrade escreveu e publicou algumas das mais belas páginas de sua obra literária, todas elas marcadas pela vontade de que seu trabalho contribuísse, mesmo que por vias tristes, para a melhoria da vida coletiva. A tragicidade que percorre *Café* é uma constante nos escritos finais, como nos lindos *Contos novos*, em textos como *Primeiro de maio*, *O poço* e *Frederico Paciência*.

---

93 "Boris Godunov", "Mundo Musical", *Folha da Manhã*, 21 out. 1943, em: Jorge Coli, *op. cit.*, p. 94.

94 Como ópera, *Café* foi encenado pela primeira vez em Santos, em 1996, com música de Hans-Joachin Koellreutter, direção cênica de Fernando Peixoto, e regência de Luís Gustavo Petri. Foi apresentado também em montagens universitárias, na Unicamp e na USP de Ribeirão Preto. A estreia em São Paulo ocorreu em 3 de maio de 2022, com música de Felipe Senna, especialmente feita para a ocasião, regência orquestral do mesmo Luís Gustavo Petri e coral de Maíra Ferreira. Tive a alegria de ser o responsável pela concepção do projeto e pela direção do espetáculo, a convite do Theatro Municipal. A encenação contou com muitas participações especiais de artistas populares, entre elas a de um coral do MST, Movimento dos Trabalhadores Rurais Sem-Terra.

95 Mário de Andrade, Carta de 28 jan. 1944, em: Moacir Werneck de Castro, *op. cit.*, p. 213.

96 José Antonio Pasta, "Profetismo, mito, revolução: nota sobre a ópera *Café* de Mário de Andrade", em: *Café,* Programa do Theatro Municipal de São Paulo, 2022, p. 35.

Enquanto Mignone não se decidia pela composição da ópera, intimi-dado pela importância "sacrossanta" da tarefa, ele e Mário de Andrade ainda trabalhavam no poema sinfônico *Sinfonia proletária*. O projeto teve início em 1939, quando moravam no mesmo edifício, no Catete, no Rio de Janeiro. Reno-meado como *Sinfonia do trabalho*, ainda era discutido em 1943. O argumento, dado por Mário de Andrade, se dividia em quatro partes. Os nomes indicam a possibilidade de um acompanhamento coral a ser escrito, algo que não chegou a se concretizar, como se vê na versão estreada por Mignone em 1956.

Em carta ao escritor, o músico dizia que "o título *Sinfonia do trabalho* não tem a ver com sinfonia, no termo clássico conhecido. Eu sempre entendi por *Sinfonia do trabalho* qualquer coisa com os sons, a harmonia que dão a massa, a turba envolta trabalhando e se agitando, vivendo dura e vencedora a sua tarefa diária".[97]

Naquele momento, talvez ainda estivesse em pauta uma cena coreo-gráfica, como no *Maracatu de Chico Rei*. Mignone queria mais detalhes sobre o argumento de Mário de Andrade:

> Estou precisando de uma explicação da *Sinfonia do trabalho* que aca-bo de retocar e pôr em ordem. A obra obedece a estas exclusivas indi-cações: A — Canto da máquina; B — Canto da família; C — Canto do homem forte; D — Canto do trabalho fecundo. Musicalmente a obra segue desse jeito. Canto da máquina: 1) movimento de máquinas gi-gantescas — Murmúrio. Antes, e estridos metálicos, depois. 2) Canto de máquinas (confiado aos trombones). 3) Tema do metal fundido e, quase contemporaneamente, o tema melódico da satisfação do tra-balho conseguido. (Neste ponto há como que a dramatização da luta do esforço humano). [...].[98]

Salvo engano, não há registro de uma continuidade nessa parceria, interrompida no mesmo momento em que o trabalho no *Café* não pôde seguir adiante.

É compreensível, assim, que os textos poéticos finais de Mário de Andrade se pareçam com "dramas vitais" sem corpo, poemas da teatralida-de internalizada, narrativas de gestos que não interagem e de vozes que não dialogam, reflexos da ausência da vida pública, como nos poemas extraor-dinários de *Lira paulistana*.

---

97 Mário de Andrade, Carta de 26 set. 1943, em: Thaís Maura Marques, *A obra nacionalista de Francisco Mignone: considerações sobre a escrita epistolar a Mário de Andrade*, op. cit., p. 223.
98 *Ibidem*.

Os trabalhos que resistiram a essa internalização foram aqueles concebidos como provocações dramático-cômicas sobre a miséria do artista brasileiro, sátiras que talvez dialoguem com seu projeto antigo de um *Vade-mécum para os artistas de boa-intenção*. Entre maio de 1944 e início de 1945, Mário de Andrade escreveu alguns artigos curiosos nessa linha para a *Folha da Manhã*, publicados na coluna "Mundo Musical", com o nome de *O banquete*. São brincadeiras teórico-ficcionais sobre o mundinho do canto lírico, e que parecem expor as razões sociais que inviabilizaram uma obra como *Café*.

Em *O banquete*, figuras letradas da sociedade paulista dialogam, filosófica e verborragicamente, sobre arte. As cenas convergem para um banquete na casa da milionária Sarah Light. Uma figura central da série é o compositor Janjão, talentoso e "violentamente exótico", convidado da dona do casarão. Ela está apaixonada pelo artista "ave rara", por esse "monstro" de brasilidade, e pretende salvá-lo. O almoço-simpósio (o título original da obra era *O almoço*) é uma homenagem à solista Siomara Ponga, virtuose da ópera local, e ao político Félix de Cima, protetor das artes, para quem "falar de luta de classes é bobagem de gente despeitada".[99]

No caminho para a festa dos ricos, no bairro Mentira, Janjão atravessa um parque da cidade, onde conhece o Pastor Fido, estudante de Direito, jovem de esquerda, com quem terá alguns dos mais interessantes diálogos de *O banquete*. As falas repõem, com ambiguidade e ironia, as reflexões sobre arte de Mário de Andrade:

> — Então você é o grande compositor Janjão, nem tinha ligado. Também só de raro em raro se escuta uma obra de você. A última vez foi aquele impagável "Esquerzo Antifachista", não foi? Por que não executaram mais o "esquerzo"?
> — Porque como ele não emprega as cordas, os primeiros violinos da orquestra protestaram por não aparecer. [...]
> — Você conhece aquela frase de Vlaminck? "Em arte, as teorias têm a mesma utilidade que as receitas dos médicos: para acreditar nelas é preciso estar doente [...]".
> — O importante numa teoria da arte, é saber ultrapassá-la. Repare: Machado de Assis nunca foi um machadiano; mas Wagner soçobra, quase sempre, quando se torna estritamente wagneriano.

Janjão e o Pastor Fido conversam também sobre os sentidos da arte politizada, e também nisso ecoam a recepção ao *Café*:

---

99 Mário de Andrade, *O banquete*, 3ª ed., Belo Horizonte: Itatiaia, p. 102.

— A arte, mesmo a arte mais pessimista, por isso mesmo que não se conforma, é sempre uma proposição de felicidade. E a felicidade não pertence a ninguém não, a nenhuma classe, é de todos. [...] Você falou do meu Esquerzo Antifachista, e só vendo os elogios e os ataques que recebi porque estava fazendo "música social", besteira! O que eu fiz, conscientemente fiz, foi arte de combate, isso sim, arte de combate político. "Social" não tem dúvida, mas tão social como qualquer outra.[100]

Através de Janjão, mais explicitamente do que nunca, Mário de Andrade põe o teatro no centro das "artes combativas", na medida em que faz uso da *técnica do inacabamento* para estimular a atividade do público. Sua reflexão, aqui, é a de um teatrólogo:

— [...] Você se esquece, por exemplo, do valor dinâmico do inacabado? Existem técnicas do acabado, como existem técnicas do inacabado. As técnicas do acabado são eminentemente dogmáticas, afirmativas sem discussão, *credo quia absurdum*, e é por isto que a escultura, que é por psicologia do material a mais acabada de todas as artes, foi a mais ensinadora das artes ditatoriais e religiosas de antes da Idade Moderna. Bíblias de pedra... Pelo contrário: o desenho, o teatro, que são as artes mais inacabadas por natureza, as mais abertas e permitem a mancha, o esboço, a alusão, a discussão, o conselho, o convite, e o *teatro ainda, essa curiosa vitória final das coisas humanas e transitórias com o "último ato", são artes do inacabado, mais próprias para o interacionismo do combate.* [...] As técnicas do inacabado são as mais próprias do combate.[101]

A consciência técnica de Janjão não impede, contudo, que ele vá ao banquete e participe do circuito da bajulação dos endinheirados. Quando vê o Pastor Fido também se entregar à comida — de quem ele esperava alguma resistência crítica à frivolidade — e refestelar-se, alegre, na bebida, ele desvia os olhos porque "como bom brasileiro já desistira outra vez de lutar". Janjão, artista de boas intenções, se dedica, então, a contemplar a salada, um prato "incapaz de caráter", "escandalosamente dominador", que trazia o "espírito do anúncio".[102]

Também nesta cena melancólica de *O banquete*, Mário de Andrade usa da técnica do inacabado.

---

100 *Ibidem*. Grifo meu.
101 *Ibidem*, p. 65-6. Grifo meu.
102 *Ibidem*, p. 181.

"Meditação sobre o Tietê" e "Éguas no pasto"

O teatro como arte da incompletude, como ação de alteridade, depende de uma luta que não é apenas artística. A alternativa a sua impossibilidade histórica é o caminho da sondagem dos fragmentos, do exame do individualismo diluidor, da procura das falhas de uma história coletiva. O drama vital não realizado aparece no mais belo e pessoal dos poemas de Mário de Andrade dos últimos anos de vida, a "Meditação sobre o Tietê". Escrito entre 30 de novembro de 1944 e 12 de fevereiro de 1945, não há ali qualquer teatralidade exposta. Os versos, porém, configuram vozes dialogantes e se politizam pela mutabilidade das imagens, processo em que as diferenças e estranhezas são tragadas e confundidas por uma noite dissolvente que se identifica aos olhos do poeta. Toda a tentativa de interpelação concreta desse Rio-Noite-Olhar é fugidia:

> Tu és Demagogia.
> A própria vida abstrata tem vergonha
> De ti em tua ambição fumarenta.
> És demagogia em teu coração insubmisso.
> És demagogia em teu coração insubmisso.[103]

O sentimento trágico se esboça nas contradições insolúveis, mas se recolhe. Não há fatalidade trágica onde não há esperança. A beleza da "Meditação sobre o Tietê" é a da recusa da tragicidade. Ela se molda sobre outras conciliações impossíveis, quando nenhuma voz, nem a do passado das "Juvenilidades auriverdes", acode ao chamado do presente:

> Porque os homens não me escutam! Por que os governadores
> Não me escutam? Por que não me escutam
> Os plutocratas e todos os que são chefes e são fezes?
> Todos os donos da vida?
> Eu lhes daria o impossível e lhes daria o segredo,
> eu lhes dava tudo aquilo que fica pra cá do grito
> metálico dos números, e tudo
> o que está além da insinuação cruenta da posse.[104]

O que resta, por fim, é o *não*. Voltado ao futuro incerto:

> Eu recuso a paciência, o boi morreu, eu recuso a esperança. [...]
> Da Ponte das Bandeiras, morta, dissoluta, fraca,
> Uma lágrima apenas, uma lágrima,
> Eu sigo alga escusa nas águas do meu Tietê.[105]

---

103 Mário de Andrade, *Poesias completas*, v. 1, *op. cit.*, p. 535.
104 *Ibidem*, p. 540.
105 *Ibidem*, p. 543.

Num dos últimos trabalhos teóricos que fez, sobre a música de Shostacovich, Mário de Andrade recorre às categorias que mais animaram sua obra nos anos finais: "Com *Comunismo* ou sem ele, a Primavera será sempre um valor exultante da vida. *Dionísio* renascerá todos os anos, trazendo a força viva do alimento, da juventude, do amor. E numa sociedade proletária e sem classes, a Primavera decerto renascerá mais perfeita que entre nós, onde ela não se distribui por todos".[106] "Meditação sobre o Tietê" espera e já não espera por essa Primavera. Ali também os ideais transitam, como deve acontecer.

Mário de Andrade morreu no dia 25 de fevereiro de 1945. Seu teatro foi, por toda a vida, uma arte do inacabado. Ele acreditava que sua obra poética não duraria, porque não se atirava para uma eternidade impossível. Suas visões cênicas — em especial aquelas que se recusaram a pactuar com os donos da vida — são imagens de sonhos móveis, com gestos e ritmos futuros. Por isso não tiveram lugar na história convencional do teatro moderno do Brasil.

Nos três dias que antecedem sua morte, entre 22 e 24 de fevereiro, ele tomou notas para uma pequena peça — muito possivelmente um oratório irônico — com o título de "Éguas no pasto".

Os poucos esboços mostram que ele imaginava algo sobre o simbolismo da "fêmea", como metáfora do princípio da vida e realidade social contemporânea, com seu poder de "atração", de "mistério" e "completamento".

As figuras dessa peça final são animais que pastam num relvado, numa tarde de sol, perto de uma árvore. É possível que se tratasse de uma alegoria sobre artistas, sobre seu anseio de vitalidade social. Assim, os potros, éguas e burros seriam cantores falantes, como foi o elefante do Circo Sarrasani. O plano menciona um potrinho-poeta, recém-parido, que sofre a caçoada dos burros do pasto, que o obriga a buscar socorro perto da égua-mãe, a quem pergunta, "dramático", "se ele está certo no que está". Com dois *divertimentos* e dois *desenvolvimentos*, a cena debate também a mulher moderna "transformada em cavalos de corrida", de modo "imparcial" e "não pejorativo", ao contrário do que fez o jovem dramaturgo de *Cocoricó*, porque aqui se trata de uma funcionalização que converte os artistas em abstrações do capital. Havia ainda, segundo esse esboço cênico-musical, uma "exaltação da Fêmea", da "chama dúctil e misteriosa" que repõe a "presença das perguntas primitivas".

No *Divertimento* escrito no dia 24 de fevereiro, Mário de Andrade anota para si que deveria "repetir as duas frases angustiadas da MEDITAÇÃO" (sobre o Tietê), quando um dos animais se visse despossuído de seu destino. Ele fecha o poema com os seguintes versos:

---

106 Mário de Andrade, "Dimitri Chostacovich: prefácio de Mário de Andrade", em: *A lição do guru: cartas a Guilherme de Figueiredo, 1937-1945*, Rio de Janeiro: Civilização Brasileira, 1989, p. 220-1. Grifo meu.

Uma vida melhor do outro lado de lá
Da serra!... O que eu posso fazer!... Hei de guardar silêncio!
Hei-de guardar silêncio, extraviado em destinos transitórios,
Quando a trompa do teu corpo túrgido lúcido e inflexível
Clangora a tua predestinação?...[107]

Imaginou para sua peça jamais realizada uma conclusão possível. Quando as éguas se aproximam dos estábulos, uma delas se destaca com as narinas fumegantes, os olhos inquietos e crinas revoltas: "Parece que ela procura atravessar a tarde e penetrar nos desígnios insondáveis da vida. Mas os olhos tão grandes, tão profundos, não evitam doar luz e calma, paz e carícia enquanto perscrutam, perscrutam".[108]

---

107 *Idem*, "Éguas no pasto" (22 fev. 1945), em: *Poesias completas*, v. 2, *op. cit.*, p. 290.
108 *Ibidem*, p. 285.

Alcântara

e o

Machado
teatro

Em 1925, Antônio de Alcântara Machado — contista, redator do *Jornal do Commercio*, crítico teatral da revista *Novíssima* e logo editor da revista modernista *Terra roxa e outras terras* (1926) — passou temporada de alguns meses na Europa, assim como fizera entre 1912 e 1917 um colega da geração anterior, Oswald de Andrade. O distanciamento do país natal e o contato com vanguardas europeias alargavam perspectivas e insuflavam vontades de transformação do ambiente artístico paulista estagnado. Assim, em 1925 o futuro arauto da Antropofagia escreveu prefácio para as memórias de viagem de Alcântara, *Pathé Baby*, livro a incluir ironias corrosivas dirigidas ao Velho Mundo e cujo título aludia ao sistema de câmara e projetor de cinema portáteis Pathé, lançado na França em 1922 — e, portanto, à técnica literária de captura da realidade por *flashes*, ou instantâneos. Alcântara também prescreveria esse método para o alienado teatro brasileiro da época, conforme se lê neste capítulo.

Reproduzido a seguir, o prefácio oswaldiano, prosa experimental em estilo telegráfico ou dadaísta — escrito a bordo de navio, em meio a idas e vindas da Europa —, prenuncia sua peça *O rei da vela* (1937) ao evocar de saída certa vela de sebo gigantesca acesa à época da infância de Alcântara na praça Antônio Prado, não muito longe do Marco Zero paulistano. Até 1890, ano do nascimento de Oswald, o entroncamento de ruas a cavaleiro do vale do Anhangabaú, então chamado Largo do Rosário, recebia animadas congadas, que os brancos também apreciavam assistir, bem defronte à Igreja Nossa Senhora do Rosário dos Homens Pretos e do cemitério anexo, lugar de repouso dos membros da Irmandade dos Homens Pretos. O terreno do templo e do anexo foi desapropriado, e os edifícios, demolidos em 1903. Tornou-se propriedade de Martinico Prado, irmão do prefeito, para erigir-se então no lugar um palacete (prédio) que abrigou sedes do jornal *O Estado de S. Paulo*, do Citibank e da Bolsa Mercantil e de Futuros.[1] A menção à praça na qual se decidiam os destinos da cidade serviu a Oswald para destacar a procedência de Alcântara, em 1913 um garoto a acompanhar homens do Partido Republicano Paulista (PRP) ocupados com eleições para prefeito, a exemplo de Washington Luís. A enorme vela acesa no lugar, tão viva na memória de Oswald, seria em intenção dos negros ali enterrados, assim como hoje se encontra na praça uma estátua em bronze de Zumbi dos Palmares.

No panorama sociocultural tecido em seu prefácio, Andrade lembra, ainda, a "guerra" travada pela Semana de Arte Moderna de 1922, para ele comparável à Guerra do Paraguai. Em seguida, recorda um dos principais promotores do evento, Paulo Prado, que um ano antes assinara o prefácio de seu primeiro livro de poemas, *Pau Brasil*. Por fim, compara o estilo de Alcântara, derivado da reportagem, ao do também jornalista e cronista João do Rio, por ele considerado "um igual", ou seja, um modernista.

[Alvaro Machado]

---

1 Cf. *site* da Arquidiocese de São Paulo. Disponível em: https://arquisp.org.br/regiaose/paroquias/mosteiros-igrejas-historicas-oratorios-da-regiao-se/igreja-nossa-senhora-do-rosario-dos-homens-pretos. Acesso em: 14 maio 2023.

Carta-oceano

Hamburg-Sudamerikanische Dampfschiggahrts-Gesellschfatt. Postdampfer "Cap. Polonio" / António Alcântara Machado. — 72, Sebastião Pereira, São Paulo.

Em 1913 quando você usava óculos calças curtas acompanhando próceres eleições municipais havia bruta vela Praça Antonio Prado acesa dia noite preocupação geral era saber quando apagaria.

Hoje São Paulo cidade triste acabrunhada experiência revoluções arranha-céus quem tivesse ideia acender vela Triângulo seria preso.

Nossa literatura essa época também teve velas dentro redomas. Depois cintilou Philips modernista donde resultou sua geração mais desenvolta mais segura mais perigosa.

Comparo alguns heróis Paraguai Arte Moderna — que outra coisa não foi Semana Theatro Municipal — com meninada Minas, principalmente com você e Prudente [Moraes Neto]. São canjas diante vocês.

Eu mesmo querendo tomar notas chispada Cap Polônio só me vêm formas suas personagens seus. Empaquei dentista Nazareth. Evidente que dentista Nazareth natural Pampilhosa afirmando café português melhor do mundo não é meu é seu.

Culpa sua ter esgotado literatura viagens esse cinema com cheiro que é *Pathé-Baby*. Excepciono variante Paulo Prado em prometida Viagem Europa dará esclarecimentos nossa falta civilização. Só ele capaz.

Quanto literatura transatlântica sem fios definitivamente armada *Pathé-Baby*.

Até agora brasileiro escritor vindo Europa limitava-se fazer papel Hans Staden artilheiro Bertioga caiu preso Tupinambás século 16 apavorado antropofagia aconselhava não comerem gente. Morubichaba respondia:

— Não amole é gostoso. Nós idêntico sermão diante cocaína tourada nu artístico.

Você apossou-se sem espanto temperatura ocasional cada gente cada país.

Por todo seu livro concordância amável realmente Europa gostosa ridícula.

Pathé-Baby é reportagem. Como mudam tempos diria Marquês de Maricá pensando João do Rio. De fato da tolice amável esse seu malogrado amigo à segurança seu estilo seu modo acertar vão diversos séculos. Brasil país milagres acrescentaria Marquês ignorando grande literatura nossa época é reportagem.

[Oswald de Andrade. Dezembro de 1925.]

2.

A crítica teatral modernista de Alcântara Machado: mutação em cena aberta

Luiz Fernando Ramos

Capa de Paim para o livro de Alcântara Machado, primeira edição, 1926. Antônio Paim Vieira (1895-1988) participou da Semana de 1922 com três trabalhos, executados a quatro mãos com Yan de Almeida Prado.

O processo de modernização do teatro brasileiro implicou uma complexa rede de eventos isolados e uma ampla malha de reflexões críticas que, já nos anos 1920 e ao longo das três décadas seguintes, mas principalmente a partir dos anos 1960, culminaram na cristalização de uma paradoxal "tradição modernista" no pensamento sobre o teatro brasileiro moderno. Se o marco consensual do nosso modernismo teatral fora a estreia de *Vestido de Noiva*, em 1943, agora se postulava que as primeiras encenações realmente modernistas, no sentido de proporem uma almejada forma cênica "brasileira", só ocorreram de fato vinte anos depois, com espetáculos do último TBC, do Teatro de Arena e de algumas companhias surgidas no Recife , mas, sobretudo, com O *rei da vela* do Teatro Oficina (1967). Esta perspectiva pode ser alongada para incluir a montagem de *Macunaíma*, de Antunes Filho, em 1978, como o fechamento desse ciclo de modernização do teatro brasileiro, a partir do qual já se poderia falar, talvez, em "teatro contemporâneo" no Brasil. A crítica teatral de Alcântara Machado (1901-1935) foi pioneira na teorização de um teatro modernista brasileiro e, de algum modo, esta própria narrativa de modernização aqui apresentada muito deve em sua formulação aos textos do escritor projetando rupturas e renovações futuras.

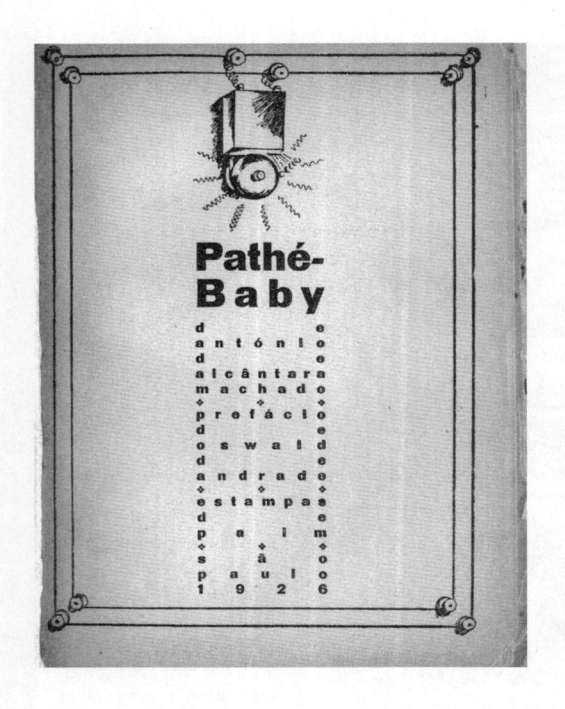

Página de rosto da obra de Alcântara Machado, 1926. Desenho de Paim.

A par da produção dramática e reflexiva dos dois epígonos do modernismo, Mário e Oswald de Andrade, ou das tentativas arrojadas de Flávio de Carvalho em favor de uma cena moderna, vetadas à época e antecipatórias da atual tendência performativa, destaca-se a contribuição crítica de Antônio de Alcântara Machado[1]. No panorama da modernização do teatro no país, ele conceptualizou premonitoriamente o que seria uma genuína teatralidade modernista brasileira.

O termo teatralidade é prolífico e aceita muitas leituras[2]. Mas quando se reconhece em A. de A. M. o propugnador de uma "teatralidade brasileira", a partir de seus ensaios do fim dos anos 1920, se assume que, em muitos de seus textos, teatralidade tanto poderia estar associada ao drama, às formas e narrativas dramáticas, o que no jargão teatral costuma ser chamado de carpintaria teatral, como também apontava o dispositivo de teatralização do teatro que ele conhecera na Europa e que admitia afeito à modernidade.

Desde suas primeiras e incidentais críticas de espetáculo, ainda como estudante de Direito, até os seus ensaios mais alentados sobre teatro nas

---

1 Giuliana Simões, *Veto ao modernismo no teatro brasileiro*, São Paulo: Fapesp/Hucitec, 2010.

2 No contexto do teatro europeu das três primeiras décadas do século XX, sobretudo na Rússia, na França e na Alemanha, a "teatralização" do teatro foi uma alternativa na ruptura com o naturalismo. Teatralidade substanciou também o específico da "arte teatral", como propugnada por Gordon Craig e Adolphe Appia. Contemporaneamente, muito se tem usado o termo como instância articuladora dos meios e modos de produção teatral, em contextos históricos e geográficos precisos.

Ilustração de Paim para crônica de Alcântara Machado sobre Veneza em *Pathé Baby*, sobre o tema de músicos em projeção de filme silencioso.

revistas modernistas e na imprensa diária, já como jornalista e escritor afamado, A. de A. M. desenvolveu uma trajetória curta, mas intensa, já se disse meteórica[3]. Ele de fato constituiu um legado relevante aos estudos teatrais no país, sobretudo quando pensados na chave que aproxima, no exame dos últimos cem anos, as noções dos teatros moderno e contemporâneo, como o faz Jean-Pierre Sarrazac[4].

O que se pretende aqui é examinar esta produção crítica detidamente, traçando a "curva dramática" percorrida por Alcântara Machado, desde seus pressupostos iniciais, ainda intuitivos e denotando uma perspectiva eurocêntrica do teatro, passando pela posterior lapidação de seus próprios conceitos e valores estéticos, até a mirada original e visionária que ele legou às gerações seguintes de críticos e estudiosos teatrais. Estes herdeiros, em um primeiro momento, fizeram ouvidos moucos às proposições e antevisões de Alcântara Machado, pois estavam embebidos em suas próprias questões, já distanciados do primeiro modernismo e quase reativos a ele. De qualquer modo, no pano de fundo dessa investigação estão implícitos os dois projetos de modernismo teatral no país: o encapsulado[5], dos anos 1920 e 1930, de que

---

3   Alceu Amoroso Lima (Tristão de Athayde) escreveu: "Foi dos que passaram, pela nossa geração, como um meteoro. Mas deixando um rastro realmente luminoso", em: *Companheiros de Viagem*, Rio de Janeiro: José Olympio, 1971, p. 60.

4   Jean-Pierre Sarrazac, *Poética do drama moderno*, São Paulo: Perspectiva, 2012.

5   Luiz Fernando Ramos, "A teatralidade encapsulada do modernismo brasileiro", em: *Releituras do Modernismo: o legado de 1922 na cultura brasileira*, Ivan Marques (org.), São Paulo: BBM, 2022.

A. de A. M. é um dos porta-vozes, e o consagrado pelo cânone posterior, dos anos 1940 e 1950, que se completa nos anos 1960. Esses dois processos, que ao mesmo tempo se sucedem e se estranham, de algum modo estão já na crítica de Alcântara Machado contraditoriamente justapostos.

O aspecto mais evidente na transformação do pensamento de Alcântara Machado sobre o teatro, transcorrida ao longo de dez anos de efetivo exercício crítico e analítico, entre 1923 e 1933, é a mudança de posição na avaliação dos teatros brasileiro e europeu, que se inverte completamente. De uma postura defensiva frente aos modelos europeus, reverenciados e invejados, em que o teatro nativo dado e efetivamente existente era descartado como vergonhoso, a despeito de sua popularidade e vitoriosa sustentabilidade econômica, A. de A. M. caminha até estabelecer uma agressiva e transgressora diferença, já na toada da antropofagia, entre a experiência teatral no país e as tradições teatrais europeias, chegando a formular, propriamente, uma "teoria brasileira" da cena.

Talvez, como as mutações "à vista do público", na tradição das "mágicas" e *féeries* e das revistas de ano brasileiras, em que o "objetivo era revelar os procedimentos teatrais sem jamais desvelar a técnica" e propor "uma das mentiras mais mentirosas do teatro, aquela em que ao espectador parece estar sendo mostrado o truque, e o que se mostra é um outro truque maior ainda"[6], este ensaio quer mirar, seguindo de perto os passos de A. de A. M. em seus textos críticos de jornal e nos ensaios em revistas depois de suas andanças pela Europa, o movimento e os saltos de suas ideias ao longo dessa empolgante reviravolta.

A fortuna crítica

Foi Cecília de Lara, a mais dedicada estudiosa da obra de Alcântara Machado no país, quem primeiro apresentou essa evidência sobre uma mudança crucial de rumo no seu projeto teatral para o modernismo. Com *De Pirandello a Piolin — Alcântara Machado e o Teatro no Modernismo* (1987), ela estabeleceu um novo patamar não só nos estudos sobre o escritor paulistano, como também sobre o próprio teatro modernista. Em livro mais recente[7], ela terminou de compilar todos os textos que esparsa e irregularmente A. de A. M. publicou, reunindo todas as críticas aparecidas na seção "Teatro e Música", do *Jornal do Commercio*, e alguns novos e inéditos ensaios, com o que complementou o trabalho já iniciado na organização das obras do escritor no

---

6 Neyde Veneziano, "Mutação à vista do público", em: Jacó Guinsburg, João Roberto Faria e Mariângela Alves de Lima (org.), *Dicionário do teatro brasileiro: temas, formas e conceitos*, São Paulo: Perspectiva, 2006.

7 Antônio de Alcântara Machado, *Palcos em foco — Crítica de espetáculos / Ensaios sobre teatro/ Tentativas no campo da dramaturgia*, org. Cecília de Lara, São Paulo: Edusp, 2009.

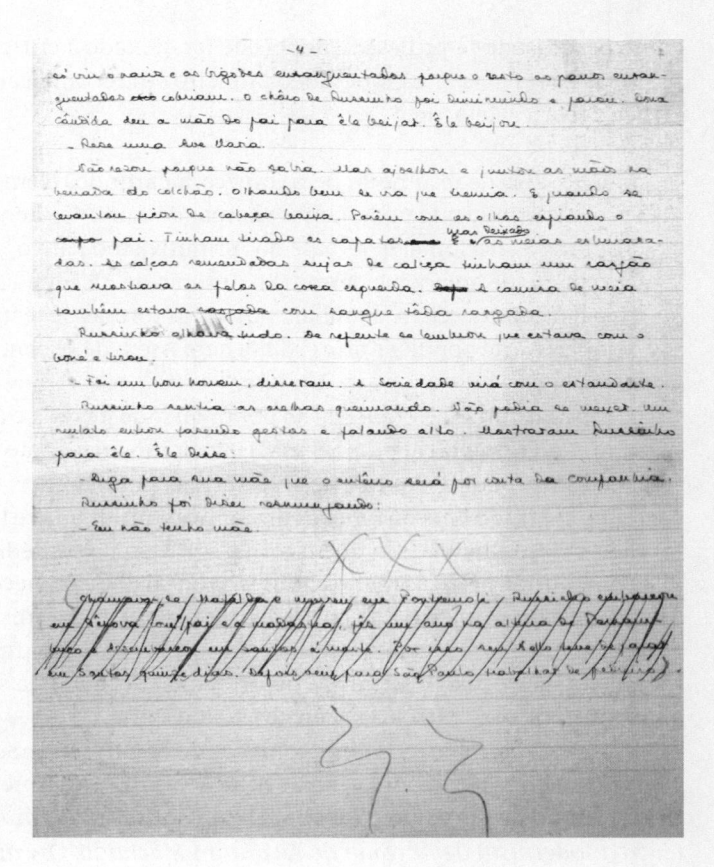

Página de
manuscrito
de conto
de Alcântara
Machado,
anos 1920.

início dos anos 1980, quando apresentou pioneiramente, entre outros textos em prosa do crítico, todos os rodapés de *Cavaquinho e saxofone*, publicados no próprio *Jornal do Commercio* entre 1926 e 1927, e, inclusive, textos ensaísticos sobre o teatro em geral[8]. A contribuição de Lara é, pois, imensa, e foi baliza e fundamento neste percurso por toda a crítica teatral de Alcântara Machado, na busca de realçar suas principais inflexões.

Décio de Almeida Prado, modestamente, dedica a Cecília de Lara, "pela cessão de um dos fios desse enredo", o ensaio "O teatro e o Modernismo", escrito em 1972, no cinquentenário da Semana de Arte Moderna, e republicado em livro, em 1993. Como um protagonista do modernismo canônico dos anos 1940, enquanto ator e crítico amador, e reativo ao teatro brasileiro profissional existente à época, ainda grandemente tributário de um modo de produção oitocentista, Almeida Prado não lera ou entendera, à época, a crítica de Alcântara Machado, sobretudo aquela da fase antropofágica. Já

8 *Idem, Obras*, v. 1, *Prosa preparatória & Cavaquinho e saxofone*, Rio de Janeiro: Civilização Brasileira, 1983.

como pesquisador e professor, depois de ter deixado a crítica de teatro profissional no fim dos anos 1960, foi o pioneiro em reconhecer a contribuição crítica e teórica de A. de A. M.:

> [...] a ideia de recomeçar pelo começo, a partir dos elementos mais simples, daquilo que poderíamos chamar de mínimos denominadores comuns da nacionalidade, base do "primitivismo nativo" modernista, era o ponto de apoio que permitia a Antônio de Alcântara Machado fulminar a cultura oficial e sonhar com novas formas de teatro por meio das quais a arte popular e arte erudita deixassem de se contradizer.[9]

De fato, Almeida Prado vai ao ponto quando desvela o que sua geração não tinha podido perceber, pois associava a modernização à busca de um "teatro de arte", culto, por oposição às formas popularescas do teatro então corrente, centrado em convenções dramáticas antiquadas e fortemente sustentado pelas bilheterias, o que o tornaria cativo da comédia ligeira, da revista e de outras práticas menos nobres. O ensaísta reconhece que Alcântara Machado foi o primeiro crítico a vislumbrar um modernismo teatral que realizasse na cena, a partir dos termos da cultura popular, um teatro efetivamente brasileiro, o que só viria a ocorrer, mesmo, como já se apontou, nos anos 1960 com os Teatros de Arena e Oficina.

Investidas mais recentes e tomadas de ângulos diversos têm enriquecido essa fortuna crítica em torno de A. de A. M., particularmente a contribuição de Sérgio de Carvalho com sua tese de doutorado *O drama impossível: teatro modernista de Antônio de Alcântara Machado, Oswald de Andrade e Mário de Andrade*[10]. Já aqui, mais do que a porosidade de Machado às correntes modernistas na dramaturgia e à teatralidade das vanguardas históricas, Carvalho destaca como, implicitamente, suas reflexões críticas, principalmente as ensaísticas, apontariam para um sentido de modernização afinado com uma perspectiva crítica à burguesia nativa, ainda que ele próprio estivesse umbilicalmente atado à elite cafeeira de São Paulo, e acenariam para um teatro épico em potência. A análise é de viés marxista e mobiliza tanto um instrumental sociológico como foca no problema da contrafação de capitalismo praticada no Brasil e no desajuste das tendências estéticas importadas quando aplicadas no país, "ideias fora de lugar" na fórmula consagrada de Roberto Schwartz. Talvez, a maior contribuição de Carvalho ao traçar os quadros social e econômico que determinaram as limitações do projeto teatral modernista no Brasil seja a tentativa de pensar não só a crítica de Alcântara Machado, mas também as dramaturgias ensaiadas pelos

---

9 Décio de Almeida Prado, "O Teatro e o modernismo", em: *Peças, pessoas, personagens: o teatro brasileiro de Procópio Ferreira a Cacilda Becker*, São Paulo: Companhia das Letras, 1993.

10 A tese, de 2002, foi publicada em livro. Cf. Sérgio Carvalho, *O drama impossível,* São Paulo: Edições Sesc, 2023.

Andrade na perspectiva da *Teoria do drama moderno,* de Peter Szondi. Originalmente focado na tensão crucial entre forma e conteúdo na produção de dramaturgos europeus na virada do século XIX para o XX, aquele modelo analítico permite-lhe desferir uma mirada singular à produção e reflexão dramáticas dos modernistas brasileiros entre os anos 1920 e 1940.

A contribuição aqui proposta insere-se nesse debate prévio buscando circunscrever, no curso das ideias teatrais de Alcântara Machado, o que fosse um pensamento original sobre o teatro brasileiro e sobre a sua modernização, percebido seja quando atualizado nas críticas cotidianas em jornal, seja nos ensaios mais alentados, como os que foram escritos em seus últimos anos de vida. Não se trata de um *corpus* sem contradições, mas que encerra, a despeito delas, contribuição antecipatória em vários níveis, ao que se efetivou, mais recente e consensualmente, enquanto modernismo teatral brasileiro. Mais do que isso, esse pensamento teatral de A. de A. M., examinado em detalhe, revela-se em diálogo franco com a contemporaneidade.

Um aspecto específico a se destacar, ainda, neste panorama tecido a partir dos próprios textos de Alcântara Machado, é o das viagens que ele fez à Europa em 1925 e 1929. Elas são fundantes e decisivas, como se tentará explicitar, para o amadurecimento de seu ideário sobre o teatro brasileiro e sobre a teatralidade modernista, e propiciam e consolidam, de fato, o que se está chamando de reviravolta em suas convicções teatrais. Como parâmetros dessa alteração de perspectivas, apresenta-se algumas das antinomias que explicitam as trocas de posição de Alcântara Machado no debate estético. Elas são as questões da nacionalidade, opondo uma estética teatral europeia a uma autóctone e emancipada; um "teatro de arte" e erudito às formas populares; o teatro como drama ou como cena, autônomo da literatura; ou, ainda, a própria ideia de teatralidade pensada como atávica ao drama ou, alternativamente, como forma cênica aberta e abrangendo práticas culturais mais amplas. Ao percorrer aqui a produção crítica de Alcântara Machado, tentar-se-á, pois, expor na voz do próprio crítico situações exemplares dessas oposições, realçando-se o seu caráter dinâmico e a sua especificidade no debate da época, independente do lugar de que se as esteja observando.

De crítico incidental e intuitivo a ensaísta original e visionário

Quando Alcântara Machado inicia-se na prática da crítica teatral, no *Jornal do Commercio* de São Paulo, em 1923, tinha que escrever suas crônicas, como as preferia chamar, logo depois do espetáculo, "atabalhoadamente no exíguo tempo de sessenta minutos"[11], para alcançar a edição do dia seguinte.

---

11 Antônio de Alcântara Machado, *Palcos em foco: Crítica de espetáculos / Ensaios sobre teatro/ Tentativas no campo da dramaturgia*, org. Cecília de Lara, *op. cit.*, p. 224.

À época ele era um estudante de direito da elite paulistana, culto e já talentoso com a escrita, e estas eram suas credenciais, mais que qualquer estudo ou experiência específica com teatro. Evidentemente, havia sua vivência como espectador a colaborar, junto com sua intuição, nas primeiras resenhas que produziu. Já no segundo mês de ofício, ao comentar a estreia *O amigo da paz*, de Armando Gonzaga, com direção de Oduvaldo Vianna, no Theatro Apollo,[12] ele apresenta o dilema que o acompanharia em toda sua jornada como crítico teatral:

> O teatro brasileiro põe quase sempre o crítico a braços com este dilema: se ele fizer a sua apreciação, como deve, tendo em vista tão-somente o valor real das peças, o seu maior ou menor coeficiente de beleza e de harmonia, com caríssimas exceções, não haverá original que não tenha direito a rijas palmatoadas, que naturalmente se farão também sentir, embora de modo indireto, na pele inocente dos diretores de companhia e dos intérpretes; se ele considerar, antes de mais nada, que todos os aplausos e incentivos são poucos para premiar o esforço daqueles que se batem por uma causa nobre cercados pela hostilidade, pela indiferença e pela ignorância de um meio atrasadíssimo, armado com os óculos escuros da boa vontade, terá paradoxalmente, para serviço do belo, de exaltar muita vez a feiura... [...] nós preferimos aqui, muito simplesmente, declarar o desvalor manifesto da peça, reconhecendo mais uma vez o estimável merecimento de seus intérpretes.[13]

Nessa colocação, que demarca uma disposição, ao mesmo tempo, implacável e contemporizadora, já aparece também a disjuntiva que diferencia os aspectos, digamos, literários — a qualidade da peça escrita — daqueles propriamente teatrais, sobre a encenação e, sobretudo, sobre o desempenho dos intérpretes. Para um contexto em que a grande maioria dos textos encenados eram traduções do francês, ou textos "nacionais" à francesa, diferenciar as duas coisas era crucial para equilibrar, com os "óculos escuros da boa vontade", a recusa da banalidade das fórmulas importadas com o reconhecimento de méritos das companhias nacionais. De fato, neste início, na maioria das vezes, até por ser o terreno em que parecia sentir-se mais à vontade, o da literatura, A. de A. M. utilizava grande parte de suas críticas detido sobre os textos, deixando algumas poucas frases finais para os intérpretes e, mais raramente, cenógrafos. Mas, também, desde o início, a busca de uma dramaturgia nacional, como um valor ainda inexistente a ser

---

12 Houve dois teatros Apollo na cidade de São Paulo. O primeiro existiu entre 1894 e 1899, na rua Boa Vista, tendo tido outros seis nomes desde sua inauguração em 1873. O segundo, onde A. de A. M assistiu este espetáculo, foi inaugurado na rua D. José de Barros, n. 8, em 1913 e existiu até 1934.

13 *Ibidem*, p. 62.

alcançado, fazia com que, em certas circunstâncias, a balança da boa vontade pendesse em favor dos dramaturgos que heroicamente plantavam no deserto, e sobrassem para atores e atrizes as pechas negativas.

É o caso da estreia, em fevereiro de 1923, de *A juriti*, de Viriato Corrêa, no Apolo, trazido pela Cia. Abigail Maia, que o crítico considera "bem acima das incríveis borracheiras que brotam comumente da pena de nossos autores teatrais"[14]. Mas, talvez, o que se destaque como postura dominante neste início da crítica teatral de A. de A. M., e confirme um ponto de vista que se modificaria completamente na fase final, é a convicção absoluta sobre a superioridade da dramaturgia francesa, exemplificada no elogio à excelência de Henri Bataille, incensado como o modelo dramático a se atingir e considerado, "a maior figura do teatro moderno"[15]. O entusiasmo de Alcântara Machado com o autor francês se estende à companhia italiana da atriz Maria Melato que teria, segundo ele, com a encenação de *Le Phalène*, no Teatro Sant'Ana de São Paulo, oferecido "o mais brilhante espetáculo da temporada". Como se vê, nesse momento o que havia de bom e de belo era grandemente o teatro estrangeiro, de preferência textos e montagens estrangeiras. Para evidenciar que a preferência do crítico por Bataille não era casual, três dias depois, quando a produção de outra de suas peças — *La marche nuptiale* — estreia no teatro Sant'Ana com a mesma companhia, ele não economizou o uso dos superlativos:

> O autor de *La possesssion* é um dos mestres da cena de todos os tempos. Escrevendo para o teatro, parecia obedecer a uma predestinação fulgurante. Esteta como os que mais o foram, cujo engenho e poder de expressão, um e outro excepcionais, eram capazes das maiores criações de beleza e de verdade, ele encarnou todas as manifestações mais radiosas da arte: a música, a pintura e a poesia. Em seu teatro — coisa estranha e admirável — elas se conjugam numa euritmia estupenda.[16]

O encanto de Alcântara Machado com esse autor francês, que pontificou principalmente antes da Primeira Guerra Mundial, em 1914, não era uma opinião isolada, pois refletia um consenso nos meios cultos brasileiros, cujo melhor exemplo é o esforço de dois jovens poetas e dramaturgos estreantes: Oswald de Andrade e Guilherme de Almeida, que, em 1916, escreveram em francês duas peças — *Leur âme* e *Mon coeur balance* — à la Bataille[17]. Assim, comprova-se também que a eleição por A. de A. M. de Bataille como "gênio inconteste do teatro moderno" era uma opinião corrente que, ao associar o dramaturgo icônico da *Belle Époque* ao "moderno", traía uma

---

14 *Ibidem*, p. 61.
15 *Ibidem*, p. 98.
16 *Ibidem*, p. 101.
17 Oswald de Andrade; Guilherme de Almeida, *Mon coeur balance/ Leur âme/ Histoire de la Fille du Roi*, São Paulo: Globo, 2000.

certa ignorância sobre o efetivo modernismo teatral europeu, como o próprio crítico reconheceria anos mais tarde. Mas nem tudo era desinformado nessas primeiras críticas de Alcântara Machado no *Jornal do Commercio* de São Paulo. Ainda em julho de 1923, a partir da mesma companhia italiana da atriz Maria Melatto, ele intui a força moderna da dramaturgia de Pirandello, apontando-o como renovador do teatro italiano, a partir da peça *Cosi è ... (se vi pare!)*, apresentada no dia 10 no mesmo Teatro Sant'Ana, em sessão dupla, ao lado de *Sogno di um mattino de primavera*, de Gabrielle d'Annunzio. Sete dias depois, a companhia argentina de Dario Niccodemi faz a estreia brasileira, no Teatro Municipal de São Paulo, de *Sei personaggi in cerca d'autore*. O jovem crítico não se furta a reconhecer a excepcionalidade do texto:

> Luigi Pirandello não se contenta em renovar: o seu teatro é um teatro diverso na essência como na forma... *Sei personaggi in cerca d'autore*, ontem levada à cena pela Companhia do Teatro Argentino, é produto legítimo desse engenho formidável, desse "cérebro furiosamente dinâmico" (na expressão de Dario Niccodemi): nessa peça curiosíssima há de tudo, desde a ironia acerba até a análise psicológica, desde o riso até a lágrima, há o normal e o anormal, há o real e o irreal, o cômico e o patético, o superficial e o profundo. Através de sua ação (se é que ela existe), a verdade e a ficção de tal forma se harmonizam, se entrelaçam e se confundem, que é quase impossível saber onde acaba aquela e principia esta, qual delas se apresenta com a máscara da outra, qual delas é a predominante, se há distinção entre ambas, se não formam um só todo inseparável, apresentando-se ora sob um aspecto e ora sob outro. [...] A peça não tem atos nem cenas. A ação desenrola-se aos arrancos, sem coerência, sem lógica, ao acaso, pode-se dizer. Os seus protagonistas, os centrais, não falam: deliram. Tudo nessa peça bizarra vagueia entre o perceptível e o ignoto. Como classificá-la, portanto? Dario Niccodemi o disse (antes da representação): é uma aventura cerebral [...].[18]

A quase perplexidade do crítico não enfraquece sua percepção afiada sobre os elementos característicos da singular dramaturgia pirandelliana, mesmo que suas observações ainda digam respeito aos aspectos essencialmente dramáticos, ou que não impliquem uma perspectiva propriamente cênica nessa renovação. Há a clara percepção de uma ruptura em curso, mas sem aquilatar que já era ressonância tardia de uma primeira explosão, uma década antes, por exemplo, na própria Itália, com o teatro do Futurismo italiano. O caso da Itália é interessante nesse sentido, porque tanto tem a radicalidade dos futuristas, nos anos 1910, como apresenta, nos anos 1920, o embate de Pirandello contra o sistema teatral vigente, travado em

---

18 Antônio de Alcântara Machado, *Palcos em foco: crítica de espetáculos / Ensaios sobre teatro/ Tentativas no campo da dramaturgia*, org. Cecília de Lara, *op. cit.*, p. 103-4.

sua própria companhia, que se chocava com as novas demandas de sua dramaturgia. Na tradição dramática então vigente imperava o *capo cômico* (ator protagonista em torno do qual as montagens orbitavam sustentadas pelo ponto) e há uma tensão incontornável dos atores formados naquela tradição com a dramaturgia que Pirandello propunha. Neste aspecto, aliás, o de um teatro fundado em um jogo dominado pelos primeiros atores e donos de companhia, o teatro brasileiro não diferia em nada. Mas o que aqui Alcântara Machado consegue perceber e apontar de forma incipiente é mesmo a força disruptiva do drama pirandelliano:

> O Personagem tem vida independente, própria. Mal esboçado, adquire ideias originais, fala e age muitas vezes contra a vontade daquele que o imaginou e realizou. [...] Pirandello fez uma sátira, uma sátira tremenda, acérrima aos dramaturgos, aos intérpretes, ao teatro, em suma, aos seus artifícios, às suas convenções, ao absurdo de seus axiomas, à sua incapacidade de traduzir fielmente a verdade, como pretende, de apresentar a vida na plenitude de sua realidade, como procura. Não erraria talvez quem visse, assim, em *Sei personaggi in cerca d'autore* como que um prefácio, uma justificação do teatro de demolição e de reconstrução do autor de *Ma non è una cosa seria*. A falência da cena clássica é evidente: criemos outra, portanto. A peça de Pirandello é qualquer coisa de formidável e de genial.[19]

O repertório que circulava pelos teatros de São Paulo naqueles anos 1920 não fugia muito de um certo padrão. Companhias estrangeiras (portuguesas, francesas, italianas, argentinas) traziam seus espetáculos em suas respectivas línguas, ou, quando brasileiras, servindo-se do idioma pátrio, mas com o domínio ainda da prosódia portuguesa, pois tinham em seus elencos uma maioria de atores lusos. O próprio Leopoldo Fróes, o grande ator brasileiro à época, orgulhava-se de seu sotaque lisboeta, visto que iniciou sua carreira, propriamente, em Portugal. Era, portanto, naqueles anos 1920, uma cena já antiquada para os padrões europeus da época, em que projetos como o de Jacques Copeau e dos encenadores franceses que em torno dele perfilaram iam se impondo sobre as formas retrógradas do teatro francês. Se Alcântara Machado ainda não sintonizava, neste momento inicial de seu exercício crítico, com essa transformação mais profunda dos meios e modos de produção teatral que se consolidavam na Europa, não deixava de perceber a diferença gritante entre a qualidade dos espetáculos estrangeiros e a oferecida pelas companhias locais, nem tampouco de reconhecer a pobreza das tentativas dramáticas de autores brasileiros frente, sobretudo, aos parisienses, não só pelas peças em si, como pelo fato de serem abertamente cativas

---

19 *Ibidem*, p. 104-5.

destes modelos dramáticos dominantes. Essa seria a marca, pois, de sua primeira fase como crítico, desapontamento e impaciência com as produções nacionais e quase deslumbramento com os autores e as companhias estrangeiras. Essa predileção não se restringia ao teatro em prosa, mas encampava também o teatro de variedades e de revista, como fica claro nas críticas que escreveu sobre a Companhia francesa Ba-Ta-Clan, que ocupou o Sant'Ana no fim de setembro e início de outubro de 1923 e que, mesmo grandemente acolhida, não deixou de merecer alguns senões do crítico:

> Em *Bonsoir* há de tudo um pouco: números de canto e de acrobacia, bailados clássicos, sapateados, entradas de palhaços, quadros de crítica, cenazinhas de comédia, exibições de vestuários. Vale assim por um espetáculo de variedades, um atraente, ótimo espetáculo de variedades.[20]

A programação variada, combinando drama e balé, música e circo, comédia e canto lírico, é uma constante no teatro brasileiro desde os tempos do Teatro São Pedro, do Rio de Janeiro, nos anos 1830, e espalhou-se pelo Brasil com a criação dos Polytheamas, que abrigaram ao longo do século XIX todo tipo de atrações e, já no início do século XX, foram os primeiros a apresentar sessões de cinema[21]. Em São Paulo, um dos sítios preferenciais dessas programações ecléticas, mas não só (como o exemplo da Ba-Ta-Clan no Sant'Ana bem ilustra), era o Cassino Antártica, no vale do Anhangabaú. Calhou de ele ser reaberto neste primeiro ano de exercício crítico de A. de A. M., e por meio de um empresário brasileiro, José Loureiro, agenciando a norte-americana South American Tour. O comentário crítico de Alcântara Machado é um bom exemplo de sua disposição de exercer o ofício sem preconceito de gênero artístico, mas, também, nessa primeira fase, ainda muito identificado com o gosto do público em relação aos desempenhos apresentados, e não deixando de discriminar na produção estrangeira o joio do trigo:

> O espetáculo teve altos e baixos. Fez assim inteira justiça o público, aplaudindo como aplaudiu, alguns números, e vaiando, como vaiou, outros... [...] A primeira parte do programa constou de quatro números [...] deles só um agradou e esse mesmo, francamente... [...] A segunda parte encontrou o público impaciente. E mais ou menos desiludido. Constou ele de quatro números: [...] O primeiro e o terceiro receberam palmas; o segundo e o quarto foram pateados como mereciam. A terceira parte foi indubitavelmente a melhor. Hellen & Art, dançarinos e ginastas; o pelotiqueiro Chas Heras; os equilibristas Les Ocapo;

20 *Ibidem*, p. 125.
21 Luiz Fernando Ramos, "A arte do ator e o espetáculo teatral", em: João Roberto Faria, *História do teatro brasileiro*, v. 1, *Das origens ao teatro profissional da primeira metade do século XX*, São Paulo: Perspectiva/Edições Sesc, 2012.

os bailarinos e acrobatas Hemanova-Darewacoky; e os ciclistas Paul Partsold & Co., que foram artistas que nela se exibiram, alcançaram todos eles grande sucesso. Tal foi o espetáculo de ontem: em geral mal, como se vê.[22]

A exemplo de outro famoso cronista do teatro brasileiro, o dramaturgo Martins Pena, em suas resenhas críticas semanais no ano de 1843, impressas na sessão "Semana Lírica" do mesmo *Jornal do Commercio*, Alcântara Machado sempre vai abordar o espetáculo criticado incluindo em sua apreciação uma avaliação do público, seja simplesmente como termômetro da qualidade do que foi apresentado, seja pelo exame de seu desempenho ao longo do espetáculo. Um bom exemplo disso, ainda nessa primeira fase, mais intuitiva do que programática, é a crítica sobre a estreia de *Lohengrin* de Wagner, no Teatro Municipal de São Paulo, em que a participação da plateia ganha destaque:

> Pois *Lohengrin* foi ontem aplaudida por uma assistência numerosíssima, que enchia completamente o teatro e registraram-se dois ou três roncos tão somente... Está de parabéns, portanto, a nossa plateia. Felicitamo-la cordialmente... *Lohengrin* teve ontem uma excelente execução orquestral e uma boa execução vocal.[23]

Como no caso das crônicas de Martins Pena, o público é um assunto constante nos primeiros anos da crítica de A. de A. M., e participa como cúmplice dos artistas em favor das mazelas do teatro nacional. De fato, Alcântara Machado percebe um conluio entre os espectadores, dispostos a aceitar qualquer coisa desde que lhes provoquem boas risadas, e os comediantes brasileiros, incapazes de elevar seus dramas para além deste patamar fisiológico. Veja-se a crítica sobre a estreia da *Zuzu*, de Viriato Corrêa, no Teatro Boa Vista de São Paulo, com a famosa Companhia do Trianon, do Rio de Janeiro:

> Como peça feita nos consagrados moldes nacionais, horrivelmente nacionais, *Zuzu* é incontestavelmente das melhores que possuímos. [...] É inegável que *Zuzu* figura, na galeria das peças brasileiras, ao lado das cinco ou seis mais perfeitas quanto à técnica, das mais dotadas de observação e de espírito. [...] O único cenário e a montagem são bons. A estreia da Cia. Trianon constitui um sucesso de bilheteria, de gargalhada, de aplausos. A julgar-se pelo espetáculo de ontem, ela fará em São Paulo uma temporada triunfante. Noventa por cento das peças nacionais obedecem a esse padrão. *Zuzu*, feitas algumas restrições, não escapa à regra geral. Sua crítica podia ser resumida assim: faz rir.[24]

---

22 Antônio de Alcântara Machado, *Palcos em foco: crítica de espetáculos / Ensaios sobre teatro / Tentativas no campo da dramaturgia*, org. Cecília de Lara, *op. cit.*, p. 126-7.
23 *Ibidem*, p. 132.
24 *Ibidem*, p. 134-5.

O mesmo tom desqualificador do cômico popular aparece na crítica, já de janeiro de 1924, do espetáculo *Casado sem ter mulher*, de Corrêa Varela, no mesmo Teatro Boa Vista, tendo o jovem e emergente ator Procópio Ferreira à frente:

> [...] o que o público desta terra quer é rir, e a complicação de Corrêa Varella faz rir. Logo, para esse público, *Casado sem ter mulher* é uma boa peça, digna de ser vista e aplaudida... Nós a julgamos detestável, como julgamos detestáveis todas quantas se lhe assemelham. Mas escrevemos para uma plateia que só aceita e só compreende peças desse gênero... Aconselhamos, portanto, a nossa plateia que vá assistir às representações de *Casado sem ter mulher,* ela a fará gargalhar...[25]

O tema do riso fácil para um público inculto retorna na coluna "Só aos domingos", espaço semanal que Alcântara Machado ocupa no *Jornal do Commercio* e onde, desde 1923, desenvolve artigos mais ensaísticos. É o caso do texto "Um público de escol..." a partir da apresentação da Cia. de Comédia Francesa no Teatro Sant'Ana, com a peça *Sapho,* de Daudet e Bellot:

> Pelo palco perpassava um sopro forte de tragédia. A cena era das mais arrebatadoras: dois amantes separavam-se num momento de cólera. [...] Tão somente a arte, mas a arte em toda sua plenitude de sua grandeza, seria capaz de produzir uma impressão tal de beleza e verdade. Era terrível e era sublime. No entanto o público ria, ria perdidamente, ria estrepitosamente... Era uma gargalhada sem fim, como só as sabe provocar num teatro de quinta ordem a chalaça mais reles. Parecia que as cadeiras faziam cócegas nos espectadores, obrigando-os a gargalhar como doidos. [...] O teatro, assim oferecia um aspecto estranho: no palco os atores debatiam-se nas garras do tormento mais golpeante; nas salas, os espectadores riam até lhes rebentarem as ilhargas; lá, a aflição, aqui a alegria; face a face o furor e o júbilo, o gemido e a risota, a angústia e o prazer. Esse contraste. Era produto exclusivo da suma ignorância do público. Inculto, portanto indiferente à beleza, vendo no teatro um simples divertimento social, não uma expressão da inteligência e da arte humanas, como poderia ele compreender o verdadeiro sentido da obra que se representava? Na ação dramática que se desenvolvia ante os seus olhos só impressionava, só o podia impressionar a mímica dos intérpretes. Como não percebia o que ele expressava, ria naturalmente dos esgares, das contorções, dos gestos impetuosos, das atitudes raivosas, da choradeira, do barulho...[26]

25 *Ibidem*, p. 144.
26 Antônio de Alcântara Machado, *Obras,* v. 1, *Prosa preparatória & Cavaquinho e saxofone*, Rio de Janeiro: Civilização Brasileira, 1983, p. 58-9.

De algum modo, a oposição que a geração seguinte, a de Décio de Almeida Prado, estabeleceu entre o teatro popular e o "teatro de arte" ainda prevalecia nesse primeiro momento no olhar crítico de A. de A. M. Isto se refletiu nas várias críticas sobre as estreias e temporadas de companhias brasileiras em São Paulo, ou mesmo nos textos sobre produções estrangeiras, como a citada acima, mas também nos comentários sobre os principais atores em ação no país, que quase sempre acumulavam a condição de empresários, donos de companhias.[27] Assim, quando Procópio decidiu deixar a Companhia carioca do Trianon e estreou em São Paulo, no Brás-Politheama, a revista *Pauzinho*, ele não perdoou "o notável artista" por ter abandonado a cia. de Viriato Corrêa, e ironizou sugerindo que o ator acabaria fazendo parte "do homogêneo elenco do circo Chicharrão..."[28]. Na observação do crítico fica evidente um preconceito velado contra o circo, destino dessa degradação que ele antevê na iniciativa de Procópio de se tornar independente da Cia. do Trianon. O raciocínio se desenvolve em outra crítica, um mês depois, na qual comenta a estreia de Procópio Ferreira com sua própria companhia, no Teatro Royal de São Paulo, com a comédia importada *Dick*:

> É extraordinária e é lamentável a facilidade para não dizer leviandade com que se forma nesta terra uma Companhia de comédia. Em torno de um nome, prestigioso pelo seu talento ou pela simpatia que lhe dedica o público, reúne-se meia dúzia de elementos vindos de todos os lados, do teatro de revista, do teatro de variedades, elementos quase sempre bisonhos e maus, dá-se um título pomposo ao conjunto e toca a representar. É alarmante, mesmo porque tudo isso se organiza em quinze dias, o que impede a escolha cuidada do elenco e do repertório. Arte não se faz assim de pé para a mão. É necessário um preparo lento, bem orientado e metodizado. Do contrário o fracasso é certo, se não comercial, pelo menos artístico. Ora, para um artista que o seja verdadeiramente, o comércio vem depois, muito depois da arte. Resta saber se no Brasil todos quantos vivem só para o teatro são de fato artistas, no sentido exato, que é o mais nobre, da expressão. Para nós a maioria não faz arte, mas mercancia, procura menos a beleza do que o lucro. [...] Procópio Ferreira, alimentando a legítima ambição de possuir um conjunto seu, que tivesse o seu nome e a sua direção, congregou algumas figuras, formando assim o que ele chamou Grande Companhia

27 Alcântara Machado acompanhou criticamente o surgimento de duas novas companhias nacionais, as de Procópio Ferreira e a de Jaime Costa. Seu ponto de vista, então, era contra a proliferação de companhias concorrentes às já estabelecidas, como a de Leopoldo Fróes e a de Abigail Maia e Oduvaldo Vianna, porque preferia que os poucos atores nacionais bons juntassem seus esforços.

28 Antônio de Alcântara Machado, *Palcos em foco: crítica de espetáculos / Ensaios sobre teatro/ Tentativas no campo da dramaturgia*, org. Cecília de Lara, *op. cit.*, p. 155.

Procópio Ferreira. Mas levou avante a sua louvável ideia com a precipitação, para não dizer o desacerto, de que se fala acima. Quase todos os elementos de seu conjunto são inferiores, e vários deles vieram mesmo do teatro de revista, são recentes intérpretes de peças ignóbeis [...].[29]

No dia seguinte, uma nova crônica aprofunda o tema, agora com a proposta de uma nacionalização dos elencos no país:

> Quem conhece o teatro brasileiro há de ter observado, por certo, que não há entre nós companhias verdadeiramente nacionais. Ainda as que assim se intitulam, e disso se orgulham, são conjuntos em que só há de brasileiro o nome: internacional é o repertório e internacional é o elenco. [...] Em cada conjunto nacional o contingente mais numeroso é sempre o português. Sempre e mais numeroso, mas nunca o melhor. Esse defeito na organização das nossas companhias dá resultados deploráveis, como, por exemplo, a composição de tipos essencialmente brasileiros por artistas que não dizem — "ser", mas "cheire", o que é uma coisa muito diversa para nós, tampouco — "Brasil", mas "Brasile", o que é errado. [...] Já que não temos, para vergonha nossa, repertório exclusivamente brasileiro, tenhamos ao menos, para consolo, brasileiros como intérpretes, exclusivamente.[30]

Nestes seus primeiros anos de crítica, entre 1923 e 1925, antes de sua primeira viagem à Europa, Alcântara Machado transita, portanto, em um território amplo que abriga da ópera ao teatro de variedades, do drama decadentista europeu à comédia rasgada carioca, da música erudita à revista apelativa. Sua perspectiva é eclética, dialogando com os mais diversos gêneros e sempre incluindo na sua mirada o público. Se os parâmetros de qualidade com que opera ainda são claramente europeus, e o ponto de vista teatral ainda fortemente literário, tendendo a favorecer a alta cultura em detrimento da cultura popular, ele já esboça traços de um projeto para o teatro brasileiro antes mesmo da viagem, quando, depois de oito meses na Europa, entre março e novembro de 1925, mudará completamente seu ponto de vista. Um prenúncio desta virada já aparecia, por exemplo, no texto de 1924, "O que eu disse a um comediógrafo nacional", publicado na revista *Novíssima*:

> Abrasileiremos o teatro brasileiro. Melhor: apaulistanizêmo-lo. Fixemos no palco o instante radioso de febre e de esforço que vivemos. As personagens e os enredos são encontradiços, nesta terra de São Paulo como os Ford, nas ruas de todos os bairros, procurando passageiros,

---

29 *Ibidem*, p. 157-8.
30 *Ibidem*, p. 159.

que dizer autores... Olhe: ali vai um, com a bandeirinha vermelha iça-
da. Está livre. É tomá-lo! É tomá-lo! Não vê? Ali, ao longo do muro da
fábrica. O casal de italianinhos. Ele se despede, agora. Logo mais vem
buscá-la. Um belo dia mata-a. Traga esse drama de todos os dias para
a cena. Traga para o palco a luta do operário, a desgraça do operário,
traga a oficina inteira. Pronto, ali vai outro. É um cavalheiro gordo, de
gestos duros e gravata vermelha. Ontem engraxate, hoje industrial. A
escalada desse homem é o mais empolgante dos enredos teatrais. Dê
passagem a mais este que ali vem.[31]

A viagem de Alcântara Machado à Europa merece um estudo à parte.
Para efeito deste ensaio, vale recordar que foi ao longo dela que ele escreveu
e publicou seriadamente, no próprio *Jornal do Commercio*, ao longo de 1925, e
depois em livro, em 1926, *Pathé-Baby*, um conjunto de narrativas telegráficas
sobre o seu périplo europeu[32]. Quando retorna, retomando o seu posto de crítico no *Jornal do Commercio*, em uma de suas primeiras críticas escreve sobre o
espetáculo *Ideal proibido*, a partir de texto de Antônio Carlos Fonseca, no teatro
Santa Helena. O comentário, que busca salvaguardar sua relação com o autor,
um colega jornalista, reflete um amadurecimento do crítico quanto à questão
da modernidade teatral, que vinha sendo atribuída à peça e que ele lhe recusa.

O modernismo é um estado de espírito. Toda a gente sabe disso. Em
toda a parte. Menos no Brasil! O brasileiro não entende assim. Para
ele, em geral, o modernismo é uma questão de fórmula, de exterioridade, de modo de preparar. [...] O rótulo nada vale. [...] No teatro acontece o mesmo. O único autor moderno regularmente representado
no Brasil é Pirandello. Mas pouca gente entre nós compreende que
no autor de *Cosi è... (se vi pare)* o que há de admirável é o seu dinamismo tragicômico, produto e síntese do momento que vivemos. O
que, sobretudo, na obra de Pirandello, assombra e delicia o indígena
é a maneira de apresentar os personagens, de dividir as peças, de começar e terminar os atos. Não percebe que a exterioridade reflete a
essência. E que se aquela é pitoresca e surpreendente é porque esta
o é, e o é porque procura resumir o estado de espírito atual, feito de
incertezas, de contrastes, de hesitações, de arranques e descaídas
[...] *Ideal proibido*, peça ontem levada à cena pela Companhia Jaime
Costa, é disso uma prova gritante. Nada tem de moderno. No entre-
cho, no desenvolvimento, na realização dos detalhes. [...] É ainda uma
peça de tese! Como, portanto, pretendê-la e classificá-la moderna?
[...] Antônio Carlos Fonseca é mais um esforço honesto que surge em

---

31 *Ibidem*, p. 334-5.
32 Antônio de Alcântara Machado, Pathê Baby (ed. fac-similar), São Paulo: Imesp/Daesp, 1982.

prol do nosso teatro, pobre-diabo, que nasceu com infantilismo agudo. Mas para que esse esforço seja eficiente, o autor de *Ideal proibido* deve pisar outro caminho.[33]

Neste ponto, cabe destacar a confluência, no período, da produção de críticas para a coluna "Teatro e Música" do *Jornal do Commercio*, com a realizada na revista *Terra roxa e outras terras*, de que Alcântara Machado seria, em 1926, um dos diretores, e onde, ao lado de outros modernistas como Mário de Andrade e Sérgio Milliet, ensaiaria uma verdadeira guinada em sua visão sobre o teatro brasileiro. Livre das amarras da crítica cotidiana em torno de produções sofríveis, que vinha praticando há três anos, e motivado pelo que apanhara da cena modernista europeia na recente viagem, ele publica já no primeiro número, de 20 de janeiro daquele ano, dois artigos muito significativos. Um, "A dança de São Gonçalo", em que registra, na forma de um conto etnográfico, esta festa popular assistida na Igreja Santa Maria, na Cantareira, em São Paulo, em dezembro de 1925. O segundo, "Indesejáveis", na seção "Teatro" da revista, tornou-se o mais citado quando se trata de expressar a visão modernista de Alcântara Machado sobre o teatro brasileiro, por trazer o elogio do palhaço Piolin como protagonista do teatro nacional. Nos dois casos havia uma mudança de ponto de vista importante. Tanto a festa ritual e popular como a teatralidade daquele circo tosco eram genuína e originalmente brasileiras. Como afirmava no artigo sobre Piolin:

> As outras companhias, sempre dirigidas pelo brilhante ator patrício fulano e das quais faz parte a inteligente atriz beltrana, caceteam a gente com peçazinhas mal traduzidas e bobagens pseudo indígenas. A de Piolin, que nem chega a ser uma companhia, não. Diverte! Revela o Brasil. Improvisa brasileiramente tudo. É tosca. É nossa. É esplêndida. Piolin e Alcebíades são palhaços o que quizerem, mas são os únicos, os únicos elementos nacionais com que conta o nosso teatro de prosa. Devem servir de exemplo. Como autores e actores. Para os colegas que os desprezam ou ignoram.[34]

Aqui começa o reconhecimento das tradições populares como chave para um teatro brasileiro futuro, em que se combina a sua experiência com as modernidades europeias, em que o *cabaret* e o *music hall* eram celeiros das vanguardas artísticas e o circo referência decisiva para a explosão das formas dramáticas de fundo literário. Um outro texto publicado no próprio *Jornal do Commercio*, mas no rodapé de *Cavaquinho & saxofone*, de data incerta, ainda que nele se mencione o ano de 1926 e, portanto, próximo deste

---

33 *Idem*, *Obras* v. 1, *Prosa preparatória & Cavaquinho e saxofone*, Rio de Janeiro: Civilização Brasileira, 1983, p. 257-8.
34 *Terra roxa e outras terras*, São Paulo, 20 jan. 1926, n. 1, p. 5.

anterior, publicado em *Terra roxa e outras terras*, surge como a mais completa e elaborada reflexão do ensaísta sobre o teatro brasileiro. Trata-se de "Onde não há Tendências nem Nada (Resposta a um Inquérito)", em que Alcântara Machado, em uma chave soturna, bem diferente do elogio quase brejeiro de Piolin, não revela esperança de futuro para o nosso teatro:

> A nossa comédia contemporânea nem chega a ser filha melhorada de *O demônio familiar* de José de Alencar ou de *O juiz de paz na roça*, de Martins Pena: é irmã delas. Tirante o ambiente, a linguagem é reprodução fiel das mais velhas. O espírito e a fatura são iguaizinhos. Defeitos gravíssimos. Aponto estes: desnacionalização, banalidade, atraso técnico, repetição, ignorância da época e do meio, uniformidade pobreza, de tipos e de cenários. [...] Teatro assim não tem tendências. Ainda não se formou, não criou o seu eu, não pensa, não luta, não caminha. [...] Não há teatro brasileiro. Há no Brasil um teatro sem atestado de nascimento, sem prova de nacionalidade. Veio de fora. Aqui tratou de arranjar o estritamente necessário para não morrer de miséria: meia dúzia de tipos mais a jeito. E neles ficou. [...] As tendências (admitamos tendências) da cena contemporânea nacional são assim as mesmíssimas de seu nascimento um século atrás. Continuamos com a peça de costumes. Obedecendo aos usos e costumes nacionais. As figuras que movimenta não mudaram. [...] O teatro anquilosado por um infantilismo não curado (nem ao menos tratado) continua cego, surdo, imóvel. Em torno dele dançam os assuntos e os tipos. Tentando-o. Inutilmente. Alheio a tudo, não acompanha nem de longe o movimento acelerado da literatura dramática europeia. O que seria um bem se dentro de suas possibilidades, com os próprios elementos que o meio lhe fosse fornecendo, evoluísse independente, brasileiramente. Mas não. Ignora-se e ignora os outros. Nem é nacional nem é universal. [...] E pensar a gente na imensidade inexplorada de nossa matéria-prima dramática. Toda tragédia interior da conquista de nós mesmos. O milagre palpável da nossa transformação. Esse jogo de cabra-cega encarniçado que é a descoberta das verdadeiras fontes de nosso pensamento literário. Esse nascer contínuo, esse viver, esse pulular de temas e personagens que pedem teatro que os aproveite e fixe. Doloroso. [...] Tal como está, o teatro brasileiro é um mendigo deplorável. Inutilizado pela miséria, estende a mão à caridade estrangeira. E ela dá o que tem de pior. Atira-lhe de esmola roupas usadas. A continuar assim é preferível desaparecer. Não há outro remédio: suicídio. O teatro brasileiro que estoure os miolos na esperança espiritista de uma nova encarnação.[35]

---

35 Antônio de Alcântara Machado, *Palcos em foco: crítica de espetáculos / Ensaios sobre teatro/ Tentativas no campo da dramaturgia*, org. Cecília de Lara, *op. cit.*, p. 404-7.

De algum modo, é importante acrescentar, se Alcântara Machado neste início de 1926 já perfazia uma mudança radical frente a seu início como crítico, três anos antes, ele ainda guarda algumas posições cristalizadas. A mais evidente é o reconhecimento de Leopoldo Fróes como uma entidade acima de qualquer crítica, a despeito deste ator representar tudo que havia de mais antigo e viciado no teatro brasileiro de então. Em fevereiro daquele ano, comentando a montagem de *Senhores do Mundo* (peça francesa que completara, à época, um ano em cartaz em Paris) pela Companhia de Fróes, no Teatro Municipal, o crítico sentencia: "Dos intérpretes de ontem, Leopoldo Fróes, que realizou sua festa artística, é o único merecedor de incondicional elogio"[36].

Dois dias depois, com a decisão do ator de dissolver sua companhia e embarcar para a Europa em "viagem de repouso", A. de A. M. confirma, indiretamente, o quanto tinha Fróes em alta conta. Só em 1932, quando escreveu o obituário do legendário ator, é que conseguiu formular um balanço final mais desfavorável a ele.[37] Mas, aqui, em 1926, numa de suas últimas críticas no *Jornal do Commercio*, a retirada de cena de Fróes serve-lhe para apenas manifestar sua impaciência com o teatro de prosa e confirmar sua mudança de posição frente ao circo. Se em *Terra roxa e outras terras* ele se permitia a retórica provocativa do modernismo já quase antropofágico, aqui, no diálogo com o seu leitor cotidiano, ele modula o discurso.

> Pronto! não há mais teatro em São Paulo! Fróes foi embora. Acabou-se. Tudo fechado. Uma tristeza. Qual o motivo? Falta de público? Está claro. Mas essa ausência de público é originada pela inexistência absoluta de boas companhias. A plateia de São Paulo já não quer mais saber de mambembes. Felizmente. E como para cá só vêm em geral mambembes, os teatros ficam vazios. Aí está. Diante dessa atitude justíssima de um público sempre ludibriado, os próprios conjuntos vagabundos (todos vagabundos são cínicos) abandonaram a praça. E então? Então paciência. É não dar o braço a torcer. E isso endireita um dia. Mais cedo ou mais tarde. Enquanto não chega esse dia, aí estão em pleno funcionamento os cinemas e os circos. Estes principalmente, às vezes são mais interessantes que os teatros. Às vezes? Quase sempre![38]

Nesse momento, já perfilado ao lado dos modernistas e muito próximo de Paulo Prado, ele passa a escrever também sobre o teatro em outras publicações. Na *Revista do Brasil*, na segunda fase editada por Prado, publica

---

36 *Ibidem*, p. 280.
37 "Não interpretava: interpretava-se. Cultivou o vício do herói simpático [...]. Morreu em 1932 absolutamente alheio ao teatro novo que a guerra formou. Nunca demonstrou perceber a função essencialmente socializante do teatro. E pelo nacional o que é que fez? Incentivou toda uma série de peçazinhas sem nenhuma importância [...]." *Ibidem*, p. 397.
38 *Ibidem*.

"Um aspecto da renovação contemporânea", o seu ensaio mais denso e informado sobre o teatro até então. Configura-se um amadurecimento teórico importante no seu modo de ver e pensar sobre o teatro moderno passado, e sobre o que seria um projeto de teatro contemporâneo.

> Na opinião dos ignorantes e dos ingênuos toda a evolução parece decadência. E o teatro de hoje segue o conselho de Gordon Craig: renova-se de alto a baixo. É outro. Esse conselho deu-o o cenógrafo inglês em 1908. Oportunissimamente. [...] E a tarefa do novo teatro começou acelerada e formidável. Nada escapou à renovação. Do cenário ao jogo dos atores, da concepção à realização do drama tudo se transformou. [...] Nunca o teatro ensaiou como agora tão intensamente o seu poder plástico. Prova-o a sua universalidade.[39]

O texto teoriza a renovação teatral como jamais antes em seus escritos e reflete, provavelmente, todo um novo cabedal de informações que ele colhera na viagem à Europa no ano anterior, com destaque sobretudo para uma percepção de novas formas espetaculares, distanciadas da literatura dramática e aproximadas da cultura popular, mas também revelando uma visão geral que incorporava a contribuição dos grandes renovadores da arte teatral do século XX até aquele momento:

> Meios de evocação, simultaneidade, movimento, plasticidade, perfeição rítmica, liberdade de fantasia — tudo isso o teatro dentro de suas possibilidades vem procurando imitar do cinematógrafo. Para lucro seu. Com o café-concerto aprende o traço rápido, a síntese fulminante, a força do burlesco, a instantaneidade cômica, o vigor caricatural, o imprevisto, o multiforme poder impressivo. [...] À tarefa da renovação entregam-se autores e diretores, decoradores e atores. [...] Olha-se a obra realizada por essas grandes forças orientadoras e centralizadoras: o francês Copeau, o inglês Craig, o alemão Reinhardt, o italiano Bragaglia, o russo Meyerhold.[40]

Em outro artigo publicado na *Revista do Brasil*, "Pelo réu", ele retorna à busca do contemporâneo arriscando definições que, vistas hoje à distância e já na contemporaneidade do século XXI, soam, mais que pertinentes, proféticas. O longo artigo inclui várias citações, inclusive uma de Jacques Copeau:

> Isto [Copeau se refere à sua peça] não é uma comédia nem um drama propriamente falando. É um jogo de teatro. Em lugar de restringir o interesse ao desenvolvimento de um caráter ou de uma intriga, procura

---

39 *Ibidem*, p. 347.
40 *Ibidem*, p. 346-9.

suscitá-lo pela variedade dos golpes, dos tons e dos movimentos. É um ensaio de divertimento ou, como se diz hoje, de teatro puro. Nada é levado ao extremo. Tudo permanece suspenso como num esboço onde se buscou a liberdade fugindo da extravagância.[41]

Já em 1928, escrevendo sob o pseudônimo de J. J. de Sá na seção "Caixa", do *Diário Nacional*, no artigo "Consolação", a visão teatral de Alcântara Machado, se persiste pessimista frente ao teatro brasileiro que existia, diferencia, no teatro francês, o passadismo de Bataille, que já nem é citado, e a insuficiência do teatro comercial, daquele nutrido e propagado no Vieux Colombier (mencionado como Atelier) por Copeau, ao mesmo tempo que se mantém o reconhecimento do palhaço Piolin como a melhor referência potencial para pensar o teatro brasileiro: "Neste tempo sem beleza só ele ainda nos resta, sabendo brandir o bengalão e soltar uma risadinha, rei do passo do urubu malandro e príncipe da pagodeira"[42].

O reconhecimento da indigência crônica do teatro nacional continua sendo um tema recorrente, como aparece no artigo "O infeliz", no fim de outubro de 1928, no mesmo *Diário Nacional*:

> Hoje em dia quem falar do teatro brasileiro deve sempre dizer, o falecido teatro brasileiro. Principalmente no que se refere ao teatro de prosa. [...] O repertório das companhias brasileiras é o seu atestado de óbito. Constitui-se todo ele de traduções e adaptações. Geralmente nas traduções e adaptações de peças muito bobas, francesas, alemãs, americanas do Sul e do Norte. [...] E o teatro brasileiro continua debaixo da terra. Este debaixo da terra fica aí com uma significação muito maior do que se possa pensar à primeira vista. Debaixo da terra tem morto. Tem. Mas semente também.[43]

Vale lembrar que de maio de 1928 a fevereiro de 1929 Alcântara Machado dirigiu a *Revista de Antropofagia* e que, já no primeiro número, assinou o artigo de capa, "Abre-alas", em que estabelecia um estilo de acordo com a radicalidade antropofágica, bem distinto dos textos publicados no *Jornal do Commercio* e nas outras revistas modernistas com as quais colaborou. Ali, ele assumiu um discurso agressivo e condizente com o próprio *Manifesto antropófago*, também publicado naquele primeiro número. Mas, de fato, A. de A. M. não escreveu nenhum artigo sobre teatro nos dez números da "primeira dentição" da *Revista de Antropofagia*, pelos quais foi responsável, o que não é irrelevante e denota que sua pena estava ali à serviço

---

41 *Ibidem*, p. 358-60.
42 *Ibidem*, p. 300.
43 *Ibidem*, p.305.

de causas maiores, ou distintas. Mas, na mesma época, continuou desenvolvendo sua teoria de uma teatralidade nova sobre a qual ainda tateava, como no artigo "Café-concerto", para o *Diário Nacional*, de 22 de dezembro de 1928, em que retomava este tema já tratado antes:

> Misto de circo e de teatro, o café-concerto ganha cada dia que passa maior prestígio. [...] Numa época em que o teatro procura voltar ao seu verdadeiro caráter de diversão, o café-concerto é de fato o espetáculo que maiores probabilidades de êxito reúnem e talvez aquele que pela sua universalidade pode, melhor do que qualquer outro, oferecer ao público a novidade porque anseia. [...] É um gênero que assimila todos os gêneros sem cansar o espectador. [...] Admite todas as fantasias: é um campo aberto. Arte condensada e ligeira feita para o sôfrego paladar moderno. Quando a teremos por aqui?[44]

Outro tema que retorna transfigurado em relação às suas primeiras críticas é o do público, já não responsabilizado pela mediocridade reinante e acumpliciado com a ruindade dos artistas:

> Velha mania dos autores e atores acusar o público pela banalidade das peças que fazem e representam. [...] Às vezes sem dúvida esse público de costas tão largas parece culpado. Há peças que merecem vaia e são recebidas com aplausos. Mas da sua falta de bom gosto são responsáveis os profissionais. A eles é que incumbe orientar e educar. O público (sobretudo o nosso) não passa de um instrumento nas mãos de autores e artistas.[45]

No mesmo *Diário Nacional*, duas semanas depois, Alcântara Machado, no artigo "Na previsão de um desastre", sintetiza em um parágrafo as questões do teatro moderno e da perspectiva brasileira frente a ele:

> O teatro moderno é uma arte de reação (muito diversa daquela incrível que anda pelos nossos teatros), independente, autônoma, que pede atores, encenadores e ensaiadores, nela educados, capazes de senti-la, compreendendo a finalidade e os segredos dela. Esses atores, encenadores, ensaiadores nós ainda não possuímos. O que existem só poderão estragar o chamado teatro de vanguarda se por ele se embarafustarem. E é sempre preferível vê-lo ignorado que mal servido.[46]

---

44 *Ibidem*, p. 317.
45 *Ibidem*, p. 319.
46 *Ibidem*, p. 325.

Para fechar esse arco, percorrido na tentativa de captar a mutação explícita no pensamento de Alcântara Machado sobre o teatro, sua modernidade e suas perspectivas no Brasil, talvez o artigo que contemple melhor o avanço programático que representou essa produção e a singularidade da reflexão nela substanciada seja "Teatro no Brasil", publicado em novembro de 1928 na revista *Movimento*:

> Essa história da salvação do teatro brasileiro é muito engraçada. Salvar o quê? Não existe nada. [...] No entanto o desejado indivíduo está aí no ventre da terra clamando por parteiro. Está aí na macumba, no sertão, nos porões, nos fandangos, nas cheganças, em todos os lugares e em todas as festanças onde o povinho se reúne e fala os desejos e os sentimentos que tem. A música nova disso tudo misturado nasceu. Por isso tudo misturado tem mais um filho. É o teatro bagunça, o teatro brasileiro. Ponhamos de lado uma vez por todas a mania do distinto, do educado, do fidalgo. [...] Tudo isso é imbecil e imbecil importado. Nós não temos distinção alguma, somos muito mal-educados e descendemos de imigrantes que ignoravam os gentis duelos à espada. O que importamos devoramos. Desconhecemos o assentado, vivemos na balbúrdia, a pândega é o nosso pão de cada dia e cada noite. [...] Ainda não conquistamos a terra. Ainda não conquistamos nada. [...] Que espécie de teatro podemos ter? Nossas tragédias acabam em maxixe e dedo na boca. Dramas sociais onde é que estão? A chamada alta-comédia é uma bobagem e no Brasil então uma bobagem ridícula. Teatro de ideias? Não temos ideias: só temos ideais. Depois não há nada mais cacete, mais artificial e lá fora mesmo mais desmoralizado. O teatro europeu por exemplo anda que anda louco atrás do princípio de onde veio. Para partir de novo em outra direção. Ora, o que ele procura é o informe que nós somos. Não saímos até hoje do princípio. E o princípio é a farsa popular, anônima, grosseira. É a desordem de canções, bailados, diálogos e cenas de fundo lírico, anedótico ou religioso. Coisa que entre nós se encontra no circo, nos terreiros, nos adros, nas ruas, nas macumbas. [...] Assim a fusão, (ensaiada por outros) de todas as expressões autênticas e mais ou menos disfarçadas de arte no teatro aqui no Brasil se verifica na vida. E em consequência o teatro nascido dessa fusão jogará forçosamente e naturalmente com ela. Esse recurso comum a geômetras e artistas — o absurdo — não é aqui invenção: é elemento de vida, intervém nela, é parte integrante dela. Este é o país sem lógica. [...] Nem nos faltam atores. Os que possuímos vêm quase todos de um meio familiarizado com a poesia capadócia, o ritualismo das pajelanças, as desordens da vagabundagem suburbana, os hábitos e a língua da gente dos blocos, dos fusos, das sociedades recreativas e tal. [...] mas (como já me disse numa carta

Manuel Bandeira) são admiráveis vivendo no palco a vida já vivida fora dele. Tem mais isto: o que Copeau à semelhança do que já se fez há cinco séculos está agora tentando — dar ao ator maior liberdade, favorecer a improvisação, colaborar no texto, considerar a personagem independente de quem a imaginou — entre nós é costume enraizado. O ator inventa na cena, enxerta as réplicas que bem entende. A personagem fica viva, espontânea, a gente tem a impressão de que ela está ali por sua própria vontade ou obedecendo ao seu próprio destino. [...] Por mil e uma circunstâncias, sem a intervenção de nenhuma vontade orientadora, o que outros procuram nós temos, mas não vemos. Tristeza. A geração que explodiu em 1922 [...] bem poderia criar o teatro no Brasil. Aí, sim, o campo é inédito e livre. Sem regras e sem modelos. Uma bagunça. Um teatro bagunça da bagunça sairá. *Ça ira?*.[47]

Referências

ALCÂNTARA MACHADO, Antônio de, *Obras* v. 1, *Prosa preparatória & Cavaquinho e saxofone*. Rio de Janeiro: Editora Civilização Brasileira, 1983.

_____. *Obras v. 2: Pathê Baby e Prosa turística: o viajante europeu e o platino*. Rio de Janeiro: Editora Civilização Brasileira, 1983.

_____. *Novelas paulistanas*. Rio de Janeiro: Livraria José Olympio, 1971.

_____. *Brás, Bexiga e Barra Funda: Notícias de São Paulo*, São Paulo: Imesp, 1982.

_____. *Pathê Baby* (ed. fac-similar). São Paulo: Imesp/Daesp, 1982.

_____. *Palcos em foco: Crítica de espetáculos / Ensaios sobre teatro / Tentativas no campo da dramaturgia*, org. Cecília de Lara. São Paulo: Edusp, 2009.

ANDRADE, Oswald; ALMEIDA, Guilherme. *Mon coeur balance/ Leur âme/ Histoire de la Fille du Roi*. São Paulo: Editora Globo, 2000.

CARVALHO, Sérgio. *O drama impossível*. São Paulo: Edições Sesc, 2023.

LARA, Cecília de. *Klaxon & Terra roxa e outras terras: dois periódicos modernistas de São Paulo*. São Paulo: Instituto de Estudos Brasileiros, 1972.

PRADO, Décio de Almeida. "O Teatro e o modernismo". Em: *Peças, pessoas, personagens: o teatro brasileiro de Procópio Ferreira a Cacilda Becker*. São Paulo: Cia. das Letras, 1993.

PUNTONI, Pedro; TITAN Jr., Samuel (org.) *Revistas do Modernismo, 1922-1929: A Revista/ Estética/ Klaxon/ Verde/ Revista Antropofágica/ Terra roxa e outras terras.* (edições fac-similares). São Paulo: Imprensa Oficial do Estado/ Biblioteca Brasiliana Guita e José Mindlin, 2014.

RAMOS, Luiz Fernando. "A arte do ator e o espetáculo teatral". Em: FARIA, João Roberto, *História do Teatro Brasileiro* — v. 1, *Das origens ao teatro profissional da primeira metade do século XX*. São Paulo: Perspectiva/ Edições Sesc-SP, 2012.

SARRAZAC, Jean Pierre, *Poética do drama moderno*. São Paulo: Perspectiva, 2012.

SIMÕES. Giuliana, *Veto ao modernismo no teatro brasileiro*. São Paulo: Fapesp/Hucitec, 2010.

VENEZIANO, Neyde. "Mutação à vista do público". Em: GUINSBURG, J.; FARIA, João Roberto; LIMA, Mariângela Alves de (org.). *Dicionário do teatro brasileiro: temas, formas e conceitos*. São Paulo: Perspectiva, 2006.

---

47 *Ibidem*, p. 375-7.

Oswald de

e o

PAU BRASIL

Andrade
teatro

O trecho de dramaturgia oswaldiana reproduzido a seguir é anterior à escrita de *O rei da vela* (1937), porém trata igualmente do universo dos agiotas paulistas tão bem conhecido do autor. Foi descoberto no acervo da família Oswald de Andrade e intitulado *Fragmento Garcia* pelo pesquisador Sérgio de Carvalho, sendo publicado pela primeira vez em 2003, no número 1 do periódico teatral *O Sarrafo*. Os personagens são: Silva, agiota português estabelecido em São Paulo, e seu funcionário mineiro Garcia, além do "Freguês" C1 (Doutor Fortunato).

Detalhadamente coloquiais e a oferecerem oportunidades para *nuances* de interpretação, os diálogos aludem inicialmente à passagem da iluminação a gás ou com velas para o sistema de lâmpadas elétricas, e então à negociação de uma letra de câmbio. A exposição do tema principal, em torno de empréstimos financeiros propriamente (agiotagem), envolve histrionismo de farsa e se estabelece por meio de uma fala de Silva, na parte final do fragmento.

[Alvaro Machado]

Fragmento Garcia

S. [Silva] — Ó Garcia! Ó Garcia! (pausa). Ó Garcia! (pausa) Este homem!... Garcia!

G. [Garcia] (de longe) — Pronto.

S. (continua chamando) — Garcia! Ó Garcia! Será possível?!

S. (pega uma lâmpada que está sobre a escrivaninha. Em outro tom) — Ó Garcia.

G. (calmo) — Que é?

S. — Pega essa lâmpida e vá ver se ela está morta ou ainda vive, a desgraçada.

G. — Hôme, essa agora! Isso não é serviço meu, isso é lá com Aristide, pergunte para ele, hôme, essa agora!

S. (exaltando-se) — Vá, homem, vá! Ninguém me ajuda! Eu é que tenho de ver tudo neste escritório. Ninguém me ajuda! Vá Homem de Deus, anda lá com isso! Mas que coisa! Por Deus do Céu. Qualquer dia eu ainda faço uma besteira!

G. — Mas que coisa! Isso não é serviço meu, isso é com o zelador, eu não entendo disso. (Pega a lâmpada e sai resmungando.) Que coisa, puxa vida. Português unha de fome, esse desgraçado. Quando é pra dá trabalho pra gente ele bem que sabe, mas quando é prá entrá com uma gaitinha pro futebó, não espirra nem um níquel.

S. — Ó Garcia! Tu não vens nunca com essa lâmpida!

G. (de longe) — Já vai, puxa vida, estou esperando o Aristides! Já disse que eu não entendo dessas coisas!

S. — Êta mineiro mole esse diabo! Não me ajuda em nada. Tenho eu que fazer tudo neste maldito escritório. (Pausa.) Não sei por que é que estou metido aqui dentro desta sala. Maldita hora em que inventei esta porcaria! Ó Garcia! Tu não vens mais?

G. (se aproximando) — Pronto, Sirva. Pronto, tou aqui. Eu já disse que não entendo desse negócio de lâmpada.

Precisei falar com o Aristides.

S. — Tu não entendes de lâmpidas, pois é, não entendes de lâmpidas. Tu só entendes de dinheiro, não é?

G. — Pois é Sirva. Eu entendo de dinheiro, mas não tenho um níquel. Você não entende e tem. Não é isso?

S. — Pois é, Garcia. Só entendes de dinheiro. (Pausa.) E por falar em dinheiro: cadê aquel documento que estava cá em cima da minha mesa?

G. — Eu sei lá de documento, não foi o senhor que guardou?

S. — Pois foi, homem de Deus, pois foi eu quem guardei o documento. Mas o que quero saber é onde é que está esse desgraçado de ducumento. Pois não vês que o raio do homem já marcou para vir aqui acertar as últimas clausas da escritur, e eu não acho o dicumento! Ai, minha Santa Maria! Ainda qualquer dia vendo tudo o que tenho e largo essa porcaria toda por aí. Não é possível continuar nesta vida! (Pausa.) Ainda hoje de tarde atirou-se pela janela do quarto andar daquela prédio da Sul América uma moça. Garanto que foi por muito menos do que eu passo. (Pausa.)

(Gritando.) Garcia! Ó Garcia! Onde foi que eu meti essa maldito dicumento!

G. — Ah, essa é boa. Eu é que vou sabê onde é que está o diabo do documento?

S. — Me ajuda, Garcia, me ajuda porque o homem vem aí pra ir ao tabelião e como é que eu vou fazer?

G. — Ah. Isso é que eu não sei.

S. — Ah! Valha-me Deus. Que vida esta que eu levo. Também... Eu vou é dar um jeito de vender tudo o que eu tenho e não trabalhar mais. Ó Garcia, me ajuda homem!

G. — Mas que coisa, eu é que tenho de saber onde é que está o documento desse camarada!

C1 (entrando) — Comendador...

S. — Dr. Fortunato, como vai o senhor?

C1 — Que olhar mais esquisito! Está olhando por baixo?

S. — É que um dos olhares é por baixo dos áculos e o outro é por cima.

C1 — E o de baixo, o que quer dizer?

S. — Nada Doutor Fortunato. Nada... Vamos ao que serve.

C1 — Pois é, seu Garcia. Como é que vai o meu negócio?

S. — O da letra?

C1 — Sim, o da letra.

S. — Pois é. Pois é... aquel desgraçado do Tafá não me apareceu ainda. Vou telefonar. Espere um pouco, vou telefonar. (Pausa. Barulho de disco telefônico). Eló! Eló! É do escritório do Tafá? É? Pois bem: o Tafá está aí?... Como?... Está em Santos?... Fazendo o quê?... Se tratanto?... De quê?... De resfriado?... Or'essa é muito boa. Então isso é hora de apanhar resfriados? E eu que faço? Estou com o freguês aqui perto de mim esperando um negócio que ele me prometeu e esse desgraçado me arranja um jeito de pegar um resfriado logo agora? Mas que coisa! Qu é eu que vou fazer? Mas meu Deus! Onde é que esse homem está com a cabeça? E... me diga uma coisa: quando é que ele volta?... Amanhã?... Mas que coisa! Só amanhã de tarde?... que foi?... Ele podia morrer?... Ora iessa é muito boa. Bem sei eu que el poderia morrer... Não, quem poderia morrer sou eu... Isto é, ele não poderia morrer porque está a cidade cheia de gente pra ele roubar e eu não tenho ninguém para roubar... Isso mesmo, eu bem poderia morrer... Até logo.... Não, telefonarei amanhã. (Barulho de quem desliga o telefone.)

C1 — Que foi?

S. — Esse desgraçado, cachorro de uma figa. Vai me apanhar um resfriado bem agora! Esses homens que têm dinheiro deviam morrer todos. Eles podem fazer isso. Quando têm uma porcaria de um resfriado, metem-se logo para Santos. Eu é que fico aqui me rebentando todo para servir os senhores. Veja só que calamitosidade.

C1 — O senhor está muito nervoso hoje, Seu Silva.

S. — Mas se não é para estar nervoso... Agora é que são elas. (Pausa.) Ó Garcia! Garcia! Não encontrou o dicumento?

G. — Ainda não.

S. — Ah! Mas que coisa horrível... Quando o diabo mete-se no meio dos negócios da gente, nem Cristo nos salva. Perdi um dicumento de uma importância enorme e não encontro o desgraçado papelzinho. O que é que vou fazer? Ai meu Deus!... Tenho a impressão que alguém me entra pela minha secretária a dentro à noite quando não estou eu aqui e vem mexer nas minhas coisas... Isso é coisa que se faça? Perder um dicumento de tão grande importância? E se pelo menos pudesse eu tirar uma segunda via, mas não posso, não posso, não posso! Ah! Sim... o seu negócio. Ouviu eu telefonar para o homem? Pois é, pois é esse desgraçado está em Santos. Veja só... Mas isso não tem importância. Vamos fazer o negócio do mesmo jeito. O senhor faz a letra e eu vou endossar. Isso tudo já está tudo desgraçado mesmo agora não adianta querer fazer mais nada. Mas.... O senhor precisa do dinheiro já? Pois é muito fácil. O senhor assina um cheque sem fundo mesmo. Não tem importância nenhuma porque depois o senhor deposita o dinheiro no banco. É claro que o senhô não vai fazer o cheque para hoje nem para manhã [e sim] para daqui a oito ou dez dias. Como? O senhor não está acostumado essas coisas? Ora, meu caro amigo! Eu já assinei tudo o que podia ser assinado na minha vida e aqui estou eu. Firme como nunca. É verdade que não tenho um níquel, mas estou firme. Se bem que qualquer dia eu vá por água abaixo, talvez até com o senhor mesmo, tanto que já estou tratando de vender a minha chácara ou

passar ela para o nome de outro degraçado qualquer porque do jeito que tudo isso vai, eu rodo qualquer desses dias.... Mas se o senhor quiser, o dinheiro está arranjado. Se o senhor tiver medo de assinar um cheque sem fundo, espere até que est[e] desgraçado cure o resfriado e volte de Santos.... É claro que pode? Claríssimo!... Então faça assim.... Como é que o senhor disse?... Quanto de juros? Ora! Antão o senhor ainda não sabe o sistema de Taufá? É por acaso a primeira vez que o senhor faz essas transações?... Pois é claro que é assim... É claro que o senhor vai pagar os juros. Antão sou eu que vou pagá-los (rindo). Ora essa é muito boa. Não faltava mais nada. Eu aqui me sacrificando pelo senhor, porque o senhor sabe que eu adiei uma viagem que devia fazer hoje para o Rio de Janeiro por causa deste negócio e ainda estou aqui?... Por sua causa e por causa deste maldito dicumento que perdi e não encontro. Ó Garcia! Garcia! Você ainda não encontrou o dicumento? Mas que coisa! Antão o senhor pensa que eu é que tenho de pagar os juros para o senhor? Pois nem para o meu filho eu não faria isso. Antendeu? Nem para o meu filho se o tivesse. Aliás eu nem sei bem por que é que trabalho tanto! Não tenho nem para quem deixar o pouco dinheiro que tenho, e o senhor sabe que o meu coração já não anda lá muito bom e que o médico me disse que eu não devia me exaltar... mas como não me exaltar. O senhor não acha que isso até é um absurdo? Como é que eu não hei de me exaltar se tudo me acontece na vida?... Se fui sempre um homem feliz? Ora tem graça, isso. Desde a minha infância eu trabalho e se ganhei o pouco que tenho foi a custa de esforço próprio porque nunca tive ninguém.
[Oswald de Andrade]

3.

Circo, chanchada e deboche no petardo do devasso

José Celso Martinez Corrêa,
com Alvaro Machado

Telão pintado e figurinos de Hélio Eichbauer para o segundo ato de *O rei da vela*, na montagem do Teatro Oficina, com direção de Zé Celso. Já em 1989, a mesma pintura serviria de capa ao álbum *Estrangeiro*, de Caetano Veloso, espectador assíduo da primeira temporada da montagem. Fundo Teatro Oficina/Arquivo Edgard Leuenroth.

Em 29 de setembro de 1967, com a estreia de *O rei da vela*, a demolidora sátira de Oswald de Andrade escrita entre 1933 e 1936 e publicada em 1937, o diretor José Celso Martinez Corrêa e o Teatro Oficina revelaram finalmente ao país o teatro do autor, que, à parte dos quase *vaudevilles* de juventude pouco significativos, escritos em francês com Guilherme de Almeida, é constituído pelas peças efetivamente modernistas e "antropofágicas" *O homem e o cavalo* (versão final em 1934), *A morta* (1937) e *O santeiro do mangue: mistérios gozosos em forma de ópera* ("poema teatral", 1936-1950), além do citado *O rei da vela* e do esquete *Panorama do fascismo*.[1]

---

1 As peças escritas com Almeida intitulam-se *Mon coeur balance* e *Leur âme*, ambas de 1916. Conforme texto ainda inédito do estudioso do teatro oswaldiano João Fábio Bittencourt, do Instituto de Estudos da Linguagem da Universidade de Campinas (Unicamp), existem ainda outros dois títulos teatrais do autor à mesma época: *A recusa: drama em 3 actos*, de 1913, e *O filho do sonho: drama em três actos*, de 1917 (peças manuscritas, inacabadas e inéditas). Já de extração modernista, há uma sátira da qual restou apenas fragmento, intitulado pelo pesquisador Sérgio de Carvalho *Fragmento Garcia*, escrito por volta de 1932 e publicado pela primeira vez na revista *O Sarrafo* (n. 1, São Paulo, mar. 2003) — reproduzido nas páginas 117 a 121 deste livro. Na compilação da obra teatral modernista e "antropófaga" de Oswald, considera-se também o esquete *Panorama do fascismo*, publicado pela primeira vez em setembro de 1937, e, ainda, um projeto de balé da segunda metade da década de 1920, com cenários de Tarsila do Amaral e música de Villa-Lobos: *Histoire de la fille de roi*, jamais montado.

Assim, por meio da iluminadora encenação de Zé Celso — a incorporar gêneros cênicos populares sugeridos nas rubricas oswaldianas —, e da protagonização de Renato Borghi, descobriu-se plenamente o teatro oswaldiano nunca antes levado ao palco, portanto com defasagem de trinta anos entre a escritura de extração "antropófaga" — radicalização, em 1928, do espírito modernista de 1922 — e a primeira *mise-en-scène*. Para além disso, a montagem de 1967 estimulou a redescoberta de toda a obra do escritor, que começara a ser reeditada timidamente em 1964.

Na visão do Oficina e de seu mentor, *O rei da vela* também moldou o horizonte artístico imediato do país nos anos 1960 e 1970, não apenas pelo impulso carnavalizador e anárquico a transpirar da encenação e das atuações, mas também pelos inovadores cenários, figurinos e maquiagens de Hélio Eichbauer (1941-2018). Somados tais elementos, a potência da montagem teria alimentado o ideário e a estética dos breves anos do Tropicalismo, movimento deflagrado quase concomitantemente na música popular — com a canção "Tropicália", de Caetano Veloso, composta meses antes e tornada título do álbum de 1968 — e nas artes visuais — com o penetrável homônimo de Hélio Oiticica, exposto também em 1967 no MAM-RJ —, porém ceifado com prisões, perseguições e exílios após o Ato Institucional n. 5 (AI-5), de dezembro de 1968. A conclamar ainda outras vertentes da resistência artística e política do período, *O rei da vela* contou com assistência de direção de Carlos Alberto Christo — o religioso e ativista político Frei Betto em seu tempo de crítico na *Folha da Tarde*. O frade dominicano baseou sua assistência em pesquisa e palestras para o elenco sobre a conjuntura brasileira da década de 1930, sobretudo a falência da aristocracia rural ao longo de processo de industrialização apoiado sobretudo no capital estrangeiro, tema central na peça oswaldiana. Porém, para Frei Betto, "com o espetáculo o teatro parecia atingir — e esgotar, também — seus recursos contestatários. A repressão e a censura apagaram a chama da última vela".[2]

A montagem foi dedicada em programa para Glauber Rocha, que em maio daquele ano lançara *Terra em transe*, obra determinante de rumos tanto para ele como para Caetano Veloso. Ao lado de Gilberto Gil, Caetano tornou-se, na memória de Renato Borghi, "plateia cativa" da temporada paulistana da peça, prolongada até dezembro de 1967, e também da trajetória carioca no Teatro João Caetano, um marco no verão carioca de 68, prestigiada pelos diretores do Cinema Novo e por Hélio Oiticica, Jards Macalé, Capinam e Torquato Neto, entre outros.[3] Já na memória de Veloso: "Em 1967,

---

2 Frei Betto, "Dramaturgo nunca duvidou da subversão, mas não conseguiu frear a ditadura apenas com a arte", *Folha de S.Paulo*, 8 jul. 2023, p. C5.

3 Caetano registrou, em seu livro Antropofagia: "Fui ver O rei da vela — a peça de Oswald de Andrade que o Oficina tirava de um ostracismo de trinta anos — cheio de grande expectativa. Mas não imaginava que iria encontrar algo que era ao mesmo tempo um desenvolvimento dessa sensibilidade e sua total negação. Zé Celso se tornou, aos meus olhos, um artista grande como Glauber. [...] Eu havia escrito 'Tropicália' havia pouco

Renato Borghi na nova versão de *O rei da vela*, pelo Teatro Oficina, em 2017. Foto: CPA/ Sesc – Alexandre Nunis.

tendo acabado de gravar *Tropicália*, vi *O rei da vela* e me vi ali. A revelação de Oswald, os cenários de Eichbauer, o Brasil nu e fantasiado, as pessoas sobre o palco atuando como nunca se fizera".[4]

A primeira semana da temporada de 1967 já contou com nove sessões semanais — anunciadas em jornais como "Vida, Paixão e Morte de um burguês brasileiro!" —, e a reação da maior parte do público foi de silêncio estupefato, a obedecer de certo modo a recomendação impressa no programa de não se aplaudir ao final. Em seguida, porém, a repercussão crítica, a encher páginas de jornais, selou o triunfo da montagem, e as reações evoluíram da mudez de choque à euforia e à vaia furiosa. Três meses depois seguiu-se o sucesso carioca, burburinho a provocar "deslumbramentos" no elenco, segundo Borghi, além de convite para excursão à França coincidente com os protestos de maio de 1968. Já em 1971, produziu-se a acidentada versão cinematográfica, com direção de Zé Celso e Noílton Nunes, filmada durante remontagem no Teatro João Caetano e em locações cariocas. Porém, o longa-metragem somente foi editado e lançado em 1982, no Festival de Cinema de Berlim. Os copiões, encarniçadamente visados pela censura da ditadura militar, haviam seguido a salvo na bagagem de Zé Celso quando o diretor partiu para o exílio europeu em 1974, e mais tarde acrescentaram-se à edição registros cinematográficos de atualidades brasileiras, a exemplo das greves do ABC paulista de 1978-1980. Também em 1982, o júri da crítica no Festival de Gramado premiou o filme, a angariar entusiasmos dos artistas e intelectuais que então puderam assisti-lo.[5] Em outubro de 2017, *O rei da vela*

tempo quando *O rei da vela* estreou. Assistir a essa peça representou para mim a revelação de que havia de fato um movimento acontecendo no Brasil. Um movimento que transcendia o âmbito da música popular" (São Paulo: Companhia das Letras, 2012, p. 47).

4 Postagem do cantor e compositor em Facebook, datada de 6 jul. 2023.

5 O poeta paranaense Paulo Leminski, por exemplo, observou, à época dessa estreia: "Um macroproduto cultural, um gigantesco ideograma da coisa brasílica, montado

Maria Alice Vergueiro (como Dona Cesarina) e Renato Borghi (Abelardo I) em cena do filme *O rei da vela* (1971-1982).

ganhou nova montagem do Oficina, em temporada no Teatro Paulo Autran (Sesc Pinheiros), comemorativa dos cinquenta anos da estreia, mais uma vez com caracterização do "rei" Abelardo I por Borghi, e, num segundo momento, por Marcelo Drummond.

A tardia presentificação dos conceitos modernistas no teatro brasileiro, no palco do Oficina, em 1967 — a preencher finalmente a profunda "lacuna teatral" lamentada por muitos dos participantes do movimento, de Mário de Andrade a Alcântara Machado e a Raul Bopp —, é rememorada neste texto por Zé Celso, via entrevista realizada em fevereiro de 2023. Como é comum em memórias de personalidades da classe teatral, o diretor recupera detalhes da gênese da encenação, a posicionar de maneira central também nomes à sombra — justa deferência a companheiras e companheiros em sistema colaborativo de criação —, a fim de preservar a memória da obra. Bate-se, dessa maneira, contra a efemeridade do "duende" teatral — fagulha imaterial e irrepetível da atuação, cercada por elementos cenográficos e de luz, bem como pela consciência ativa dos espectadores —, na tentativa de compensar a frieza e insuficiência dos registros audiovisuais e jornalísticos.

Em anacronismo perverso, muitos dos contextos referidos em 2023 pelo diretor permanecem ainda em conformidade com o "Manifesto do Oficina", publicado no programa da montagem inaugural de *O rei da vela* e nas edições da peça de 1967 em diante. A frase mais citada desse documento refere-se, justamente, ao primeiro anacronismo envolvido, o de 34 anos de intervalo entre a escritura da peça e a encenação: "O nosso problema era o do 'aqui e agora' [de 67]. E o 'aqui e agora' foi encontrado em 1933 [...]. Senilidade

---

com materiais diversos, de natureza heterogênea, de épocas diferentes, que ainda por cima nos chega todo furado de balas das refregas de anos contra a censura, a conspiração do silêncio, a má vontade dos bem pensantes, a inveja, o preconceito e outros pecados capitais. É modernismo de 22, antropofagia de Tarsila, comunismo militante dos anos 30, Cinema Novo, Concretismo, Oficina, Tropicália, Canudos tomando Brasília". Paulo Leminski, "Teses, tesões", em: *Ensaios e anseios crípticos*, Campinas: Ed. Unicamp, 2012.

mental nossa? Modernidade absoluta de Oswald? Ou pior, estagnação da realidade nacional?". A formulação ecoa o teórico a integrar a trupe do Oficina, o gaúcho Fernando Peixoto, exegeta de Bertolt Brecht e também intérprete do usurpador Abelardo II na primeira temporada de *O rei da vela*. Ele registrou, para o jornal *O Estado de S. Paulo*, em 23 de setembro, o mesmo mês da estreia: "Para o Brasil de hoje não existe, na dramaturgia nacional, texto com tanta atualidade, pensamento com tanta vigência, lucidez sociopolítica tão perturbadora. O que à primeira vista pode parecer o milagre de um escritor profeta em seu tempo, adiantado para o contexto em que viveu, é, na verdade, o inevitável resultado de uma triste realidade; o país está estagnado, sua potência freada, seu desenvolvimento é ilusório. E assim essa análise aguda, feita na época da gestação do Estado Novo, conserva validade para os dias de hoje".

Já conforme Décio de Almeida Prado, *O rei da vela* constituiria uma "bomba de retardamento deixada por Oswald de Andrade para explodir quando estivessem todos comemorando o seu passamento definitivo".[6] Em prefácio de livro publicado em 1985, a incluir análise da igualmente revolucionária adaptação de *Macunaíma* dirigida por Antunes Filho (1978), Décio aventou, ainda, que Mário e Oswald de Andrade seriam como estrelas a brilhar num céu distante e "não deveriam estar pouco admirados de que raios emitidos há tanto tempo e por espaço tão breve (a Antropofagia não chegou a durar três anos, não resistindo ao impacto conjunto da crise econômica e da troca de casais [por Oswald]) continuem a iluminar o caminho para o teatro mais avançado que se faz hoje no Brasil".[7]

Para Sábato Magaldi, a defasagem de três décadas na encenação de *O rei da vela* deveu-se à moralidade tacanha da classe média nos anos 1930, cristalizada pelos poderes em medidas censórias, conforme sua evocação de uma afirmação do ator Procópio Ferreira sobre a estreia no Oficina , em 1967: "Como eu poderia interpretar essa peça então, se a Censura impedia que se pronunciasse no palco a palavra 'amante'?". Segundo o crítico, por essa razão "não coube a Oswald de Andrade a primazia da criação do teatro brasileiro moderno", título ostentado por Nelson Rodrigues ao estrear, em 1943, *Vestido de noiva*, no Rio de Janeiro, com o grupo Os Comediantes dirigido por Ziembinski[8], a suscitar, assim, eterno ciúme oswaldiano. Porém, fato talvez ignorado pelo antropófago, no processo de formação da brilhante companhia carioca, seus artistas estudavam, justamente, poemas e romances do primeiro modernismo brasileiro.[9]

---

6 Décio de Almeida Prado, "Uma perspectiva crítica sobre Oswald de Andrade", texto publicado originalmente em *O Estado de S. Paulo*, 8 out. 1967.

7 *Idem*, "Prefácio", em: David George, *Teatro e antropofagia*, São Paulo: Global, 1985.

8 Sábato Magaldi, "O país desmascarado", em: Oswald de Andrade, *O rei da vela*, Rio de Janeiro: Globo, 1990.

9 Ver a introdução deste volume e a declaração da atriz e diretora Luíza Barreto Leite (1909-1996), uma das fundadoras do grupo e integrante da montagem original de *Vestido de noiva*, em filmagem de arquivo incluída no documentário *Zimba* (2021), do diretor Joel Pizzini.

José Celso Martinez Corrêa interpreta Dona Poloca na remontagem de *O rei da vela*, Teatro Paulo Autran, 2019. Foto: CPA/Sesc – Alexandre Nunis.

Nas declarações a seguir, são abordados ainda outros aspectos do teatro oswaldiano e da encenação do Oficina. Com a palavra, Zé Celso:

Oswald de Andrade construiu uma obra dramatúrgica antropófaga desde o lema "Tupi or not tupi", do Manifesto Antropófago de 1928, ou mesmo antes, nos poemas de *Pau Brasil* [*Cancioneiro de Oswald de Andrade*, impresso em Paris em 1925, com ilustrações de Tarsila do Amaral], e nesse livro o modernismo acontece também pela bela bandeira brasileira de Tarsila com a inscrição PAU BRASIL na faixa central, em lugar de ORDEM E PROGRESSO. E ainda um pouco antes se manifestou nos textos de *Memórias sentimentais de João Miramar* [1924]. As peças da juventude de Oswald, em francês, eram muito fracas e ruins de montar, comentando as vidas de *socialite*s, mas, após o casamento com Tarsila, ele tornou-se o modernista que conhecemos. E depois, ao casar com Pagu [Patrícia Galvão], transformou-se também num revolucionário comunista. Tenho muito carinho pela memória de Pagu, e uma vez, quando o Teatro Oficina ganhou um prêmio em Santos com peça minha [*A incubadeira*, II Festival de Teatro de Estudantes, de Paschoal Carlos Magno, 1959], ela, completamente bêbada, montou em minhas costas como um bicho-preguiça e ficou "horas" em cima de mim. Ali me deu um "passe" [espiritual] violento; recebi muita coisa nesse passe.

Segundo os ensaios sobre Patrícia neste volume, também Oswald teria levado "passe" definitivo da companheira, a influenciar o processo de criação — dez anos antes de *Vestido de noiva* — tanto de *O rei da vela* como das peças subsequentes do modernista. Ao longo de sua longa viagem internacional deslanchada em 1933, Pagu se avistara com Meyerhold na Rússia — "o maioral

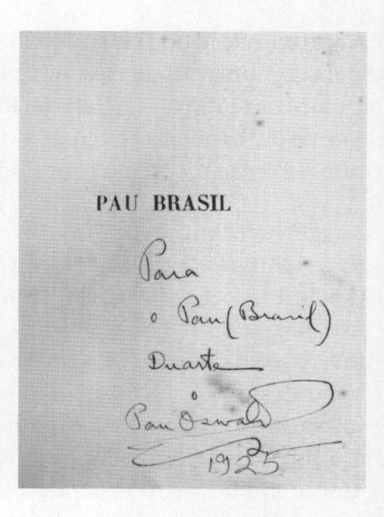

PAU BRASIL

Capa de Tarsila do Amaral para o
cancioneiro de Oswald de Andrade.

Dedicatória de Oswald de Andrade
para Paulo Duarte em exemplar de
Pau Brasil (1924): "Para o Pau (Brasil)
Duarte, o Pau Oswald, 1925".

do teatro por aqui", escreveu ao companheiro[10] — e assistira a criações da vanguarda teatral europeia, transmitindo impressões ao marido, que reescreveu sua primeira peça antropofágica até a publicação, em 1937. As propostas de Meyerhold encontram-se, ainda, na raiz da ideia oswaldiana de "teatro de estádio" que informa *O homem e o cavalo*, e por conseguinte nas proposições cênicas de Martinez Corrêa a partir de seu retorno do exílio, ao montar essa peça numa única noite de 1985, como se verá a seguir.

Para Sábato Magaldi, "são numerosas as razões para se atribuir a *O rei da vela* o papel fundador de uma nova dramaturgia no Brasil": "O texto representa o exemplo inaugural de um teatro concebido segundo os princípios do modernismo; em vez de uma análise rósea da realidade nacional, propõe uma visão desmistificadora do país; a paródia substitui a ficção construtiva, e a caricatura feroz evita qualquer sentimento piegas; em lugar do culto reverente ao passado, privilegia-se o gosto demolidor de todos os valores; renega-se conscientemente o tradicionalismo cênico para admitir a importância estética da descompostura".[11]

---

10 Correspondência enviada de Moscou a Oswald, arquivada no Centro de Documentação Cultural Alexandre Eulálio (Cedae), do Instituto de Estudos da Linguagem da Unicamp. Código de referência: OA 02 2 0257. Ver transcrição de trechos no ensaio "Patrícia Galvão e seus olhos livres", p. 187-8.

11 Sábato Magaldi, "O país desmascarado", *op. cit.*, p. 7.

A aproximação do Teatro Oficina com a "descompostura" oswaldiana deu-se pela combinação de três leituras aprofundadas da peça, de um lado por dois teóricos teatrais — o italiano Ruggero Jacobbi e o gaúcho Luiz Carlos Maciel — e de outro pelo ator Renato Borghi, um dos fundadores do *ensemble* paulistano. Zé Celso recorda o processo pelo qual a peça lhe chegou:

> Ruggero dirigiu [em 1950] *A ronda dos malandros*, versão da *Ópera dos malandros* [1728] de John Gay, no Teatro Brasileiro de Comédia [TBC, montagem com Cacilda Becker, Nydia Lícia e Sérgio Cardoso], e no final incluiu um poema de Cruz e Souza, a "Litania" ["dos pobres"], interpretada como um coro cantado. Portanto, ouvia-se no teatro: "Os miseráveis, os rotos/ são as flores dos esgotos./ São espectros implacáveis/ os rotos, os miseráveis". Era um espetáculo muito ousado, e o [proprietário do TBC] Franco Zampari não gostou e o mandou embora.[12] Então, em 1958 Jacobbi foi para o Rio Grande do Sul e começou a ler toda a dramaturgia brasileira disponível para ele. E quando topou com as peças de Oswald de Andrade "pirou", e conversou lá a respeito com o Luiz Carlos Maciel. Em 67, numas reuniões que fazíamos na Aliança Francesa do Rio, já buscando caminhos, porém numa fase ainda brechtiana, agregávamos pessoas como a Odete Lara, a Betty Faria e o Maciel, que me entregou a peça, mas na minha primeira leitura achei-a demagógica, não entendi. Mas aí fizemos leitura num apartamento maravilhoso em Ipanema, da Germana De Lamare, jornalista e atriz que trabalhou em *Pequenos burgueses*,[13] filha de um grande médico. Estavam também o Gustavo Dahl, a Ítala Nandi, o Fernando Peixoto e o Renato Borghi.

Em vez de "reuniões na Aliança Francesa", Borghi refere-se, num depoimento, a "tardes de laboratórios teatrais" no Teatro Maison de France, no Rio de Janeiro, no próprio ano de 1967 em que o Oficina fazia enorme sucesso na cidade com seu Festival Retrospectivo.[14] A estada carioca prolongou-se por nove meses, após o incêndio criminoso do Teatro Oficina em São Paulo, e num desses laboratórios Luiz Carlos Maciel teria palestrado sobre *O rei da vela*. Ainda segundo Borghi, numa de suas viagens de retorno a São Paulo, a fim de fiscalizar obras de reconstrução do Oficina, o ator encontrou em suas estantes uma antiga edição da peça, que passou a reler com espanto crescente.

---

12 Versão corroborada, entre outros historiadores, por Alberto Guzik em *TBC: crônica de um sonho* (São Paulo: Perspectiva, 1986, p. 41). Para Décio de Almeida Prado, porém, a montagem foi retirada de cartaz pelo motivo de não ser boa ("TBC: o Teatro Brasileiro de Comédia revê seus 50 anos", *O Estado de S. Paulo*, 10 out. 1998, Caderno 2, p. D-7).

13 Germana De Lamare (1937-2020) foi repórter e editora de Cultura do *Correio da Manhã* (RJ) e também atriz. Participou da montagem do Teatro Oficina de *Pequenos burgueses*, de Górki, no papel de Tzvetaieva, entre 1965 e 1971.

14 Renato Borghi, "Posfácio", em: *O rei da vela*, São Paulo: Companhia das Letras, 2017, p. 82-3.

Como Magaldi e Maciel, o teórico e diretor italiano Ruggero Jacobbi reservou lugar especial a *O rei da vela* e a Oswald na dramaturgia brasileira: "À primeira vista, estaríamos tentados a dizer que, enquanto no *Homem e o cavalo* a multidão de referências práticas e satíricas tende a engendrar um verdadeiro caos rabelaisiano, um labirinto onde nem sempre a Ariana da poesia tem um fio preparado para nós; enquanto, em *A morta*, o solene e macabro hermetismo da concepção trágica não chega, quase nunca, a ser resgatado pela linguagem, que permanece declamada e abstrata; a comédia *O rei da vela*, ao contrário, manifesta um desembaraço de invenção, um estado de graça, uma louca e imprevista beleza que já pertencem ao mundo do teatro".[15]

De volta à memória da descoberta, por Martinez Corrêa:

> Quando Renato nos leu, em Ipanema, interpretando todos os papéis, ele nos revelou a peça. Ele vem de uma formação carioca, e com a sua família assistia a Jaime Costa, Labanca, Fregolente e a outros grandes atores da época, que falavam muito melhor que os atores do TBC paulista, salvo a Cacilda, que tinha o seu estilo. Renato também havia assistido, em sua juventude, a muito Oscarito, Grande Otelo e Dercy Gonçalves, e sua leitura nos trouxe tudo isso.
>
> *O rei da vela* se passa no universo de credores e agiotas da capital paulista vivido por Oswald,[16] mas foi escrita na ilha de Paquetá (RJ), e o segundo ato se passa numa praia do Rio de Janeiro. É uma peça de São Paulo, mas desde seus primeiros livros o Oswald trazia essa coisa universal de "Tupi or not tupi", reportando aos índios brasileiros, que transcendem o nacionalismo burguês e avançam para algo cósmico, da Terra inteira. Com a Antropofagia, de 1928 em diante, ele foi descobrindo seu verdadeiro estilo. E a liberdade cênica de *O rei da vela* também é inspirada, em minha visão, por Meyerhold. Talvez Oswald tenha conhecido esse tipo de encenação em Paris. Quando publicou a peça, em 37, já estava casado com a poeta Julieta Bárbara, mas é possível que para a escrita tenha recebido influências de Pagu, alguns anos antes.[17] O teatro de Oswald não tem sequência no teatro brasileiro moderno, nem no TBC nem em lugar nenhum; somente o Oficina o inseriu na linha teatral brasileira, em 67. Ele estava no obscurantismo, não acreditavam nas suas peças. E, quando descobrimos o Oswald, também o Augusto e o Haroldo de Campos o redescobriram: foi uma bela coincidência.

---

15 Alessandra Vannucci, *Crítica da razão teatral: o teatro no Brasil visto por Ruggero Jacobbi*, São Paulo: Perspectiva, 2005, p. 100.

16 Ver, a respeito, o testemunho "Quem é o Rei da Vela", de Oswald de Andrade Filho, reproduzido em *O Estado de S. Paulo*, 23 set. 1967 (p. 42) e incluído em *Dia seguinte & outros dias* (São Paulo: Códex, 2004).

17 Ver, neste livro, o texto de Maria Lívia Goes sobre Patrícia Galvão, p. 178-93.

Em dois artigos publicados na imprensa carioca pouco antes da estreia paulista de *O rei da vela*, Haroldo de Campos lembrou sua primeira avaliação do teatro oswaldiano, em setembro de 1957, no *Jornal do Brasil*: "Algo entre a gesta ubuesca [de *Ubu rei*] de [Alfred] Jarry e o teatro de agitação [*agit prop*] gesticulante e veloz de um Maiakóvski". O poeta e tradutor remeteu, ainda, a um artigo de outro concretista, Décio Pignatari, publicado em 1958 — "Oswald de Andrade: riso (clandestino) na cara da burrice" —, que, à parte análise de *O rei da vela*, chamava a atenção para a importância de outra peça: "Em matéria de ideias, o prólogo de *A morta* sobre os conflitos do homem burguês que se escalpa com a fina faca marxista é único", ou seja, o próprio Oswald.[18] Além de remissões a Maiakóvski e à sua peça *O percevejo*, cultuada por Patrícia Galvão (Pagu), Haroldo também lembrou que Oswald citou o diretor e teórico Vsevolod Meyerhold e o teatro russo em seu texto "Do teatro, que é bom", de 1943.[19] Ainda em seu artigo, Haroldo fez coro a outros críticos ao apontar as afinidades *in germe* de *O rei da vela* com Bertolt Brecht e seu efeito dramatúrgico de distanciamento crítico, ou "anti-ilusionismo", bem como com a estética do grotesco, a recordar conceito do germanista Wolfgang Kayser: "O grotesco é uma estrutura [...] e sua essência pode ser descrita com a seguinte fórmula: 'O grotesco é o mundo tornado estranho'". Para Campos, "ao nível da tessitura linguística, certas consonâncias de *O rei da vela* concorrem ainda para fazer dessa obra, aparentemente desleixada e caótica, um raro e alto momento de nossa dramaturgia, onde o teatro de tese se resolve inteiro em texto necessário e criativo".[20]

O paralelo de efeitos de estranhamento contidos tanto em textos de Brecht como de Oswald nos anos 1930, já presentes em diversas passagens de *O rei da vela* e reforçados na encenação do Oficina, também é apontado por Zé Celso:

> Logo que nos reunimos para ensaiar, o Oficina era um teatro recém-queimado pelo CCC [Comando de Caça aos Comunistas] e reconstruído pelo [arquiteto e cenógrafo] Flávio Império. E havia, ali, muito do Brecht que o Flávio viu na Europa: por exemplo aquele palco giratório, no qual também fizemos *Galileu Galilei* [1968] etc. Mas Oswald, além de ter o distanciamento [dialético], foi muito mais longe que Brecht, que era ideológico, com dramaturgia didática, enquanto *O rei da vela* não tem nada de didático.

Sobre a transposição brasileira de recursos dramatúrgicos do autor alemão, também Borghi lembra: "Tanto Zé como Fernando Peixoto e eu

18 Haroldo de Campos, "Uma leitura do teatro de Oswald", em: *O rei da vela, op. cit.*, 1990.
19 Oswald de Andrade, *Obras completas 5: Ponta de lança*, Rio de Janeiro: Civilização Brasileira, 1971.
20 "A estrutura de O rei da vela" e "Da vela à vala", artigos publicados no Correio da Manhã, do Rio de Janeiro, respectivamente em 27 ago. 1967 e 10 set. 1967. Reunidos sob o título "Uma leitura do teatro de Oswald" para a edição 1990 da peça pela Editora Globo (p. 17-29).

tínhamos feito um estágio na companhia de Brecht. Ficamos encantados com a riqueza de possibilidades apresentada pelo palco giratório do Berliner Ensemble".[21] Já Zé Celso recorda, sobre a concepção cênica de *O rei da vela*:

> Depois do golpe de 64, estávamos sempre procurando uma peça que significasse tudo o que vivíamos e até lançamos um concurso drama-túrgico, e para ele o Dias Gomes mandou uma peça, *O túnel*, mas nós achamos que não tinha que ver. Chegamos a pedir para o [estilista] Dener desenhar um modelo para a nova peça... Enfim, por todo lado a gente procurava algo que exprimisse o que queríamos exprimir e não encontrávamos, não reconhecíamos em nada o que sentíamos naque-le momento. Finalmente, a leitura do Borghi de *O rei da vela* revelou. Depois, num Carnaval em São Paulo, fiquei sozinho em minha casa no Bixiga, em recuperação de um tratamento da garganta, e recebi um número da revista *Time*. Na capa estava o general Costa e Silva com uma palmeira atrás: era uma reportagem grande sobre o Brasil. E ao mesmo tempo em que eu lia, tocou no rádio *Yes, nós temos bananas*, a marchinha carnavalesca do Braguinha, e a minha cabeça imediata-mente se abriu para a peça de Oswald.

Capa da revista *Time*, edição de 21 de abril de 1967, citada por José Celso Martinez Corrêa.

Porém, a começar pelas de Zé Celso e Renato Borghi, cabeças foram "abertas" às centenas com a redescoberta de Oswald pelo Oficina, conforme Luiz Carlos Maciel em artigo para o hebdomadário *O Pasquim*, publicado um mês após a estreia de *O rei da vela*. O articulista projetou o movimento de 22 em perspectiva histórica: "Nos colégios, as novas gerações aprendem que os modernistas foram apenas um grupo de inovadores formais, uma companhia de sapadores com a missão única de limpar terreno para nossa

---

21 Renato Borghi, "Posfácio", em: *O rei da vela, op. cit.*, 2017, p. 84.

literatura moderna, e Oswald apenas mais um deles, entre tantos outros. O sangue que animava a subversão modernista foi congelado, traído e atirado criminosamente à lata de lixo da História. No longo combate do século, os valores estabelecidos voltaram a vencer o segundo assalto". Porém, ainda segundo o articulista, a partir do início da reedição das obras de Oswald, em 64, e da encenação da peça, "jovens intelectuais — mais jovens que os ingênuos envelhecidos da Geração de 45 — passaram a caçar, entusiasmados, antigas edições nas bibliotecas dos amigos mais velhos".[22]

Já o diretor do Teatro Oficina foi "beber" diretamente na fonte:

> Enquanto o grupo excursionava pelo país com *Pequenos burgueses,* fiquei em São Paulo e visitei o filho de Oswald, Nonê de Andrade, que me abriu o baú do pai. Ali mergulhei e li tudo que podia. Percebi então toda a grandeza de Oswald, e não somente a do teatro, mas inclusive a de seus tratados filosóficos. E havia ali uma tese muito oportuna para os dias atuais: "A crise da filosofia messiânica" [1950], quer dizer, essa coisa horrível de ficar esperando Godot. Havia outra, sobre a Inconfidência Mineira, "A Arcádia e a Inconfidência" [1945], que ele chamava "A Revolução dos Poetas". Realmente, eles fizeram essa *revolução,* e a eles juntou-se o Tiradentes, e no fim os poetas foram enviados à África, e o alferes foi enforcado. Com outra tese dele, "A marcha das utopias" [ensaio de 1953], pude colocar em prática o que aprendi em leituras de minha adolescência sobre a diferença entre ideologia e utopia, e isso foi muito importante para me revelar o trabalho de Oswald.[23]

A partir das leituras de Zé Celso e Borghi e da montagem do Oficina, "o duro trabalho de redescoberta de Oswald de Andrade" parecia "afinal completado", segundo escreveu Maciel em outubro de 1967: "Tenho certeza de que, daqui por diante, a cultura brasileira cairá cada vez mais sob o signo da Antropofagia, em seu sentido mais profundo. Não basta uma cultura e uma arte autenticamente nacionais. Precisamos que elas sejam também combativas e que devorem, literalmente, os valores da tradição. No longo combate do século XX, a obra de Oswald de Andrade ainda é uma arma importante para a decisão do terceiro assalto".[24]

O fundador do Oficina confirma Maciel quanto ao sentido de tal redescoberta:

---

22 "A volta de Oswald de Andrade", em: Cláudio Leal [org.], *Underground: Luiz Carlos Maciel,* São Paulo: Edições Sesc, 2022, p. 38-9.
23 *Ibidem.*
24 *Ibidem.*

Os ensaios tomaram pouquíssimo tempo, porque de imediato nós descobrimos absolutamente tudo, e eu já havia estudado muito no baú do Nonê. E a obra de Oswald só começou a ser republicada com mais força em edições com análises e notas após a montagem de *O rei da vela* e dos estudos dos irmãos Campos, que falavam de sua importância e de sua visão das coisas a partir do hemisfério Sul, quer dizer, a partir dos povos autóctones e do matriarcado, buscando extirpar as influências da chamada civilização do hemisfério Norte e de seu imperialismo.

Influências contra as quais bateu-se incansavelmente o escritor "antropófago", conforme identificado também por Maciel, já em recorte foucaultiano de prevalência de superestruturas de poder ao longo de quase dois mil anos: "Nenhum outro escritor brasileiro entrou tão fundo quanto ele nessas áreas perigosas da investigação espiritual. É muito mais simples aceitar a ordem social existente, ou negá-la, abstratamente, panfletariamente, com o passe de mágica revolucionário. Oswald de Andrade atacou seus inimigos mais próximos onde eles continuamente nascem e crescem: a família patriarcal, instituição destinada a assegurar a formação de estruturas psíquicas favoráveis a todos os usos e abusos das classes dominantes. O primeiro e mais importante lugar de reprodução psíquica da ordem social é a família patriarcal, que cria, entre inúmeros fetiches mentais, a obediência religiosa à autoridade, uma moral sexual que violenta o instinto e uma tradição que, apesar de irracional, é apresentada como merecedora de respeito absoluto. Contra tais fetiches, Oswald de Andrade nunca deixou de lutar".[25]

O culto dos referidos "fetichismos" instituído pela chamada tradicional família brasileira e por sua estética foi retratado na montagem 1967 de *O rei da vela* por via direta, conforme Zé Celso:

O [cenógrafo] Hélio Eichbauer estudou com o mestre [Josef] Svoboda. Eu o conheci em Praga e o convidei, porque vi que ele percebeu imediatamente que nossa montagem era uma "outra coisa". Foi buscar roupas da família dele, que apareceram em cena subvertidas; e dessa maneira ele ajudou a trazer o que seria a Tropicália. Oswald de Andrade, na nossa encenação de *O rei da vela,* é a origem da Tropicália. Caetano Veloso foi à estreia e ficou absolutamente apaixonado. O processo antropofágico do trabalho foi ecoar no de Caetano, no de Gil, no de Tom Zé, foi uma devoração que abriu um caminho enorme. Hélio Oiticica viu, e também todo o pessoal do cinema... Teve, enfim, um público muito amplo, porque revelava muito sobre o presente que a gente vivia após a instalação da ditadura, e ao mesmo tempo apontava para o futuro, para outra coisa. Chacrinha não foi ver porque achava que o nome do personagem principal, Abelardo, era uma esculhambação com ele. Pelo contrário, de

---

25 *Ibidem.*

O rei da vela, 1967: José Wilker com maquiagem idealizada por Hélio Eichbauer. Foto: Fundo Teatro Oficina/Arquivo Edgard Leuenroth.

certa maneira foi o próprio Oswald quem inventou o Chacrinha, porque na TV o apresentador fazia uma coisa parecida à Antropofagia. Enfim, nós trabalhávamos as coisas da época, e Chacrinha também era um fenômeno da época, um signo de transformação, assim como os trabalhos dos irmãos Campos e de outros, gente com outra visão de mundo.

Sobre o animador de auditórios José Abelardo Barbosa de Medeiros (1917-1988), Renato Borghi recorda: "Nossa musa foi Chacrinha, signo absoluto do caos-transe tropical popular".[26]

Quanto à estrutura de três atos da peça e os gêneros populares e operísticos sugeridos por diálogos e rubricas do autor para detalhes de cenários, figurinos etc., Zé Celso recapitula:

Oswald criou um teatro absolutamente brasileiro, com picadeiro de circo-escritório no primeiro ato, e no segundo uma espécie de teatro de revista ou de chanchada numa praia da Baía da Guanabara, com aquele telão maravilhoso que o Eichbauer criou para a peça e se tornou depois capa do disco de Caetano Veloso, *Estrangeiro* [1989]. E nós montamos como se montava o teatro de revista, numa linha popular muito forte, porque eu também vi muito Oscarito, Grande Otelo, Mara Rúbia e Virgínia Lane.

---

26 Renato Borghi, "Posfácio", *O rei da vela*, *op. cit.*, 2017, p. 84.

Dina Sfat como Heloísa de Lesbos, Rio de Janeiro, 1968. Fundo Teatro Oficina/ Arquivo Edgard Leuenroth.

Para a caracterização de domador de feras do agiota Abelardo I indicada por Oswald, à frente da jaula dos seus devedores, e para outros elementos circenses no primeiro ato, o autor valeu-se de sua familiaridade com o "circo de cavalinhos" do genial Piolin (Abelardo Pinto, 1897-1973), seu admirado amigo palhaço, que pretendia ver no papel principal de *O rei da vela*. Prossegue Zé Celso:

> O terceiro ato já era a "tragicomédia-orgia", o drama trágico de uma qualidade incrível e ao mesmo tempo engraçado. A última cena, com o palco girando e a *Aquarela do Brasil* na voz de Francisco Alves, é uma espécie de opereta de missa negra, com a cortina vermelha com as máscaras da tragédia e da comédia e caveiras descendo do teto sobre o cenário, os atores com véus pretos no rosto e aquele nosso boneco de madeira enorme, com um canhão como "pau", que despedaçava os clientes e o próprio Abelardo no final. A censura foi ao teatro e sequestrou o canhão do boneco numa caminhonete.

Sobre as críticas de teóricos brasileiros em torno de suposto "sexismo", ou "troça preconceituosa"[27], de Oswald ao conferir homossexualidade aos rebentos da decadente família burguesa, nos personagens Totó Fruta-do-Conde, Heloísa de Lesbos e Joana/João dos Divãs — para Sábato Magaldi, porque "o desregramento sexual sempre se associa aos hábitos dos donos do dinheiro"[28] —, Zé Celso considera que a intenção do autor se expande em direção contrária:

---

27 Cf. João Roberto Faria (org.), *História do teatro brasileiro*, v. 2, São Paulo: Perspectiva/ Edições Sesc, 2013, p. 31.
28 Sábato Magaldi, "O país desmascarado", op. cit., p. 14.

Em nossa montagem, tanto a Ítala Nandi como depois a Dina Sfat faziam uma Heloísa de Lesbos em *gay* belíssimo, à *la* Marlene Dietrich, com terno e chapéu brancos, e com a maquiagem maravilhosa criada por Hélio Eichbauer. E eu faço o texto absolutamente como ele é, porque o Oswald não carrega esse preconceito. O Totó Fruta-do-Conde é uma bicha tão louca que evolui para algo pendente para o trágico — "Eu sou uma fracassada!" etc. —, e inclusive na versão que fizemos em 2017, com o ator Túlio Starling magnífico no papel, ele é um fracassado, mas termina indo alegremente para o mangue com o Miguelão, numa esculhambação libertária. Como eu também sou *gay*, não tenho problema com o retrato, e até incentivei a bicha-palhaça, numa perspectiva não de gozação, mas de exaltação.

Mário brigou com Oswald por causa de ele dizer que Mário tinha a bunda do Oscar Wilde, e nunca mais falou com ele. Oswald fez de tudo para fazer as pazes, porque o amava, mas não conseguiu. Mas o próprio Oswald tem os seus episódios *gays*: em *Serafim Ponte Grande,* ele está conversando com um personagem, o Pinto Calçudo, e de repente fica de pau duro por causa do outro. Era, na verdade, um devasso total: foi inicialmente muito rico e gastou o que pôde para a sua obra. Casou várias vezes, teve inúmeras amantes e uma vida muito pródiga, empregando todo o dinheiro da família no jornalismo, na filosofia, no teatro, na poesia, tudo para somar essa obra maravilhosa. Foi um pansexual, e no final do *Serafim*, por exemplo, colocou um navio com todo mundo fodendo sem parar, o tempo todo, o cruzeiro parando em terra somente para pegar abacates.

Quando fizemos o *Gracias, Señor* [1972], incluímos esse navio de *Serafim*, com uma bandeira desfraldada com as palavras "El Durazno": uma coisa machista, porque isso significa um "pau" duro, e nós não falávamos em buceta. Nessa cena do livro, acontece de tudo com as madames etc., e o Serafim dizendo: "Eu *derrabei* a dona Lalá!". É muito engraçado! Essas composições de *O rei da vela* nada têm que ver com preconceito, mas com um sujeito muito bonachão. Em 67 o ator de Totó foi o Edgard Gurgel Aranha, extraordinário. E na versão de cinema, com o maravilhoso Carlos Gregório como Totó, nós filmamos no próprio mangue carioca, e, no final, quando o ator dizia "Eu sou uma fracassada!" e saía correndo, todos dispararam atrás, e ele acabou caindo e quebrando a perna.

Zé Celso trabalhou ainda outras duas obras teatrais de Oswald. *O homem e o cavalo* subiu ao palco pela mão do diretor e espalhou-se por todos os espaços do amplo Teatro Sérgio Cardoso, em São Paulo, numa única noite de 1985, a preconizar o "teatro-estádio" sugerido pelo autor e por Meyerhold. O encenador recorda:

Capa da primeira edição da peça de 1934, com desenho do filho do autor, Nonê, assinado J.O.A (José Oswald de Andrade).

Capa com desenhos de Tarsila do Amaral para o livro de Oswald lançado em 1927.

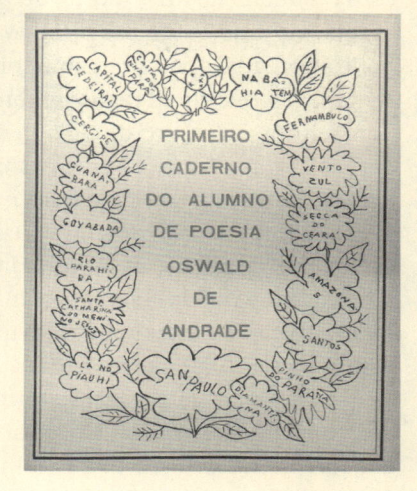

Sérgio Mamberti tinha uma produtora teatral, e na época encenou ou fez leituras dramáticas de quase todas as dramaturgias brasileiras proibidas durante a ditadura militar, no Teatro Maria Della Costa,[29] e o nosso grande sonho era justamente fazer *O homem e o cavalo,* tantas vezes proibido, projeto comungado por toda a minha geração, mas que não tinha nenhuma condição de acontecer nas conjunturas políticas anteriores.

Em 1933, início de sua concepção, *O homem e o cavalo* estava destinado a inaugurar o Teatro da Experiência, de Flávio de Carvalho — "o antropófago ideal", segundo Oswald.[30] A peça chega a referir diretamente a *Experiência n. 2* do amigo, realizada dois anos antes:

VOZES — Viva o Chanceler! Viva! Péu! Péu! Tira o Chapéu! Tira, Flávio! Lincha! Mata!

---

29 Nesse projeto, o produtor e ator Sérgio Mamberti fez encenar, logo após o fim da ditadura militar, 32 títulos, em especial no Teatro Maria Della Costa.

30 Cf. J. Toledo, *Flávio de Carvalho: o comedor de emoções*, São Paulo/Campinas: Brasiliense/ Ed. Unicamp, 1994, p. 92.

A VOZ DE UM ENGENHEIRO — Evidentemente, coagido pela força bruta, vencido pelo número, vejo-me forçado a continuar o meu caminho sem chapéu. Mas esse puto me paga! Som de castanholas. Tumulto. VOZES — *Viva la gracia! Otro toro! Me cago en Dios!* Viva o senhor do sábado! Tira o chapéu, Flávio! Péu! Péu! Fora! Não tira! Deus da burguesia! Fora! Põe o chapéu! Desacata esse veado! Fora! Fora!...[31]

Porém a peça tardava a ficar pronta, e o teatro de Flávio foi estreado com *O bailado do deus morto*, do próprio artista e "engenheiro" (arquiteto), espetáculo cujo título provocativo determinou o fechamento do local pela polícia estadual após a terceira noite de apresentação.[32] Assim, apenas uma semana depois, em 21 de novembro, Oswald se encarregou de uma desafiadora leitura de trechos de *O homem e o cavalo*, já no Clube dos Artistas Modernos (CAM), a funcionar no mesmo endereço, sob a presidência de Flávio. O excesso policial que atingiu *Deus morto* e a leitura de Oswald mereceram registro de Jorge Amado em 1934, quando o romancista afiançou, em relação ao dramaturgo paulista, uma "seriedade" politicamente engajada, comunista, de escassos paralelos factuais com o cotidiano desregrado do amigo: "*O homem e o cavalo* é a primeira coisa que Oswald nos dá após o seu rompimento com a poesia Pau Brasil e a boemia. Não podia começar com coisa mais séria. Teatro para massas, realização forte, espetáculo capaz de levantar o espectador. Infelizmente essa peça não foi levada. A polícia, que permite nas bancas dos jornaleiros um aluvião de folhetos de pornografia, fechou as portas do Teatro da Experiência, exatamente como 'pornográfico'. [...] Terminou o palhaço da burguesia. Começou o 'casaca de ferro da revolução proletária'".[33]

Já em 1953, durante a organização dos festejos do IV Centenário da Cidade de São Paulo, a serem realizados no ano seguinte, o crítico Antonio Candido comunicou a Oswald que a prefeitura iria patrocinar uma montagem de *O homem e o cavalo*, dirigida por Alfredo Mesquita e Décio de Almeida Prado, com colaboração do filho do autor, Nonê de Andrade, projeto que afinal não se concretizou.[34] Muitos encenadores passaram a considerar a montagem da peça como "impossível", pelo número de alegorias grandiosas, mas em 1972, após o seu enorme sucesso com *O balcão*, de Jean Genet (1969), produzido com visionária liberdade cenográfica, o diretor argentino Victor García começou ensaios para a iconoclástica obra, a escalar Jardel Filho para o papel de São Pedro. Por diversas vezes, a produtora e atriz

31 Oswald de Andrade, *O homem e o cavalo,* São Paulo: Globo/Secretaria de Estado da Cultura, 1990, p. 95-6.

32 Sobre esse episódio, ver capítulo 4 deste livro.

33 *O homem e o cavalo*, texto originalmente publicado no *Boletim de Ariel* (Rio de Janeiro, jul. 1934, p. 269) e reproduzido em edição de 2005.

34 Oswald de Andrade, *Diário confessional e outros textos*, São Paulo: Companhia das Letras, 2022, p. 421.

Ruth Escobar tentou liberar o texto das garras da censura, até 1974, quando se desistiu do projeto.[35]

Zé Celso recorda, sobre a histórica noite paulistana da leitura cênica dessa peça em 1985, no Teatro Sérgio Cardoso:

> Quando *O homem e o cavalo* foi feito, em 85, nós ensaiamos em pouquíssimo tempo, numa semana e meia, com participações de mais de cem atores, bailarinos e figurantes. Tinha a Elke Maravilha, Ricardo de Almeida, Miguel Magno, Jô Soares, Maria Gladys, Nelson Xavier, Raul Cortez, Célia Helena, Sérgio Mamberti, a Lélia Abramo como a mãe de Jesus, o Dionísio Azevedo como São Pedro e a Magali Biff, que ficava nua. Trabalhamos, na peça, o conceito de "verdade" recuperando todos os autores que pesquisaram esse tema antes, o Galileu Galilei etc. A atriz travesti Claudia Wonder dizia "A verdade na boca do homem" ao mesmo tempo em que tirava a calcinha, aparecendo um pau enorme, porque ela era a Camarada Verdade, que funcionava como o juiz de Cristo durante o Julgamento Final. Tinha também Kate Hansen, Paulo Villaça, Carlos Augusto Strazzer, vídeos de Tadeu Jungle, o poeta Roberto Piva... Todos trabalharam de graça, e eu só não consegui mesmo foi o prefeito Paulo Maluf para o papel de Lord [Al] Capone.

Segundo registrado pelo jornalista Antônio Gonçalves Filho à data da estreia de *O homem e o cavalo*, Zé Celso chegou a anunciar continuidade para a montagem: "Graças ao Projeto Balanço Geral, conseguimos formar o embrião de uma companhia e montar uma turbina teatral gigantesca para a celebração dionisíaca de Oswald, autor ao qual somente Jean Genet se compara".[36] Para Sábato Magaldi e outros críticos, essa "turbina teatral" seria tributária "dos esquemas básicos de *Mistério bufo*", o drama de Maiakóvski escrito entre 1918 e 1921, bem como do modelo alegórico dos autos medievais, a fim de representar o paraíso mecanizado do socialismo soviético. Porém, ainda segundo Magaldi, *O homem e o cavalo* superaria a peça russa, "pela felicidade no tratamento do tema e pela eficácia dos meios expressivos".[37] Zé Celso recorda tais aspectos:

> A peça começa engraçadíssima, no Céu, com as quatro Graças: Elke, Patrício Bisso, Maria Gladys e Riva Nimitz. A Riva, que vinha do Teatro de Arena, dizia: "O céu é pau!", que na época de Oswald queria dizer "é chato", e ela também falava: "São Pedro é outro brocha". Serginho Mamberti fazia o Divo, a cantarolar no banheiro do Céu. Então

---

35 Alvaro Machado, *[...] metade é verdade: Ruth Escobar*, São Paulo: Edições Sesc, 2021, p. 267.
36 Antônio Gonçalves Filho, "No palco, o épico antropofágico de Oswald", *Folha de S.Paulo*, "Ilustrada", 17 dez. 1985, p. 34.
37 Sábato Magaldi, "A mola propulsora da utopia", em: *Oswald de Andrade: obras completas*, São Paulo: Globo, 1990, p. 29.

eles descem em Londres, porque o céu está muito chato, muito "pau", e vão para vários lugares da Terra. Tem uma cena em que vão para a União Soviética para conhecer uma creche, e a Célia Helena ia encontrar bailarinos muito bem ensaiados pela coreógrafa e professora Penha Pietras [† 2021]; eram trinta maravilhosas crianças negras de 10 anos [Garotos da 13 de Maio], numa cena inspirada nos conceitos de Engels, mais um coro de trinta figurantes e gente de circo. Não montamos mais a peça depois dessa noite porque é *teatro de estádio*, e o Oficina é muito pequeno para isso. No Sérgio Cardoso deu para colocar a atriz Luciana Campos de Lady Godiva, montada nua sobre um cavalo, corpulenta e com máscara de gás no rosto. No livro *Ponta de lança*, o Oswald tem um artigo sobre o teatro-estádio, naturalmente inspirado em Meyerhold.

No esforço para a encenação, que também contou com cenografia de Lina Bo Bardi e Edson Elito, assistidos por Márcio Medina, a coluna vertebral de Zé Celso "saiu do lugar", pois, segundo o diretor, Oswald o teria "usado" como "cavalo [intermediário espiritual, na umbanda] do capitalismo e de todos os outros regimes expurgados na peça". Medina, também colaborador na cenografia de *Macunaíma*, de Antunes, aponta a encenação de *O homem e o cavalo* como "ensaio para o *teatro de passagem*" projetado por "dona Lina" para o atual edifício do Oficina, com sua rua-passarela: "Aquele novo *te-ato*, e não *teatro*, de Zé Celso era pautado pela integração palco-plateia, e na cenografia todos os maquinismos do teatro estavam nus, expostos. Todos os cantos do prédio do Sérgio Cardoso serviram para o rito teatral, e não sei como fizemos para subir um cavalo ao palco num elevador de carga, entre outras ousadias. Resultou um grande feito para superar as contradições da censura na ditadura, e nenhuma dentre as mais de cem pessoas que ensaiaram e trabalharam naquela noite recebeu nem sequer um centavo".

Para o diretor, no entanto, a encenação-relâmpago representou o início de um período de cinco anos de imersões em noitadas, leituras e estudos:

> Passei a ser chamado de "o decano do ócio" pelo [colunista do *Jornal da Tarde*] Telmo Martino. Realmente, eu não conseguia trabalhar durante a tal "abertura lenta e gradual". Entrei numa fase dionisíaca e exalava forte odor de álcool; era maravilhoso, mas todos achavam que eu estava enlouquecendo.

Em 1991, um texto de Jean Genet conduziu-o de volta aos palcos, como diretor e ator a um só tempo:

Recomecei indo à casa do Raul Cortez e propondo a ele *As criadas*, que nós chamamos de *As boas*. Toda noite, antes de o teatro fechar, ele, que fazia a nossa patroa madame, ia até a bilheteria pegar diretamente a sua porcentagem.

Em 1994, já no novo Teatro Oficina projetado por Lina e Edson, José Celso iniciou estudos para montar *A morta*:

Em *A morta*, ao contrário do que alguns dizem, Oswald não critica os surrealistas, porque a própria peça é surrealista, maravilhosa. No primeiro ato, ele coloca quatro personagens — o Poeta, o Hierofante, a Morta e a Outra —, e eu queria fazer uma leitura com a Denise Assunção e a Christiane Torloni, numa intepretação muito *pop*. Os atores começariam no piso baixo da plateia, mas acabariam no segundo andar. E, ao mesmo tempo que eles falassem, teríamos uma série de marionetes dançando na passarela do Oficina. O segundo ato seria na rua, com a fantástica discussão entre as "Frases feitas" e as "Interjeições". No terceiro, o Poeta, apaixonado atrás da Morta, vai encontrá-la no inferno, e os personagens emergem dos túmulos. Ele vai buscá-la num autogiro [helicóptero], mas ela sempre foge sexualmente dele. Então ele resolve queimá-la, e também ao cemitério inteiro, inclusive o "urubu" de Edgar Allan Poe (*O corvo*). Só não monto a peça porque não sei como fazer o final. Queria montar numa época em que tínhamos muitos incêndios no cotidiano, mas não cheguei a encontrar a poética desse incêndio.

À mesma época, no entanto, o diretor adaptou outro texto de Oswald, o poema dramático *O santeiro do mangue* — reescrito por quatorze anos até publicação em 1950, com ilustrações de Flávio de Carvalho —, ambientado na extinta zona central e costeira de prostituição no Rio de Janeiro. Sob o título *Mistérios gozosos* — derivado do subtítulo *Mistério gozoso em forma de ópera* —, o espetáculo foi assistido primeiro nas ruas do "centro velho" paulistano, em 1994, depois no próprio Oficina já reconstruído, em 95, e por fim em 2015, no mesmo teatro. Para a última encenação, Zé Celso declarou que sua motivação seria a "da sensação de que o mundo já acabou, só que ninguém percebeu", ideia que atribuiu à musa do cinema marginal Maria Gladys, "num tempo de ódio de classe, saído do armário desde que a direita perdeu raspando as eleições". À época, o encenador também frisou: "Eu retorno à Antropofagia na Tropicália, na qual me abasteço e crio alimentos sempre frescos, não em conserva, até hoje".[38]

---

38 Entrevista a Gustavo Fioratti, *Folha de S.Paulo*, caderno "Ilustrada", 21 nov. 2015.

Desse modo, por duas vezes, em 2011 e 2017, em sua ampla colagem cênica *Macumba antropófaga*, que incluía coros de tupinambás e aimorés, o diretor transportou o espírito e partes do texto do *Manifesto Antropófago* de Oswald datado de 1928, a par de outras citações de obras do modernista. Na memória e na descrição do ator Tulio Starling, que interpretou Mandú Çarará na segunda versão: "Era uma interpretação do manifesto escrito por Oswald e intrinsecamente por Tarsila do Amaral. O primeiro ato é lindíssimo, cortejo pelas ruas do Bixiga, evocando libertas pra convidar Dona Yayá a ir ao TBC — Teatro Brasileiro de Comédia, um dos acontecimentos fundamentais do teatro brasileiro — e lá chamar por Cacilda Becker, para ela incorporar Tarsila e ir buscar Oswald ali mesmo no Bixiga, umas esquinas adiante, num prédio onde ele de fato morou, e, junto a todos os flagelos das ruas, em meditação pelos seus rios subterrâneos e escalando as ladeiras do bairro, chegar ao Teat(r)o Oficina, que com seu coro antropófago recebe a visita de gala de Oswald e Tarsila, e atiçados pelo deus da dança Mandú Çarará vão parir o *Abaporu*, e dele — ponto a ponto, axioma a axioma, com o malho de Macunaíma a devorar Oswald, e com a paixão de Pagu — vão cantar e atuar o *Manifesto Antropófago* ao longo do segundo e terceiro atos". Já sobre sua montagem de *Mistérios gozosos*, Zé Celso recapitula:

Foi dona Lina [Bo Bardi] quem publicou a peça numa revista. Era inédita porque o Oswald escondia e só mostrava para os amigos. O [poeta] Mario Chamie tinha o texto e me passou. É praticamente pornográfica, mas escrita num clima religioso *à la* Fassbinder: "Vamos foder na bunda etc." Montei numa época de Semana Santa, com Jesus feito pelo Marcelo Drummond, e ele falava "Dai-nos o pau de cada noite". É a história da puta Eduleia. Fiz várias vezes, com Leona Cavalli e com Mariana Moraes no papel da prostituta. José Miguel Wisnik compôs a música, com uma letra de Oswald de Andrade sobre as putas, tirada da "Oração ao mangue", e que foi maravilhosamente gravada por Elza Soares ["Flores horizontais", em *Do cóccix até o pescoço,* 2002]. Na verdade, Oswald ainda significa o "hoje" no qual só a Antropofagia nos une, significa um tempo para devorarmos o hemisfério Norte, mas sem o repetir.

A declaração ecoa um texto do próprio diretor datado de 2011, "O Teat-r-o Oswaldiano":

Em "Do teatro, que é bom", publicado por Oswald no ano da modernização do Teatro Brasileiro [1943] — o da encenação de *Vestido de noiva,* dos gênios Nelson Rodrigues e Ziembinski —, surge a invenção do retorno do Teatro para a Catarse das Multidões, na "Grécia Brasileira de Carnaval", onde os abscessos fechados irão se abrir na Ágora, na Praça Pública dos Estádios de nossa Época. [...] Existem as gotas de sêmen oswaldianas para o Renascimento do Anestesiado Teatro Mundial.[39]

As "gotas de sêmen" teatral referidas por Zé Celso foram reclamadas pelo próprio Oswald já em 1952, em meio a elogios à peça *O espelho*, escrita por uma grande amiga, escultora e dramaturga nascida na Rússia: "Pola Rezende, com sua equilibrada peça, é sem dúvida melhor que o venerável padre Anchieta e que o sempre noviço Nelson Rodrigues. [...] Pola nada tem com a cena de exceção — aquela que Flávio de Carvalho e eu tentamos no Teatro da Experiência, logo fechado pela polícia. Ela reenceta [...] aquela que foi a iniciativa inicial [*sic*] e que teve como patronos a saudosa Eugênia e Álvaro Moreyra — o Theatro de Brinquedo", ou seja, a companhia constituída em 1927, no Rio de Janeiro, e inspiradora para Oswald, Flávio e outros modernistas.[40]

A ligação visceral de Oswald de Andrade com o teatro, iniciada na década de 1910 com as peças escritas com Guilherme de Almeida e depois votada a Piolin e ao circo, ganhou, afinal, potência revolucionária na referida "cena de exceção" de três peças e um oratório profano, clímax da produção do escritor nos anos 1930 — porém expressões cênicas viventes apenas em seu universo mental até a sua morte, em 1954. A vocação teatral pulsou mesmo em seu último período de vida, com o propósito, a partir de 1950, de erguer um "teatro de bolso" no piso térreo do prédio em construção destinado a salvá-lo da má situação financeira, e no qual cogitava encenar seus textos e os de amigos, a serem recebidos depois na boate anexa — a Nega Maluca, que contaria "com um afresco de Nony" (Nonê Andrade) —, para as devidas libações e confraternizações, como preconizado em suas cartas e em seu diário. No entanto, o país ainda amadureceria três lustros para começar a fruir a revolução teatral oswaldiana, já por iniciativa da geração de José Celso Martinez Corrêa, Renato Borghi e Fernando Peixoto, todos nascidos no ano de 1937 da primeira publicação de *O rei da vela*, e ainda de Luiz Carlos Maciel, nascido no ano seguinte.

---

39 Site do Teatro Oficina. Disponível em: https://teatroficina.com/2011/07/03/o-teat-r-o--oswaldiano. Acesso em: 8 abr. 2023.
40 Cf. Oswald de Andrade, *Diário confessional*, op. cit., p. 447. O próprio *O rei da vela* foi dedicado pelo autor a Álvaro Moreyra.

Flávio de

e o

A VOLUPIA
DA FORMA
PRODUZ NO
HOMEM A
ANCIA DE
DEMOLIR E

Carvalho
teatro

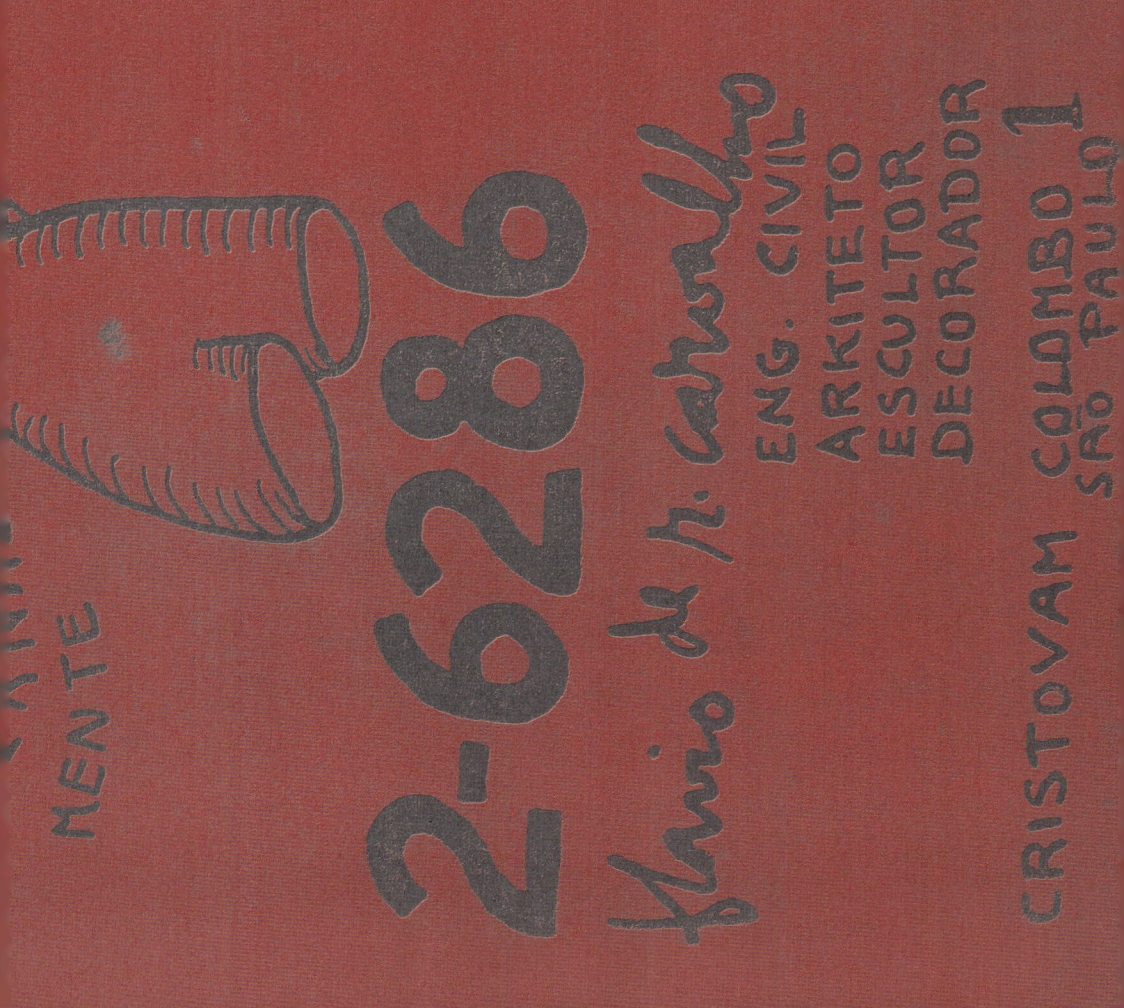

MENTE

2-6286

Plinio de M. Carvalho

ENG. CIVIL
ARKITETO
ESCULTOR
DECORADOR

CRISTOVAM COLOMBO 1
SÃO PAULO

Na conservadora São Paulo de junho de 1931 Flávio de Carvalho arriscou uma *performance* e esteve a um triz de sofrer linchamento. A exercitar seu anticlericalismo, decidiu cobrir a cabeça com um prosaico boné para atravessar em sentido contrário a procissão anual de Corpus Christi, evento de caráter altamente ritua-lístico, a mobilizar todo o centro da capital paulista. Descobrir a cabeça nessas ocasiões era sinal de res-peito, ou mesmo atitude obrigatória. Para estender a memória dessa performática *Experiência n. 2* — uma das "obras" do artista abordadas no capítulo a seguir —, Flávio produziu um livro de 164 páginas, impresso em duas edições de três mil exemplares cada uma (Ed. Irmãos Ferraz, 1931), cuja capa com desenho seu encon-tra-se reproduzida na página anterior.

O *performer* também ilustrou o volume com desenhos em estilo surrealista, a incluir sugestões dos aparelhos genitais masculino e feminino acoplados, e dedicou-o "piedosamente" a "S. Santidade o Papa Pio XI e a S. Emi-nência D. Duarte Leopoldo" (primeiro arcebispo de São Paulo, que também ostentava título de conde). Nesse livro foi impressa ainda a seguinte advertência, indica-tiva da catarse dramática que o artista pretendeu instalar, com sucesso, a fim de produzir posteriormen-te uma "análise científica": "Todas as ideias expostas, todas as conclusões são tentativas para atingir uma suposta verdade; algumas exposições se apresentam de uma maneira aparentemente exagerada — é uma ampliação da vida normal, uma espécie de visão mi-croscópica da vida anímica, fenômeno ilusório e imper-ceptível a olho nu".
[Alvaro Machado]

A experiência

Era dia de Corpus Christi; um sol agradável banhava a cidade, havia um ar festivo por toda a parte; mulheres, homens e crianças moviam cores berrantes de tecido ordinário; negras velhas de óculos e batina ou qualquer coisa de parecido; grupos de homens de cor segurando estandartes, velas; anjinhos sujos enfeitados com estrelas de papel dourado mal pregadas; mulheres gordas vestidas de cor de rosa cabelo bem emplastado olhavam o mundo ao redor com infinita piedade.

[...] Contemplei por algum tempo esse movimento estranho de fé colorida, quando me ocorreu a ideia de fazer uma experiência, desvendar a alma dos crentes; por meio de um reagente qualquer que permitisse estudar a reação nas fisionomias, nos gestos, no passo, no olhar; sentir enfim o pulso do ambiente, palpar psiquicamente a emoção tempestuosa da alma coletiva, registrar o escoamento dessa emoção, provocar a revolta para ver alguma coisa do inconsciente.

[...] A minha altura, acima do normal, me tornava mais visível, destacando a minha arrogância e facilitando a tarefa de chamar a atenção. [...] Quando insistia na minha arrogância muitas [velhas de ambas as cores] olhavam para cima e apertavam com mais fervor o objeto entre as mãos; muitas vezes era uma vela possante; e parecia que o fervor aumentava. [...] Os padres rezavam com mais fervor, as freiras incrédulas não compreendiam, os velhos se pareciam com as velhas, eram de uma resignação efeminada, lendo o breviário de mais perto, apertando mais o terço ou olhando para o céu com mais afinco. [...] A emoção dessa parte do cortejo era de autoconvicção de superioridade manifestada por uma submissão efeminada ao chefe deus.

[...] Alguém grita timidamente: "tira o chapéu". Endureci

o corpo e olhei em redor por cima do mar de cabeças. […] Olhei para a frente para calcular a saída, quando alguém grita "tira o chapéu". […] Viro-me e vejo uma porção de jovens em atitudes ameaçadoras. Alguém me empurra e uma porção de mãos me agarram; sacudo-me violentamente, desprendendo-me das garras. A emoção do momento se apoderava de mim cada vez mais, quando por detrás me arrancam o chapéu da cabeça. […] Vi muita cara vermelha, roxa mesmo, roxas de raiva. […].
[Flávio de Carvalho]

4.

Flávio de Carvalho
e o teatro
Veronica Stigger

1.

Em 16 de novembro de 1933, foi inaugurado o Teatro da Experiência no andar térreo da rua Pedro Lessa, 2, nos baixios do viaduto Santa Ifigênia, centro de São Paulo, ocupando o local onde antes era um armazém de couros. No primeiro andar do mesmo prédio, já funcionava o Clube dos Artistas Modernos (CAM), fundado havia um ano por Flávio de Carvalho, Emiliano Di Cavalcanti, Antonio Gomide e Carlos Prado, que tinham transferido para ali seus ateliês. Ao cronista Rubem Braga, na época um jovem repórter que visitou as instalações do teatro e assistiu a um dos ensaios dias antes da abertura, Flávio assim definiu sua mais recente criação: "O Teatro da Experiência é um laboratório de arte. Pequeno, como todo o laboratório, para funcionar economicamente. Quem trabalha aqui é um grupo heterogêneo de artistas modernos de S. Paulo".[1] Braga quis então saber se a ideia do grupo era "reformar o teatro atual", ao que o artista respondeu: "Não. Pretendemos criar um teatro novo. Somos ambiciosíssimos".[2] No dia anterior à inauguração, Flávio de Carvalho concedeu entrevista à *Folha da Noite*, reiterando o aspecto experimental de seu teatro: "O 'Teatro da Experiência' é apenasmente um centro de pesquisas para o teatro, é um laboratório onde serão feitas observações em torno da ideia de criar um novo teatro para o Brasil e o mundo. Não queremos reformar o teatro, mas sim demolir os velhos deuses, construindo uma nova estrutura idealística, capaz de dirigir as indecisões do mundo moderno".[3] Seis anos depois, em texto publicado na *Revista Anual do Salão de Maio (RASM)*, Flávio de Carvalho detalhou um pouco mais as experiências que ali seriam desenvolvidas:

> Lá seria experimentado o que surgiria de vital no mundo das ideias: cenários, modos de dicção, mímica, a dramatização de novos elementos de expressão, problemas de iluminação e de som conjugados ao movimento de formas abstratas, aplicações de pré-determinados testes (irritantes ou calmantes) para observar a reação do público com o intuito de formar uma base prática da psicologia do divertimento, realizar espetáculos-provas só para autores, espetáculos de vozes, espetáculos de luzes, promover o estudo esmerado da influência da cor e da forma na composição teatral, diminuir ou eliminar a influência humana ou figurada na representação, incentivar elementos alheios à rotina a escrever para o teatro... e muitas mais coisas que no momento me escapam.[4]

---

1 Rubem Braga, "Theatro da Experiência: um laboratório onde se procura criar, para o Brasil, uma nova arte teatral — Rumos, palavras e detalhes expostos pelo sr. Flávio de Carvalho, do Club dos Artistas Modernos", *O Jornal*, 10 nov. 1933, p. 3.

2 *Ibidem*.

3 "O que será o 'Theatro de Experiência'", *Folha da Noite*, 1ª ed., 14 nov. 1933, p. 5.

4 Flávio de Carvalho, "A epopeia do Teatro da Experiência e *O bailado do deus morto*", RASM — *Revista Anual do Salão de Maio*, São Paulo: Metal Leve, 1984, ed. fac-símile.

O Teatro da Experiência era, portanto, um teatro experimental; um teatro ao qual se associava uma ideia de pesquisa, de laboratório. O plano inicial era inaugurá-lo com a peça *O homem e o cavalo*, de Oswald de Andrade, mas o texto não ficou pronto a tempo de ser encenado. Flávio de Carvalho, então, escreveu ele mesmo a peça de estreia: *O bailado do deus morto*. Na escrita desse texto, também sobressai um caráter experimental, como frisou o próprio autor na mesma entrevista à *Folha da Noite*: "Este bailado representa a nossa primeira experiência no sentido de revolucionar as teorias de bailados. É uma criação do Teatro da Experiência, coisa inteiramente nova, um bailado com monólogos e diálogos onde a orquestra de instrumentos africanos dança juntamente com os bailadores".[5] Explicou ainda do que se tratava o texto: "'O bailado do deus morto' procura restabelecer a longínqua origem animal da ideia de Deus, o monstro mitológico que pastava entre as feras do mato, e que é seduzido pela mulher inferior e colocado entre os homens. É uma lenda triste com cantos, soluços nostálgicos e diálogos estranhos, onde a assistência entrevê o drama magnífico de uma escala histórica de alguns milhões de anos de comprimento".[6] A experimentação do bailado estava não apenas no texto, mas também no próprio modo de encenação, na escalação do elenco — que, com exceção do pintor Hugo Adami, era todo formado por negros —, no uso de instrumentos africanos — como o reco-reco e o berimbau —, nos cenários, nos figurinos e nos efeitos de luz. Contou Flávio a Rubem Braga: "Os cenários não serão pintados, mas sólidos, sintéticos, formando um jogo de superfícies iluminadas. Um jogo de luz feito com técnica pode dar grande profundidade ao palco. Estamos fazendo experiências com cenários simbólicos. A luz desempenhará um grande papel".[7] O artista ansiava "realizar o teatro expressionista", no qual "o gesto e a cor do vestuário têm tanta importância quanto as próprias palavras".[8] Para tal:

> Representaremos certos barulhos, que dão a imagem mental dos acontecimentos, sugerindo situações várias. A este respeito já estamos realizando experiências com gongos, urucungo, reco-reco etc. [...] O fator emoção terá grande importância no que se refere a jogos de luz, cenários mecânicos, ruídos etc. Há, portanto, problemas de técnica dificílimos a resolver. Estudamos efeitos sensoriais e emotivos, empregando todos os elementos. Pretendemos, por exemplo, fazer dois cenários em movimento, por processos científicos. Isto tudo demanda os mais complexos estudos de psicologia e de técnica.[9]

---

5 "O que será o 'Theatro de Experiência'", *Folha da Noite, op. cit.*

6 *Ibidem.*

7 Rubem Braga, "Theatro da Experiência: um laboratório onde se procura criar, para o Brasil, uma nova arte teatral — Rumos, palavras e detalhes expostos pelo sr. Flávio de Carvalho, do Club dos Artistas Modernos", *op. cit.*, p. 3.

8 *Ibidem.*

9 *Ibidem.*

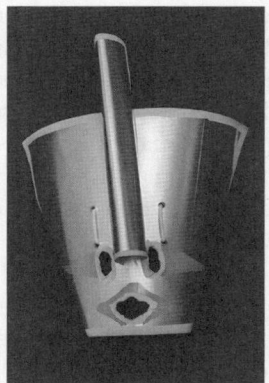

Cenas da versão original de *O bailado do deus morto*, encenado por Flávio de Carvalho em seu Teatro da Experiência, 1933, e máscara elaborada em alumínio pelo artista. Fotos: Acervo Daniel Marano.

A busca pela emoção no sentido pretendido por Flávio de Carvalho foi, em certa medida, alcançada, como testemunha texto publicado à época, assinado simplesmente por "M.", e encontrado entre os documentos do artista, guardados hoje junto ao Centro de Documentação Alexandre Eulálio (Cedae), da Unicamp: "O autor procura no material cênico que oferece a realidade direta do próprio instinto, transportando para a cena não a teatralização da emoção, mas a própria emoção pura".[10] Naquela mesma entrevista à *Folha da Noite*, Flávio anunciava ainda a adesão de grandes nomes do teatro de então: "Procópio Ferreira e Joracy Camargo hipotecaram uma solidariedade completa. Procópio vai fazer novas experiências sobre o teatro, coisas que ele não ousa fazer no Boa Vista, e Joracy Camargo está escrevendo algumas peças sem a preocupação de censura".[11] Antevendo que seria possível ter problemas com a delegacia de costumes, já que não havia submetido o texto previamente à censura (como era regra então), Flávio de Carvalho se justificou, enfatizando, mais uma vez, a experimentação de seu teatro:

> O Teatro da Experiência é um laboratório e, portanto, não pode estar sujeito à censura das coisas. Como pode um laboratório ser censurado? Como fazer observações em torno de uma nova ideia, debaixo de uma censura qualquer? É tão ridículo quanto submeter as teorias da propagação da luz a uma censura policial. Um laboratório de teatro, em base, nada difere de um laboratório de química ou de física. O espírito que o dirige deve estar aberto a todos os fenômenos. Observar significa apreender e calcular. O Teatro da Experiência será um centro de observação e de pesquisas para criar coisas novas.[12]

No requerimento endereçado ao Chefe de Polícia (que era o responsável pela censura à época), o artista também ressaltou o caráter experimental de seu teatro, o qual qualificou de "ultramoderno":

> O espírito que dirige e anima o Teatro da Experiência é o espírito imparcial de qualquer laboratório científico: pesquisa no desconhecido para promover progresso. E, mesmo como acontece nos laboratórios científicos, acontecerá também conosco: certamente presenciaremos o fracasso de muitas experiências. Mas acreditamos que estes possíveis fracassos serão a força motriz que nos levará a novas experiências abrindo caminho para um novo rumo.[13]

---

10 M, em recorte sem identificação do álbum de Flávio de Carvalho, reproduzido em Kiki Mazzucchelli (org.), *Flávio de Carvalho: o antropófago ideal*, São Paulo: Almeida e Dale, 2019, p. 62-3.

11 "O que será o 'Theatro de Experiência'", *op. cit.*

12 *Ibidem.*

13 Flávio de Carvalho, "Requerimento ao Chefe de Polícia feito pelo Diretor do Teatro da Experiência", compilado em: Flávio de Carvalho, *A origem animal de deus* e *O bailado do deus morto*, São Paulo: Difusão Europeia do Livro, 1973, p. 113-4.

Para Rubem Braga, Flávio já havia sintetizado sua intenção: "Queremos fazer uma arte com o fator pensamento mais em evidência".[14]

2.

Não era fortuito que Flávio de Carvalho associasse ao seu teatro a noção de *experiência*. Dois anos antes de sua inauguração, em setembro de 1931, ele havia publicado o livro *Experiência n. 2*. Nele, narrava e analisava a primeira ação que realizou sob o nome de "experiência", ou pelo menos a primeira de que restou registro[15]: enfrentar uma procissão de *Corpus Christi*, caminhando no sentido contrário a ela, com a cabeça desrespeitosamente coberta por uma boina.[16] Com essa provocação, Flávio pretendia "desvendar a alma dos crentes", a fim de, como ele mesmo precisou, "estudar a reação nas fisionomias, nos gestos, no passo, no olhar, sentir enfim o pulso do ambiente, palpar psiquicamente a emoção tempestuosa da alma coletiva, registrar o escoamento dessa emoção, provocar a revolta para ver alguma coisa de inconsciente".[17] Quase foi linchado pelos crentes enfurecidos que lhe ordenavam tirar o chapéu — episódio que Oswald de Andrade narra na terceira cena do oitavo quadro de *O homem e o cavalo*.

---

14 Rubem Braga, "Theatro da Experiência: um laboratório onde se procura criar, para o Brasil, uma nova arte teatral — Rumos, palavras e detalhes expostos pelo sr. Flávio de Carvalho, do Club dos Artistas Modernos", *op. cit.*, p. 3.

15 Não se sabe ao certo qual teria sido a experiência de número 1. Mucio Leão, em texto sobre o Teatro da Experiência, comenta que, tão logo recebeu o livro de Flávio de Carvalho, ficou pensando que, "se há uma experiência número dois[,] é que antes houve uma outra número um" e perguntou ao artista qual teria sido; ao que ele respondeu: "Ah! Já faz tempo... Foi o rapto de uma irmã de caridade..." ("As experiências de Flávio de Carvalho", Jornal do Brasil, 18 nov. 1933, p. 5). Sangirardi Jr. conta que também havia perguntado a Flávio sobre a primeira experiência, ao que o artista teria esclarecido que se tratara de um evento em que fingiu ter se afogado na fazenda de um parente, mas que não surtira efeito (*Flávio de Carvalho, o revolucionário romântico*, Rio de Janeiro: Philobiblion, 1985, p. 33). J. Toledo contesta Sangirardi Jr. e assegura que Flávio de Carvalho lhe declarara "enfaticamente" — e afirmara também "a vários repórteres" — "não haver criado a 'Experiência n. 1'" e ter iniciado logo pela número 2 "por um mero capricho de momento" (*Flávio de Carvalho: o comedor de emoções*, São Paulo: Brasiliense; Campinas: Editora da Unicamp, 1994, p. 116). O mesmo J. Toledo lembra de um texto da *Folha da Noite*, em que Silvano Peixoto (que assinava Silpe) descreve uma noitada no Clube dos Artistas Modernos em que alguém teria perguntado a Flávio de Carvalho: "Ó, Flávio, qual foi a sua 'experiência nº 1'?", ao que Flávio teria respondido: "Se comecei pela nº 2..." (*Ibidem*, p. 140). Para Luiz Carlos Daher, por sua vez, haverá sempre, sobre essa questão, "um resíduo de mistério, pois Quirino da Silva e o próprio Flávio deram outras versões: ora a n. 1 nunca existiu, ora Flávio 'não se lembrava' de qual teria sido, ora fora um estágio no Juqueri para estudar as expressões dos alienados, ora..." (*Flávio de Carvalho e a volúpia da forma*, São Paulo: M.W.M. Motores Diesel, 1984, p. 192).

16 Examino mais detidamente essa experiência de Flávio de Carvalho no ensaio Vacina antropofágica, em: Jorge Ruffinelli; João Cezar de Castro Rocha (org.), *Antropofagia hoje? Oswald de Andrade em cena*, São Paulo: É Realizações, 2011, p. 601-10.

17 Flávio de Carvalho, Experiência n. 2: realizada sobre uma procissão de Corpus Christi: uma possível *teoria e uma experiência*, Rio de Janeiro: Nau, 2001, p. 16.

Em Flávio de Carvalho, a noção de *experiência* está estreitamente vinculada a uma pretensão científica ou paracientífica, mais especificamente, a uma exploração psicológica das reações humanas. Se, na *Experiência n. 2*, a meta era "desvendar a alma dos crentes" por meio do enfrentamento à procissão, em seu teatro, a ideia era provocar a plateia por meio de "aplicações de pré-determinados testes (irritantes ou calmantes)", a fim de "observar a reação do público com o intuito de formar uma base prática da psicologia do divertimento".[18] Não por acaso, tanto o colunista de *O Radical*, que assinava com as iniciais T. T., quanto Peregrino, em *O Jornal*, se referiram à plateia do Teatro da Experiência como "cobaia". Afirmou T. T.: "Não seria um teatro precisamente, mas um laboratório experimental onde a plateia se encarregaria do papel passivo de *cobaia*".[19] Escreveu, por sua vez, Peregrino: "Flávio de Carvalho e Jayme Adour da Câmara queriam ver como era que essa *cobaia de cem cabeças*, que é o público, reagiria diante de suas inovações audaciosas".[20] Cabe ressaltar que, ao nomear seu teatro, Flávio não escolheu "Teatro *de* Experiência", mas "Teatro *da* Experiência". Com o acréscimo do artigo definido *a* à preposição *de*, não apenas tornou mais específica a *experiência* mencionada, como fez com que, por meio da particularização da *experiência*, esta se transformasse no próprio centro ordenador do teatro: é em torno da experiência que o teatro ocorre.

Desde pelo menos a célebre conferência "A cidade do homem nu", proferida no IV Congresso Pan-Americano de Arquitetura, em 1930 (portanto, um ano antes da *Experiência n. 2* e três anos antes do Teatro da Experiência), Flávio de Carvalho concebia as mais diferentes manifestações da cultura — a cidade e o urbanismo entre elas — como centros de experimentação. Antes do Teatro da Experiência, também a "cidade do homem nu" fora imaginada como um "centro de pesquisas" — e, ainda, como uma "habitação do pensamento", um "motor gestador de ideias".[21] A cidade do futuro seria "a metrópole da oportunidade, um centro de sublimação natural dos desejos do homem, um centro de reanima-

---

18 Flávio de Carvalho, "A epopeia do Teatro da Experiência e *O bailado do deus morto*", *op. cit*. Flávio de Carvalho faria ainda duas outras experiências, que ficaram conhecidas como *Experiência n. 3* e *Experiência n. 4*. Em ambas, percebe-se também essa pretensão a uma investigação científica aliada a ações de cunho performático. Com a *Experiência n. 3* (1956), que consistiu em desfilar pelas ruas de São Paulo um traje masculino concebido para os trópicos, o *New Look*, anexou a seu trabalho a história e a prática da moda. Com a *Experiência n. 4* (1958), que tinha por objetivo viajar à Amazônia para encontrar e estudar povos indígenas e produzir um filme sobre a "deusa loura", somou a suas pesquisas a prática etnográfica. Trabalhei mais aprofundadamente essas duas experiências nos ensaios "Flávio de Carvalho: experiências romanas", *Marcelina*, São Paulo, a. 3, n. 4 (1º sem. 2010), p. 109-28; "Flávio de Carvalho: arqueologia e contemporaneidade", *Celeuma*, v. 2, n. 4 (2014), p. 44-56; "Expedição, experiência: Flávio de Carvalho na selva amazônica", em: Larissa Costa da Mata (org.), *Flávio de Carvalho: "o berço da força poética"*, São Paulo: Alameda, 2020, p. 101-26.

19 *T. T.*, "Theatro de Experiência", *O Radical*, 17 dez. 1933, p. 2. Grifo meu.

20 *Peregrino*, "Notas mundanas — Theatro da Experiência", *O Jornal*, 31 dez. 1933, p. 8. Grifo meu.

21 *Flávio de Carvalho, "Uma these curiosa — a cidade do homem nu", Diário da Noite, São Paulo, 19 jul.* 1930.

ção de desejos exaustos".[22] Para Flávio de Carvalho, os tempos em que vivia levavam a uma saturação dos sentimentos — e esta é sua concepção-chave, que está no fundamento de todas as suas experiências e, por extensão, de toda a sua busca por conhecimento.[23] Na conferência mencionada, Flávio traçou um novo quadro de saturação, dentro do qual o homem "perseguido pelo ciclo cristão, embrutecido pela filosofia escolástica, exausto com 1.500 anos de monotonia recalcada" surge, em sua época, "como uma máquina usada, repetindo tragicamente os mesmos movimentos ensinados por Aristóteles": "Nos dias de hoje a fadiga é manifesta, o homem máquina do classicismo, moldado pela repetição contínua nos feitos seculares do cristianismo, não mais pode aturar a monotonia dessa rotina. Ele perecerá asfixiado na seleção lógica, pelo mais eficiente, pelo homem natural".[24] Dado que "a fadiga o ataca", esse homem exausto "precisa despir-se, apresentar-se nu, sem tabus escolásticos, livre para o raciocínio e o pensamento".[25] Está aí constituído o que Flávio de Carvalho passa a chamar de "o homem nu", "homem do futuro", homem "sem deus, sem propriedade, sem patrimônio".[26] Para ele, é só quando o homem estiver livre, "despido de tabus vencidos", que "produzirá coisas maravilhosas": "a sua inteligência liberta criará novos ideais, isto é, novos tabus, o seu ego se selecionará automaticamente em grupos, procurando caracterizar em cada grupo uma série de tendências".[27]

No ano seguinte, em texto que refletia especificamente sobre teatro, publicado em 1931, em *O Homem do Povo*, jornal editado por Oswald de Andrade e Patrícia Galvão, Flávio de Carvalho voltou a criticar o que ele entendia como uma repetição de "sensações vividas": "O teatro de ontem reproduzia a vida do homem com uma certa precisão, repetia à noite as sensações vividas, e aqueles que encontravam no palco uma vida desconhecida achavam graça porque não tinham ainda vivido aquelas sensações, os outros bocejavam".[28] Como Flávio argumentou em outro texto, também sobre teatro, publicado cinco anos depois: "O problema não é mais: reproduzir a natureza no palco[,] mas sim colocar sobre o palco as emoções cosmogônicas do homem e da vida, o que a natureza tem de mais profundo e de mais emotivo e que o pensamento tem de mais curioso".[29] Afinal, afirmou ainda Flávio:

---

22 *Ibidem*. Grifo meu.
23 Raúl Antelo estabeleceu um interessantíssimo paralelo entre a noção de *experiência* em Walter Benjamin e em Flávio de Carvalho, pensando-a a partir do campo da "saturação" (saturação dos "desejos exaustos"), detendo-se, no tocante ao artista brasileiro, na *Experiência nº 2* e em seu teatro ("Transgressão e experiência em Flávio de Carvalho", em: *Transgressão & modernidade*, Ponta Grossa: UEPG, 2001, p. 115-25).
24 Flávio de Carvalho, "Uma these curiosa — a cidade do homem nu", *op. cit.*
25 *Ibidem*.
26 *Ibidem*.
27 *Ibidem*.
28 *Idem*, "Teatro antigo e o moderno", *O Homem do Povo*, 31 mar. 1931, p. 4.
29 *Idem*, "O cenário no teatro contemporâneo", originalmente publicado em *Vanitas*, n. 52, out. 1935, p. 24, reproduzido em: Denise Mattar (org.), *Flávio de Carvalho: 100 anos de um revolucionário romântico*, São Paulo: MAB-FAAP; Rio de Janeiro: CCBB, 1999, p. 68.

O homem mudou: uma parte do seu pensamento procura a análise científica das coisas, a outra parte anseia por alguma coisa que ele não sabe bem o que é, um desejo inconsciente transformado em angústia pela indecisão, uma projeção de sensações recalcadas no passado, uma revolta. É como se essas sensações aparecessem todas ao mesmo tempo buscando eroticamente, procurando uma sublimação.[30]

É essa busca algo erótica que mobiliza a arte: "Esse desejo não métrico é o fator gerador de toda a arte, é o entusiasmo biológico que produz; maravilhoso, livre de religião, de casta, de família. [...] O teatro, como o amor, deve ser livre, sem restrição".[31] Em outro texto, escrito em 1935, o artista assim definiu a função do teatro: "A função do teatro que se preza não é de repetir as, quase sempre operáticas, emoções secundárias amortecendo e anestesiando o observador[,] mas sim a de [acordar] as partes adormecidas do espectador".[32] Daí ter escalado, para *O bailado do deus morto*, atores não profissionais, como, por exemplo, o já mencionado pintor Hugo Adami e os músicos Henricão e sua parceira Risoleta Silva: "Profissionais do teatro naturalmente apresentam inconveniente, pelos vícios que adquiriram".[33] Afinal, o ator, no Teatro da Experiência, "funcionará como um boneco em nossas mãos": "Plasmaremos a sua mentalidade, a sua técnica. Manejaremos à vontade suas expressões, todos seus movimentos, como se faz com as 'marionetes'. Para criar uma arte teatral nova, criaremos artistas novos".[34]

O Teatro da Experiência era um braço do CAM, que visava ser um clube de caráter experimental, também ele um "laboratório de experiências", como o próprio Flávio de Carvalho salientou em texto para o *Diário da Noite*, de 1º de maio de 1933: "O Clube dos Artistas Modernos entrou agora na sua nova fase, seguindo orientação diversa. O Clube é agora um laboratório de experiências para a arte moderna, um local onde as ideias novas são experimentadas antes de serem lançadas no mercado do grande público".[35] Em texto anterior, de 24 de dezembro de 1932, intitulado "Clube dos Artistas Modernos", já anunciava as pretensões do CAM:

Este clube não tem limites dentro destas paredes claras. Vivemos no mundo, e num mundo hoje estreitamente ligado pela radiotelefonia,

---

30 Flávio de Carvalho, "Teatro antigo e o moderno", *op. cit.*, p. 4.

31 *Ibidem*.

32 *Idem*, "O cenário no teatro contemporâneo", *op. cit.*, p. 68.

33 Rubem Braga, "Theatro da Experiência: um laboratório onde se procura criar, para o Brasil, uma nova arte teatral — Rumos, palavras e detalhes expostos pelo sr. Flávio de Carvalho, do Club dos Artistas Modernos", *op. cit.*, p. 3.

34 *Ibidem*.

35 Flávio de Carvalho, "As danças de sábado no Clube dos Artistas Modernos e a nova orientação", *Diário da Noite*, 1º maio 1933, reproduzido em: Luiz Carlos Daher, *Flávio de Carvalho: arquitetura e expressionismo*, São Paulo: Projeto Editores, 1982, p. 45.

pelo telefone, pela aviação, pelo Graf Zeppelin. Embora o Brasil seja um dos países mais longínquos da terra eu penso que nós devemos centralizar, em São Paulo, neste clube, um intercâmbio de informações e de realizações com todos os meios cultos universais, com os seus intelectuais e artistas.

A série de conferências que nós anunciamos incluirá nomes estrangeiros que terão de descobrir a América e o Brasil, aqui. Convidaremos Picasso, convidaremos Chagall, convidaremos até o diabo! Conferências, debates, exposições, revistas, tudo!

Iremos a fundo em todos os problemas da arte moderna, infundindo aqui as novas noções. Lutaremos e ai de quem se opuser ao nosso esforço![36]

Nem Picasso, nem Chagall — muito menos, ao que se saiba, o diabo... — estiveram no CAM, mas uma série de outras palestras e eventos realizados lá movimentaram as noites de São Paulo, como as conferências do muralista mexicano David Alfaro Siqueros e de Caio Prado Júnior sobre a Rússia, que, devido à enorme afluência, teve um encontro extra — sem falar na hoje célebre exposição promovida em função do Mês das Crianças e dos Loucos, que levava a público, pela primeira vez, obras produzidas por aqueles que não eram até então considerados artistas.

3.

Se, por um lado, a noção de experiência de Flávio de Carvalho circunscreve uma zona que engloba simultaneamente ciência e arte, provocação e investigação, por outro, ela implica também, sempre, uma certa *dramatização*. Seu procedimento básico, desde o início, é colocar em ato um determinado corpo, é colocar em cena uma sequência de ações: *veste-se* a boina verde e *caminha-se* no sentido contrário da procissão. Não poderia, portanto, encontrar melhor meio de expressão do que o teatro, que põe no centro da encenação o corpo do ator.

Na peça escrita por Flávio de Carvalho — uma peça curta, dividida em dois atos — a ênfase na movimentação dos corpos se explicita nas rubricas, que assumem uma importância tão grande ou maior do que as falas dos personagens. Por meio da descrição por vezes minuciosa da gesticulação dos corpos, Flávio criou uma espécie de coreografia. Não percamos de vista que, ao intitular sua peça *O bailado do deus morto*, também determinou o âmbito no qual ela se insere: o da dança. No início do primeiro ato, anotou a posição precisa que os nove atores em cena ocupavam no palco: "4 mulheres alinhadas de um lado e 4 homens com tambores e outros instru-

---

36 Reproduzido em: Luiz Carlos Daher, *Flávio de Carvalho: arquitetura e expressionismo*, *op. cit.*, p. 45.

mentos africanos do outro em forma de V. Um lamentador no ápex do V".[37] Logo em seguida, descreveu os gestos do lamentador, interpretado por Adami: "O lamentador levanta-se devagar ao som da música e mexendo com o corpo lentamente aproxima-se da frente do palco com o tórax inclinado e as mãos esticadas para a frente e levantando os braços com os dedos esticados pronuncia com voz grossa e cadenciada: [...] *o deus morreu...*".[38] A orquestra então deveria soar o gongo e o coro — do qual participava o próprio Flávio de Carvalho, ao lado de Nonê de Andrade, Henricão e Osvaldo Sampaio — se punha a chorar, nostálgico. Era a deixa para nova movimentação do lamentador: "dá um passo para a esquerda conservando as mãos para cima fazendo figura geométrica e brusca".[39] Mais adiante, enquanto o coro soprava baixinho e "descontroladamente" — "o deus morreu, o deus morreu" —, o lamentador "dança pesadamente sem sair do lugar": "Neste ínterim, o lamentador dança, movimentando o corpo[,] mas parado no mesmo lugar, figuras geométricas e bruscas; o lamentador para durante alguns segundos continuando o tantã da orquestra. O lamentador tem braços abertos horizontalmente e pernas abertas, e conserva-se assim durante toda a frase que segue".[40]

Ao longo da ação dramática, o lamentador ainda "dança para a direita e para a esquerda do palco com movimentos geométricos"[41], "conserva-se parado em pose geométrica"[42], "abaixa e levanta o tórax batendo com os punhos cerrados no peito em contrição"[43], faz "uma figura geométrica a cada frase"[44], fala com os "braços esticados horizontalmente"[45], com "os dois braços em L"[46], "com movimentos quebrados sem sair do lugar"[47], "curvando o tórax e braços em L"[48], "curvando as pernas e inclinando o tórax"[49] e, ainda, "levantando os braços para cima".[50] As quatro mulheres que representavam A Mulher Inferior (Carmen Melo), 1ª Preferida (Risoleta Silva), 2ª Preferida (Guilhermina Gaynor) e Carpideira são referidas, nas rubricas, como Voz e/ou Vozes e aparecem numeradas: V1, V2 etc. Também elas têm suas movimentações marcadas: "começam a dançar, curvando o tórax para a frente e as mãos

---

37 Flávio de Carvalho, *O bailado do deus morto*, em: Flávio de Carvalho, *A origem animal de deus* e *O bailado do deus morto*, São Paulo: Difusão Europeia do Livro, 1973, p. 81.
38 *Ibidem.*
39 *Ibidem*, p. 82.
40 *Ibidem.*
41 *Ibidem*, p. 83.
42 *Ibidem*, p. 84.
43 *Ibidem*, p. 85.
44 *Ibidem*, p. 83.
45 *Ibidem*, p. 82.
46 *Ibidem*, p. 83.
47 *Ibidem.*
48 *Ibidem.*
49 *Ibidem*, p. 84.
50 *Ibidem*, p. 85.

em atitude de súplica e atitude de demonstração para a assistência"[51], continuam a dançar "abaixando e levantando o tórax com os braços em L para cima"[52], "eletrizam-se em linha na frente do palco"[53], fazem "uma parada brusca e geométrica"[54], falam com "braços retos para cima"[55] ou "esticados para frente, palmas da mão para cima"[56], cantam "baixinho com os braços esticados para a frente"[57] e, por vezes, apenas uma delas, a V1, "levanta-se dançando ao som do batuque".[58] O coro tampouco fica parado: seus membros "levantam e abaixam as mãos e os braços"[59] ou falam com "braços retos para cima em L"[60]. Nem mesmo a orquestra se imobiliza, chegando a ser obrigada a tocar os instrumentos agachada: "1 ou 2 elementos da orquestra caminhando de cócoras, cabeça levantada".[61] Num dado momento do primeiro ato, a movimentação de todos se intensifica: "A orquestra e o coro levantam-se e dançam em roda com os braços levantados seguindo o ritmo do batuque, esta dança dura umas três ou quatro voltas — a cadência do batuque deve ser bem marcada e lenta no começo".[62] Na sequência, a dança se torna mais solta, orbitando entre a mania e o êxtase: "Logo em seguida todos entram na dança do comichão, continuando a girar em roda umas três ou quatro vezes, e coçando todo o corpo ao ritmo da música".[63]

As fotografias da apresentação da peça flagram bem essa movimentação dos atores e dos músicos no palco, como podemos ver, por exemplo, nos quatro instantâneos reproduzidos em *A origem animal de deus e O bailado do deus morto*, último livro preparado por Flávio de Carvalho, em 1973, e publicado alguns meses depois de sua morte, em que está coligido o texto da peça.[64] São, em geral, movimentos bruscos, geométricos, agressivos, que exigem um domínio e um tensionamento corporais equivalentes aos da dança — Flávio nunca nos deixa esquecer que estamos diante de um bailado. Como Luiz Carlos Daher já chamou a atenção em seu alentado estudo sobre o artista, os mais variados trabalhos de Flávio — da pintura à arquitetura — se aproximam da dança:

---

51 *Ibidem*, p. 89.
52 *Ibidem*, p. 90.
53 *Ibidem*.
54 *Ibidem*, p. 85.
55 *Ibidem*, p. 82.
56 *Ibidem*, p. 83.
57 *Ibidem*, p. 88.
58 *Ibidem*, p. 87.
59 *Ibidem*, p. 83.
60 *Ibidem*.
61 *Ibidem*, p. 84.
62 *Ibidem*.
63 *Ibidem*.
64 Cf. *A origem animal de deus e O bailado do deus morto, op. cit.*, p. 79-81.

Apenas instaurada a reflexão modernista, especulou sobre os elementos estéticos básicos que a dança partilha no conjunto das artes: ritmo, movimento, pausa, tensão... Afinal, terá cogitado de que a própria palavra "dança", segundo vozes autorizadas, deriva do sânscrito "tan", vocábulo indicativo de tensão ou intensidade. Manifestação de intensidade que empurra o homem a uma relação transcendental com a natureza, os outros homens e os deuses.[65]

Percebeu ainda, nas pinturas de Flávio da mesma década de seu teatro (1930), uma tensão entre o geométrico e o orgânico, perfazendo algo como uma "geometria das paixões"[66]: "O corpo humano aparece fragmentado, ou então disperso em zonas de cores turvas (*Nu*, da coleção do MASP, 1932); símbolos animistas frequentemente irrompem na superfície da tela, provocando uma sensação de retalhamento do espaço, caso do óleo da coleção da Pinacoteca, de 1932, com bandeirolas humanoides rodeando o rosto disforme".[67] Uma tensão similar pode ser notada em seu teatro, mais precisamente, na relação entre os gestos geométricos e bruscos e as manifestações vocais dos atores que não chegam a se constituir em falas, como os gritos, os choros, os gemidos, os soluços, os assovios. O próprio Flávio de Carvalho, em entrevista ao *Correio de S. Paulo*, observou: "os técnicos do Teatro da Experiência chegaram à conclusão de que o bailado moderno pode perfeitamente ser geometria ligada pelas seguintes coordenadas: palavras (escolhidas para produzir um dado efeito), sucessão de movimentos (mímica estilizada), indumentária simbólica, iluminação dramática, efeito cênico sintético".[68] Por um lado, a gesticulação intensa fazia com que o corpo se cindisse, se fragmentasse, fingisse se desmontar — não por acaso, ao final da peça, o corpo do deus morto era retalhado e seus pedaços eram todos utilizados para outros fins: pelo para fazer pincel; ossos, patas e tendões para óleo de mocotó, gelatina e cola; chifres para pentes, facas e botões; sangue para "farinha para as galinhas"; sebo para "falsificação da manteiga"; tripas para "a grande sonda do mundo de amanhã"; "as partes imprestáveis" para "guano" e "*stick*"; e os ossos da cabeça, da costela e da mandíbula para fabricação de sulfato animal "em presença de ácido sulfúrico".[69] Por outro lado, esse mesmo corpo que se cindia retornava, ao se manifestar, a um modo de expressão anterior à linguagem, grunhindo, gritando, soluçando etc. Havia, na peça, toda uma sonoridade não construída: aos sons inarticulados produzidos pelos atores, somava-se uma música "sem estrutura", como Flávio

65 Luiz Carlos Daher, *Flávio de Carvalho e a volúpia da forma, op. cit.*, p. 11.

66 *Ibidem*, p. 56.

67 *Ibidem*, p. 33.

68 Flávio de Carvalho, citado em: "O Theatro da Experiência é um elemento de progresso", *Correio de S. Paulo*, 6 dez. 1933, p. 2.

69 *Idem, A origem animal de deus e O bailado do deus morto, op. cit.*, p. 91.

mesmo a definiu.[70] Aliás, convém lembrar que, duas décadas depois, em sua série *Os gatos de Roma*, Flávio de Carvalho sugeriria que o bailado fosse considerado o movimento primeiro da humanidade e o soluço, esse "som sem articulação interrompido e repetido", como "a primeira forma de som", como "o primeiro canto de uma tristeza"[71]:

> Muito antes de saber andar, o antepassado do homem bailava na floresta acompanhado pelo soluço que também é um produto da floresta. Era o espetáculo do primeiro som produzindo o primeiro ritmo, rompendo a protodança de movimentos circulares *in loco*, e esta dança circular teria sido um Bailado do Silêncio, o bailado da fera enjaulada.[72]

Em certa medida, era um pouco deste bailado inaugural que Flávio de Carvalho parecia querer colocar em ato em sua peça, orientando-o não tanto por movimentos circulares, mas mais por movimentos geométricos e entrecortados, buscando alcançar o que ele próprio denominou de *contraste* em crítica aos bailados de Miss Hughs, apresentados em São Paulo em 1929: "Para haver contraste [na dança] é preciso haver variedade sem excesso de um ritmo de movimento" e deve-se levar em consideração que "estar parada é uma forma de movimento".[73] Afirmou ainda: "O bailado para causar o efeito que deve causar precisa de contraste de luz e estilização dos movimentos. Precisa realçar a ideia da forma mostrando superfícies planas ou curvas, não diminuídas por detalhes inúteis".[74] Entre esses "detalhes inúteis", estariam o figurino, que ele criticou duramente nas apresentações de Hughs: "Todos os bailados sofreram um grave erro; erro que se repete com todas as bailarinas do mundo. Nas vestes se acumularam detalhes inúteis, que além de prejudicar a forma, de tirar o valor da superfície, diminuíram a ideia da intersecção dos planos".[75] Tendo essas observações em vista, entende-se por que os atores e os músicos de *O bailado do deus morto* vestiam túnicas brancas de algodão, sendo que as das mulheres eram como um tomara que caia e iam até logo acima dos joelhos, enquanto as dos homens eram mais fechadas e mais compridas. O branco da roupa funcionava como uma espécie de tela sobre a qual Flávio de Carvalho projetou luzes coloridas,

---

70 *Idem*, "Teatro antigo e o moderno", *cit.* p. 67.

71 *Idem*, "A mentira e o soluço do mundo. A dança nasceu na floresta", *Diário de S. Paulo*, 24 mar. 1957, reproduzido em: Larissa Costa da Mata (org.), *Os gatos de Roma: notas para a reconstrução de um mundo* perdido, Florianópolis: Editora da UFSC, 2019, p. 95.

72 *Idem*, "O bailado do silêncio", *Diário de S. Paulo*, 24 mar. 1957, reproduzido em: Larissa Costa da Mata (org.), *Os gatos de Roma: notas para a reconstrução de um mundo perdido*, *op. cit.*, p. 97.

73 Flávio de Carvalho, "Da técnica e estilização dos bailados", *Diário de S. Paulo*, São Paulo, 3 mar. 1929, reproduzido em: Luiz Carlos Daher, *Flávio de Carvalho e a volúpia da forma*, *op. cit.*, p. 14.

74 *Ibidem*.

75 *Ibidem*.

que intensificavam a movimentação. As mulheres também usavam luvas brancas, e longos fios, talvez feitos de papel, faziam as vezes de cabelos.

O que também chama a atenção nas fotografias é que todos os atores e músicos usavam máscaras de alumínio duro, concebidas e confeccionadas pelo próprio Flávio de Carvalho. Elas contrastavam com toda a movimentação do corpo, porque eram o elemento imutável. E é justamente nisso que reside, para Flávio de Carvalho, a força da máscara: "O traço característico da máscara é a imobilidade da expressão, e esse traço característico visa a eternização de expressões convenientes ao mundo; é naturalmente um processo de que o homem-ator[,] enfrentando o mundo, lança mão para poder se repousar do efeito de anestesia provocado pela imobilidade". O ator, acrescenta ele ainda, "precisa mexer, mudar de expressão rapidamente, executar profusões de caretas, dar largas ao demoníaco e ao chistoso que está dentro de si, ser irreverente como a criança e inocente como o selvagem".[76] Nesse sentido, nada melhor do que uma máscara para funcionar como "um ponto de segurança eficiente": "Só atrás de uma máscara é que a energia integral do homem tem a possibilidade de desabrochar: protegido, como é, por uma expressão *standard*, a ação do homem demoníaco e técnico atrás da máscara não sofre nenhuma coação do mundo em redor, e ele pode assim rir e chorar e cantar e fazer caretas ao mundo. A máscara funciona como uma fortaleza".[77] Imobilizando a expressão do rosto, enfatizava-se a expressão dos gestos.

Por essas mesmas fotografias, podemos forjar uma imagem de como se estruturou a apresentação para além das falas e da movimentação em cena. É possível ter uma ideia do cenário, dos figurinos e da luz, todos pensados e desenvolvidos pelo próprio Flávio de Carvalho. Afinal, conforme sua concepção tão própria de teatro, "o problema é um só: movimentar coisas iluminadas e sonoras para provocar uma reação sensacional na assistência".[78] Daí tudo convergir: "O cenário, os atores, o som, a iluminação, devem formar um aglomerado de coisas em movimento, um conjunto emotivo sensacional, provocando no homem uma reação sublimativa, excitando o seu erotismo possivelmente contido pela civilização, jubilosamente fecundando a sua alma com novos desejos".[79] O palco tinha cerca de quatro metros de profundidade e estava apenas a alguns centímetros acima da plateia, com 275 lugares — o que fazia com que se aproximasse desta. Pelas fotografias da apresentação, percebe-se que não havia coxia.[80] Os bastidores ficavam

---

76 *Idem*, "Atrás da máscara", *Vanitas*, São Paulo, n. 53, nov. 1935, p. 22-3, reproduzido em: *Flávio de Carvalho: 100 anos de um revolucionário romântico, op. cit.*, p. 68.

77 *Ibidem*.

78 *Idem*, "Teatro antigo e o moderno", *op. cit.*, p. 4.

79 *Ibidem*.

80 A falta de bastidor foi, aliás, um dos tantos argumentos a favor do fechamento do Teatro da Experiência, expresso no relatório de Costa Netto, delegado de costumes: "Examinando o relatório feito pelo funcionário incumbido de colher dados e informações sobre o prédio onde funciona essa casa de diversão, chega-se à rápida conclusão da inadaptação do prédio ao fim a que se destina. Apesar de ser vistoriado pela Prefeitura Municipal, vai

expostos. As paredes laterais pareciam estar recobertas por um pano preto; e o fundo deixava ver a porta sanfonada de aço da antiga entrada do armazém de couros que ali havia.[81] O cenário se compunha de uma coluna feita de cinco placas de alumínio arqueadas, dispostas de tal modo que deixavam um espaço vazado entre elas. Ao lado da coluna, havia uma corrente presa ao teto, também de alumínio. Num canto, destacava-se uma escultura sobre um pedestal. Na frente do palco, havia uma cortina de gaze de filó, que se abria assim que o espetáculo começava. J. Toledo conta que "a iluminação provinha de gambiarras triangulares projetadas por Flávio de Carvalho para abrigar gigantescas lâmpadas de 1000 *watts*, que o artista, todo sentimental, ainda possuía até bem pouco antes de morrer".[82] As luzes coloridas eram projetadas sobre as roupas brancas e a coluna de alumínio, que as refletia. Muito provavelmente, também as máscaras refletiam a luz, o que devia produzir um efeito perturbador.

4.

No dia seguinte à estreia, em pequeno texto sem assinatura com as impressões causadas pela apresentação do dia anterior, o *Correio de S. Paulo* reconheceu na experimentação do teatro flaviano, em que "tudo é original e moderno"[83], sua "terceira experiência"[84]: "Esta 'terceira experiência' de Flávio de Carvalho é talvez o que se tem feito de mais irreverente e arrojado em matéria de teatro".[85] Afirmava ainda que *O bailado do deus morto* seguia "a orientação moderna, ainda em experiência em Paris, Polônia, Rússia e tentado na Alemanha, até a proibição de Hitler": "Falado e cantado, tem ainda a virtude de defender uma tese".[86] O crítico não deixava dúvida a respeito de sua opinião: "Gostamos da experiência".[87] E ainda garantia que o mesmo se dava com os espectadores, "a julgar pelos rostos risonhos" e pelo que ouvira de uma senhora: "É um trabalho 'incrível', no dizer de uma espectadora... Fruto de um cérebro de cultura larga e variada".[88] E concluía: "'O bailado do Deus morto' exige uma assistência selecionada e... despida de

---

de encontro a diversas exigências do regulamento policial, como: falta de local para bilheteria; de camarins e de comunicação do palco com a plateia" (reproduzido em: "O Teatro da Experiência em São Paulo", Diário da Noite, 8 dez. 1933, p. 3).

81 Segundo J. Toledo, a porta dava para a calçada da rua Pedro Lessa (Flávio de Carvalho: o comedor de *emoções, op. cit.,* p. 183).

82 J. Toledo, *Flávio de Carvalho: o comedor de emoções, op. cit.,* p. 183.

83 "O bailado do deus morto", *Correio de S. Paulo,* 16 nov. 1933, p. 2.

84 Peregrino, falando do fechamento do Teatro da Experiência, também se referiu a ele como a "experiência n. 3" de Flávio de Carvalho ("Notas mundanas — Teatro da Experiência", *op. cit.,* p. 8).

85 "O bailado do deus morto", *Correio de S. Paulo,* 16 nov. 1933, p. 2.

86 *Ibidem.*

87 *Ibidem.*

88 *Ibidem.*

preconceitos".[89] Dias depois, o cronista do *Diário da Noite* também se referiu de maneira elogiosa a *O bailado do deus morto*:

> "O Bailado do Deus Morto" faz os homens pensarem. E como o pensamento honesto e consequente é, em nossa época de passageira vaga obscurantista, privilégio dos que são capazes de encarar sem ofuscamento a aurora que surge, o teatro de Flávio de Carvalho é um teatro livre, para gente libertada dos preconceitos de casca mais grossa, não somente na arte como na vida...
> Ao "O Bailado do Deus Morto" não falta também beleza. Movimentam-se, à cadência monótona do bombo e do tamborim, o "lamentador", a "mulher inferior", as "preferidas" e a "Carpideira", todos com máscaras de metal, que escondem (e com que vantagem) as caras conhecidas e ampliam as vozes que vão comentando cheias de ira ou arrastando-se em lamentos profundos, a história do deus, que é antes o reflexo da Necessidade que domina os humanos do que o monstro mitológico pastando entre as feras do mato.[90]

Os detratores, por seu turno, não pouparam farpas. O comentarista de *O Século*, periódico ligado à Igreja católica, se voltou contra a peça, como era esperado: "Convenhamos que, em matéria de psiquiatria e de obscenidades, S. Paulo nunca viu coisa igual... Pelo 'bailado do deus morto' ('deus morto' é hoje Marx) pode um cristão fazer uma ideia aproximada do que é a ação bolchevista e, sobretudo, do que é a mentalidade patológica dos que a propugnam". E acrescentou: "O 'bailado do deus morto' não chega a ser uma blasfêmia ou um sacrilégio. Inspirou-nos piedade. É um simples caso de psiquiatria e de polícia que terá, oportunamente, necessário corretivo".[91] Desde a Semana de Arte Moderna, de 1922, as manifestações então ditas modernas (e chamadas de "futuristas" pelos jornais ainda na década de 1930, mesmo tendo os modernistas, reiteradas vezes, negado esse termo a eles atribuído) eram descritas dentro do âmbito da loucura. Em outro texto sem assinatura do *Correio de S. Paulo*, o Teatro da Experiência foi compreendido como a "*rentrée* futurista" promovida por Flávio de Carvalho. Seu teatro era visto como a manifestação que o ligava diretamente aos modernistas, chamados pelo crítico do jornal de "ilustres juquerys-pinélicos".[92] Embora de má vontade com a peça de Flávio (ou talvez justamente por conta disso: tantas vezes, a crítica negativa vê mais claramente aspectos que passam despercebidos pelos comentaristas benevolentes), o crítico destacou, em primeiro lugar, a base reflexiva do texto ao observar que ali Flávio não estaria

89 *Ibidem.*
90 "Theatro da Experiência — Acusações improcedentes quanto à moralidade da pela de estreia", *Diário de Notícias*, 19 nov. 1933, p. 8.
91 Citado por J. Toledo, *Flávio de Carvalho: o comedor de emoções, op. cit.*, p. 199.
92 "O futurismo triunfa...", *Correio de S. Paulo*, 20 nov. 1933, p. 2.

"fazendo propriamente futurismo, e sim, pura filosofia".[93] Ademais, percebeu como nenhum outro, no calor da hora, como a conjugação de texto e encenação refletia a situação política e social daquele tempo, apesar de o texto não falar expressamente disso (pelo contrário: parecia apenas lançar luz sobre questões filosóficas e antropológicas):

> Ninguém, como o criador dessa nova espécie de gargalhada, terá interpretado fielmente a anarquia contemporânea. É uma troça séria a todas as monstruosidades do instante que passa, é uma tremenda crítica ao estado atual dos espíritos. [...] Queiram ou não queiram os medalhões de museu que vivem de ser grandes homens em tudo, quando não passam de raridades empalhadas, a época é mesmo de escanhambação geral, desde o divórcio até a cocaína, desde a política até a comédia de Constituinte. Está muito bem o "Teatro da Experiência".[94]

E se saiu, na sequência, com uma frase lapidar: "O hospício está lindamente representado naquele palco, e o palco é a representação do mundo moderno...".

5.

O Teatro da Experiência não durou mais do que três apresentações, sendo proibido pela polícia em sua terceira noite de espetáculo: a censura não havia liberado o texto de *O bailado do deus morto*.[95] Antes de ser definitivamente fechado em 14 de dezembro de 1933, o teatro abrigou ainda dois espetáculos, ambos de dança e ambos encenados no primeiro andar, onde ficava a área social do CAM: *Bailados russos*, com a dançarina russa Lubov Soumarokova, que fizera parte da companhia de Sergei Diaghilev, e *Coisas de negro*, "espetáculo de danças da época da escravidão" ("As danças são curiosíssimas e, pode-se dizer, danças que quase já não vemos mais. Entre os números que se destacam, contamos: tambu, apresentado pela primeira vez em São Paulo, danças das enxadas, trágica pelo seu conteúdo, e uma autêntica macumba"[96]). Houve

---

93 *Ibidem.*

94 *Ibidem.*

95 A novela da liberação pela censura do texto é contada pelo próprio Flávio de Carvalho, seis anos depois, na *RASM — Revista do Salão de Maio* de 1939, "A epopeia do Teatro da Experiência e *O bailado do deus morto*", *op. cit.*: "Passei dias inteiros na censura procurando convencer o delegado Costa Neto (o censor era delegado de polícia), me faziam esperar horas e horas propositalmente — de uma feita esperei seis horas a fio, cheguei a me mudar para o gabinete de polícia, levei livros, cadernos, régua de cálculo, alimento e lá ficava a manhã toda e toda a tarde procedendo ao expediente do meu escritório esperando ser atendido. Osvaldo Sampaio ia e vinha em auxílio. Após 10 dias de esforços inúteis contra o quebra-paciência oficial[,] por acaso peguei o delegado que se esquivava apressadamente na saída, eu entrava e ele saía, esprimi os argumentos, me interpus entre o personagem oficial e o auto que esperava, apelei por Shakespeare em plena rua dos Gusmões, chamei a atenção sobre a liberdade de linguagem desse autor, apalpei a própria pessoa do delegado como demonstração da necessidade premente de dar uma afirmativa, o povo ajuntava... o delegado atarantado, suado e com pressa se pronunciou verbalmente".

96 "'Coisas de negro' no Theatro da Experiência", *Correio de S. Paulo*, 7 dez. 1933, p. 6.

reação dos intelectuais ao fechamento do Teatro da Experiência: redigiram uma carta em apoio a Flávio de Carvalho e contra a censura. *O Jornal*, do Rio de Janeiro, publicou, a cada dia, depoimento de uma personalidade que se opunha ao fechamento; entre as manifestações, estavam as de Menotti del Picchia[97], Procópio Ferreira[98] e Álvaro Moreyra.[99] Este último, ao defender o teatro de Flávio de Carvalho, aproveitou para alfinetar a situação teatral de então:

> Temos a Sociedade Brasileira dos Autores Teatrais, temos a Casa dos Artistas, temos a União dos Pontos, temos o Centro dos Maquinistas, temos o Club dos Contra-Regras, temos vários ajuntamentos de cenógrafos, aderecistas, costureiros, cabelereiros, empresários.
> Temos, também, o público, sempre pronto e sempre decidido a comparecer.
> Temos, até, a Censura teatral.
> Só não temos teatro.[100]

Rubem Braga, em texto de 12 de janeiro de 1934, faria eco às observações de Álvaro Moreyra a respeito do cenário teatral do período: "Nenhuma arte anda tão atrasada, tão fracativa, tão perrengue nestes pobres brasis como o teatro".[101] E acrescentou: "Deus Nosso Senhor sabe que, falando mal do nosso teatro, como ele é hoje, não quero xingar nem os autores, nem os atores, nem os empresários, nem o público. Ninguém tem culpa nem é inocente: todos são cúmplices e vítimas. O que não há é teatro. Não há e não haverá nunca, jamais, mesmo porque a polícia não deixa".[102] Nesse sentido, o Teatro da Experiência seria, pelo menos, uma tentativa de se fazer algo novo: "Esse delegado que fechou o Theatro da Experiência é um puro criminoso. Não sei se dali sairia alguma arte com força bastante para ser popular. Até tenho dúvidas a este respeito. Mas, enfim, era uma experiência, podia dar certo, podia dar em droga, mas era uma experiência".[103]

Curiosamente, em sua própria época, o Teatro da Experiência foi considerado por alguns comentaristas de exceção uma experiência revolucionária na história do teatro brasileiro. O *Boletim de Ariel*, por exemplo, sau-

---

97 "São Paulo. O fechamento do Theatro da Experiência e umas declarações do escritor Menotti del Picchia", *O Jornal*, 8 dez. 1933, p. 14. Afirmou Menotti: "Fechasse um laboratório espiritual, seria um fato tão alarmante como se querer fechar um laboratório de física ou de química".

98 "O fechamento do Theatro da Experiência em S. Paulo", *O Jornal*, 9 dez. 1933, p. 2. Disse Procópio Ferreira, antes de enumerar as censuras que ele próprio vinha sofrendo em suas peças: "Proibe-se a representação de uma peça sob a alegação de que é antirreligiosa e comunista, e deixam abertas as livrarias que vendem, diariamente, os melhores livros muito mais comunistas e antirreligiosos...".

99 Álvaro Moreyra, "Em vez de...", *O Jornal*, 14 dez. 1933, p. 3.

100 *Ibidem*.

101 Rubem Braga, "Theatro brasileiro", *O Jornal*, 12 jan. 1934, p. 2.

102 *Ibidem*.

103 *Ibidem*.

dou a sua abertura como "a primeira tentativa séria de revolução, de modernização do nosso pobre teatro".[104] Dois anos depois da criação e fechamento do teatro de Flávio, em outubro de 1935, o comentarista teatral de *O Jornal*, em texto assinado apenas com as iniciais L. M., ao falar do Teatro Escola, de Renato Vianna, cuja "iniciativa nada tem de notável e continua a mesma linha monótona de mediocridade que caracteriza a arte dramática em nossa terra", destacou, como manifestações realmente revolucionárias do teatro brasileiro, as de Álvaro Moreyra e Flávio de Carvalho: "Ainda ontem, aqui mesmo, eu insisti em notar que as únicas tentativas de verdadeiro teatro moderno no Brasil — teatro de vanguarda — partiram de intelectuais alheios à classe, 'amadores': o 'Teatro do Brinquedo', no Rio, e o 'Teatro da Experiência', em São Paulo".[105] Lembrou também que, na Europa, as iniciativas de "renovação estética das massas" se deram por meio dos bailados: na Rússia, com Sergei Diaghilev e a aproximação deste a Jean Cocteau, Igor Stravinsky, Picasso, Max Ernst, Erik Satie, entre outros, e, na Suécia, com Rolf de Maré, "onde Jean Borlin dançava com música de Honegger, em cenários pintados por Léger, com argumentos de Blaise Cendrars".[106] Em depoimento a J. Toledo, Jorge Amado, que havia participado do protesto dos artistas e fora um dos palestrantes do CAM, assistiu ao bailado e não hesitou em reconhecer o seu caráter experimental: "O 'Bailado', na ocasião, me pareceu um espetáculo impressionante. Eu usaria para classificá-lo o termo 'revolucionário'. Revolucionário em todos os sentidos".[107] Nas décadas posteriores, no entanto, a experiência teatral de Flávio de Carvalho teve seu reconhecimento circunscrito ao âmbito das artes visuais. Críticos como Walter Zanini e Tadeu Chiarelli não têm dúvidas a respeito das inovações preconizadas por Flávio de Carvalho em seu Teatro da Experiência. Ambos o compreendem dentro de uma linhagem que parte das manifestações teatrais dadá e surrealistas. Para Zanini: "Ao lado de Oswald de Andrade, coube-lhe sem dúvida um papel na renovação da dramaturgia nacional".[108] Para Chiarelli, o legado de Flávio não é menor: "o Teatro da Experiência [...] o afirma como um dos encenadores mais radicais surgidos no Brasil neste século".[109] No âmbito da historiografia do teatro, contudo, como J. Toledo muito bem nota, há, em geral, "uma inexplicável omissão" ao teatro de Flávio.[110] O Teatro da Experiência não chega a ser estudado. Seria preciso investigar a razão deste apagamento, mas isso seria matéria para um novo texto.

---

104 "Theatro de Experiência", *Boletim de Ariel*, a. III, n. 3, dez. 1933, p. 62.

105 L. M., "O caso do Theatro Escola", *O Jornal*, 4 out. 1935, p. 10.

106 *Ibidem*.

107 Citado por J. Toledo, *Flávio de Carvalho: o comedor de emoções*, op. cit., p. 200.

108 Walter Zanini, "Introdução a Flávio de Carvalho", em: Walter Zanini (org.), *Exposição Flávio de Carvalho — 17ª Bienal de São Paulo*, Bienal de São Paulo, 1983, p. 14.

109 Tadeu Chiarelli, "Flávio de Carvalho: questões sobre sua arte de ação", em: Denise Mattar (org.), *Flávio de Carvalho: 100 anos de um revolucionário romântico*, op. cit., p. 55.

110 J. Toledo, *Flávio de Carvalho: o comedor de emoções*, op. cit., p. 172.

Patrícia
as artes

Galvão e cênicas

A admiração da escritora, ativista política, feminista e teatróloga Patrícia Galvão pelo circo e, em especial, pelo palhaço Piolin é analisada nos dois artigos que compõem os capítulos a seguir. Nesses textos cita-se, em especial, uma crônica sobre esse singular artista popular, publicada na edição de 7 de abril de 1931 de *O Homem do Povo*, o jornal que Galvão fundou com o então companheiro Oswald de Andrade. Como se vê na reprodução fac-similar na página ao lado, o elogio ao circo surgiu na coluna "Palco, tela e picadeiro", escrita por Patrícia sob o pseudônimo satírico K. B. Luda.

Da arte da palhaçaria, o texto avança para exortações de espírito marxista e comunista, mesma direção da maioria das notícias e crônicas da publicação, que circulou apenas nos meses de março e abril de 1931, a totalizar oito edições.

Em seu comentário, Pagu faz referência ao fato de as artes cênicas e o circo integrarem então o ensino público na Rússia, para em seguida comparar os melhores palhaços com certo "dr. Lourenço Filho" — Manuel Bergström Lourenço Filho, pedagogista e jornalista —, que anos depois se tornaria colaborador do Estado Novo de Getúlio Vargas. Em crítica à orientação educacional do governo estadual, a autora glosa, ainda, o jurista e servidor público Alcyr de Luné Porchat, saído dos quadros da Faculdade do Largo São Francisco, aludindo a bajulações dirigidas por esse político ao poder tenentista.

[Alvaro Machado]

Reprodução fac-similar
de página d'*O Homem do
Povo*. Texto de Patrícia
Galvão sob o pseudônimo
K. B. Luda.

Piolin

Vem dá gozo pra gente.

Vem fazer a gente morrer de rir sadista de uma figa.

A sua voz gozada e o seu olhar inteligente aqui com a gente nessa redação que é a melhor de S. Paulo.

Aqui até Piolin fala a verdade.

E nós estamos vendo toda a mentira embaixo de nós.

Aqui se respira e se desabafa.

A inteligência e o desabafo são ouvidos.

Aqui até Piolin fala a verdade.

E nós amigos dele vemos na sua figura sem máscara, sem tinta, a mesma inteligência do *clown*, o mesmo orgulho do pobre que ele sempre representa e o mesmo desprezo pelo rico que ele sempre ridiculariza.

Piolin proletário.

Piolin que faz um malzinho sem querer, de dar momentos de sensacional alegria ao povo que o vai ver.

E o pessoal com a ENTRADA do Piolin esquece que é explorado.

Piolin do povo, artista para o povo.

Na Rússia, o grande palhaço tem a mesma cotação que o dr. Lourenço Filho e é considerado alto funcionário da Instrução Pública.

Aqui, a Instrução Pública serve para o dr. Alcyr Porchat dar greladas democráticas no governo dos tenentes — trágica palhaçada!

Piolin faz rir. Piolin faz rir — o maior artista brasileiro.

K. B. Luda

[Patrícia Galvão]

5.

"O mais é a viagem": teatro, política e vanguarda na trajetória de Patrícia Galvão

Maria Lívia Nobre Goes

De tudo o que eu sentia antes,
ficou o doloroso da revolta, o necessário
auxiliar estimulante da luta futura.
Pagu: autobiografia precoce (2005 [1940]).

Patrícia Galvão
no final da
década de 1920.
Foto de autoria
desconhecida.

Num texto de 1921 no qual comenta as novas tendências do teatro revolucionário, a diretora soviética Asja La¨¨cis abre com a afirmação: "A arte não é um fim em si mesmo, mas ajuda a alcançar os objetivos finais da humanidade. Nesse sentido, arte e socialismo têm que andar de mãos dadas. [...] A nova vida estará unida à arte. Arte e vida se tornarão uma só".[1] A trajetória de Patrícia Galvão parece antecipar essa nova vida. Ela mantém um traço comum de radicalidade na produção artística — desde sua aproximação com o modernismo paulista, aos 19 anos, no ambiente da *Revista de Antropofagia,* em 1929 —, na militância política no Partido Comunista Brasileiro (PCB), em que ingressou em 1931, e na posição de intelectual e agitadora cultural que assume na segunda metade de sua vida.

Desde a recuperação dos escritos de Patrícia Galvão feita por Augusto de Campos, em 1982 — naquela que persiste como a mais abrangente e significativa coletânea de textos de sua autoria e comentários críticos a seu respeito[2] —, até a publicação em 2005 de *Paixão Pagu: autobiografia*

---

1 Asja Lācis, "New Tendencies in Theater", em: Asja Lācis, *Signals from Another World: Proletarian Theater as a Site for Education*, texts by Asja Lācis and Walter Benjamin, with an introduction by Andris Brinkmanis, 2017. Tradução livre da autora.
2 Augusto de Campos, *Patrícia Galvão – Pagu – vida-obra*, São Paulo: Brasiliense, 1982.

precoce de Patrícia Galvão, a trajetória da autora é vista sob o prisma da "vida-obra".[3] Incomoda, porém, que de modo geral prevaleçam a seu respeito obras de divulgação com uma tendência a transformar a narrativa biográfica em uma estrutura evolutiva e de certo modo esquemática de sua trajetória.[4]

Nessa cronologia um tanto estanque para sua vida-obra em movimento, a atuação no teatro aparece na década de 1950, quando Galvão estuda na Escola de Artes Dramáticas (EAD), traduz a primeira peça de Eugène Ionesco no Brasil, *A cantora careca*, e assume o papel de agitadora do teatro em Santos, cidade em que se estabeleceu, com especial destaque para suas colunas no jornal *A Tribuna* e sua atuação junto aos grupos amadores, além de novas traduções de textos teatrais e até da direção de alguns espetáculos. Nas palavras de Alfredo Mesquita, seu professor na EAD que se tornou amigo, neste momento, "seu amor e interesse dirigiam-se quase exclusivamente ao teatro de vanguarda, em que a imaginação é tão livre quanto a 'escrita'".[5] A ideia de vanguarda, neste período, inspirada pelo teatro de Ionesco, estaria ligada a um "teatro puro", em que não imperam as determinações "socializantes", mas uma espécie de confissão, a ideia de "projetar sobre a cena seu drama interior".[6]

Por sua vez, os anos 1930 são associados, nas biografias, ao relacionamento com Oswald de Andrade, iniciado pouco após se integrar ao círculo da vanguarda do modernismo paulista, e a sua militância no Partido Comunista, denominadores para a compreensão de sua obra literária e política da época. Com Oswald, Patrícia, que então assina Pagu, publica *O Homem do Povo*, jornal político e satírico que dura oito números, publicados entre março e abril de 1931. No periódico, ela é responsável pela coluna "A mulher do

---

3   Na realidade, a "autobiografia" é uma carta que escreveu a Geraldo Ferraz, seu segundo marido, no início da década de 1940, em que faz um resumo de sua vida. Patrícia Galvão não idealizou sua publicação: "Não estou escrevendo autobiografia para ser publicada ou aproveitada. Isto é para você ter um pouco mais de mim mesma, das sensações e emoções que experimentei." (Patrícia Galvão, *Pagu: autobiografia precoce*. São Paulo: Companhia das Letras, 2020, p. 74). A decisão pela edição do material veio dos filhos, mais de quarenta anos após sua morte. Com efeito, o texto, cheio de beleza e tristeza, nos aproxima da autora de modo mais denso do que as imagens estereotipadas a seu respeito como "musa do modernismo" ou "agitadora política".

4   A observação sobre as abordagens biográficas a respeito da obra de Patrícia Galvão já está presente em Maria Lygia Quartim de Moraes ("A solidão de Pagu", em: Jorge Ferreira; Daniel Aarão Reis (org.). *A formação das tradições (1889-1945)*, Rio de Janeiro: Civilização Brasileira, 2007, p. 3366-78). Devem ser ressalvadas as iniciativas de maior fôlego reflexivo como as de Tereza Freire, *Dos escombros de Pagu*, São Paulo: Senac/Edições Sesc, 2008, e Thelma Guedes, *Pagu. Literatura e revolução: um estudo sobre o romance Parque industrial*, São Paulo/Cotia, Ateliê Editorial; Nanquim Editorial, 2003, fruto de trabalhos acadêmicos, bem como pesquisas específicas, a maior parte a respeito do romance *Parque industrial*.

5   Alfredo Mesquita, "Patrícia Galvão", em: Augusto de Campos, *op. cit.*, p. 267.

6   Ideias que aparecem nos artigos de Patrícia Galvão publicados em *A Tribuna*: "Ionesco, Sartre e Teatro" (*A Tribuna*, Santos, 2 out. 1960, Suplemento, p. 17) e "Ionesco" (compilado por Augusto de Campos, *op. cit.*, p. 218).

povo", em que critica de modo ácido as pautas de um feminismo pequeno-burguês, desinteressado da realidade da mulher trabalhadora. Além disso, desenha as ilustrações, a tirinha "malakabeça, fanika e kabelluda", e, na seção intitulada "Palco, tela e picadeiro", assina como Irmã Paula uma coluna em que assume o mesmo tom ácido para comentar a situação teatral em São Paulo: "O teatro no Brasil morreu. O seu enterro ainda não foi feito porque ninguém se lembrou de fazê-lo", diz no último número, num texto que ficou pendente de continuidade.[7] Em outro, ironiza a falta de um teatro à altura da "Capital Futurista do Brasil".[8] De modo geral, volta sua atenção para a programação de teatros de revista, e comenta inclusive a situação dos artistas num deles, o Teatro Apolo, em que rondava a ameaça da fuga do empresário com o dinheiro da bilheteria.[9]

A seção "Palco, tela e picadeiro" tinha como "diretor de cena" o palhaço Piolin, que Pagu conhece desde os tempos de normalista. A ele, a escritora dedica uma coluna, que assina como K. B. LUDA (o mesmo nome da personagem das tirinhas), comentando a presença do artista na redação: "vemos sua figura sem máscara, sem tinta, a mesma inteligência do *clown*, o mesmo orgulho do pobre que ele sempre representa e o mesmo desprezo pelo rico que ele sempre ridiculariza."[10] Os modernistas, em especial Alcântara Machado, Mário de Andrade e Oswald de Andrade, já se interessavam pelo palhaço Piolin, no que se aproximavam de uma tendência internacional de intercâmbios entre vanguarda e artistas populares.[11] Essa tendência é reforçada em *O Homem do Povo*, jornal que se pretendia popular e no qual Piolin assume um cargo na redação, além de assinar a coluna de artes cênicas, que inclui o circo e aborda o teatro a partir dos espetáculos revisteiros.[12] Tal abordagem do teatro nas páginas de *O Homem do Povo* indica também uma relação primeira de Pagu com o teatro sob outra perspectiva vanguardista, que parte do encontro da politização com a arte popular.

---

7   Oswald de Andrade; Patrícia Galvão, *O Homem do Povo: coleção completa e fac-similar dos jornais escritos por Oswald de Andrade e Patrícia Galvão (Pagu)*, introdução de Augusto de Campos, São Paulo: Imprensa Oficial do Estado Arquivo do Estado, 1984, p. 62.

8   *Ibidem*, p. 26.

9   *Ibidem*, p. 44.

10 *Ibidem*, p. 50.

11 A procura pelo lugar do teatro na vanguarda modernista brasileira é tema da tese de Sérgio de Carvalho, *O drama impossível: teatro modernista de Antônio de Alcântara Machado, Oswald de Andrade e Mário de Andrade*. Tese (Doutorado em Letras) — Faculdade de Filosofia, Letras e Ciências Humanas — Universidade de São Paulo, 2002. Nela, o pesquisador indica as relações entre a vanguarda e a cultura popular (p. 88). [O trabalho foi publicado em livro pelas Edições Sesc (2023).]

12 Na curta duração do jornal, interrompido após o oitavo número por intervenção dos estudantes de direito que eram satirizados na publicação, entretanto, o circo é comentado apenas quando Patrícia escreve sobre Piolin. Ainda assim, quando consideramos o cânone de modernização do teatro, que se estabeleceu a partir da leitura de Sábato Magaldi da encenação de *Vestido de noiva*, texto de Nelson Rodrigues dirigido por Zbigniew Ziembinski, em 1943, parece ainda mais significativa essa proposta de teatro moderno próximo de uma arte popular.

Entre 1931 e 1932, ela escreve *Parque industrial*, obra que recebe o epíteto de primeiro romance proletário no Brasil. O livro surpreende não só pelo enfoque sobre a classe trabalhadora urbana e sobre sua politização, mas especialmente pelo destaque dado à realidade das mulheres pobres em uma grande cidade situada na periferia do capitalismo. Seus principais cenários são o ambiente fabril dos ateliês de costura, em que Pagu chegou a trabalhar no seu período de integração à produção determinada pelo PCB, e o bairro paulistano do Brás, onde morou na adolescência. Algumas personagens também são transposições quase diretas de sua experiência biográfica. O militante Alexandre, o "gigante negro", remete a Herculano de Sousa, figura determinante para o ingresso de Pagu no PCB, e tem o mesmo fim do companheiro, que ela testemunhou ser assassinado pela polícia na repressão de um ato em homenagem aos anarquistas italianos Sacco e Vanzetti, em Santos. Alfredo Rocha, o burguês que trai sua classe, é o retrato de Oswald. Otávia é a própria Pagu, militante que vai presa e é fiel ao partido a ponto de abandonar seu amor sem titubear quando ele é acusado de vacilações burguesas, mesmo que ela não as enxergue. Patrícia Galvão foi a primeira mulher militante presa no Brasil, tendo ainda se afastado de Oswald e do filho Rudá, em atenção às orientações do partido. Foi mais uma vez rigorosa com as diretrizes partidárias ao assinar o romance com o pseudônimo de Mara Lobo. Desde sua primeira prisão, ocorrida no mesmo dia do assassinato de Herculano, quando ela seguiu discursando para manter o ato, rondava sua figura uma acusação de protagonismo, para a qual contribuíram matérias em jornais como a *Gazeta Popular*, o *Diário de São Paulo* e *A Tribuna*.[13] De acordo com o Partido, tal atitude teria um fundo pequeno-burguês, daí a determinação de que Pagu não divulgasse sua autoria do livro e que assumisse sozinha a responsabilidade pela repercussão do ato.[14]

Sobre o romance, Augusto de Campos é categórico: "a técnica é oswaldiana" e o "lugar onde Pagu antecipa o mestre" seria no teor politizante, que antecede a publicação de *A escada*, *Marco zero* e as peças teatrais, consideradas as obras da fase "política" de Oswald.[15] O que o crítico parece deixar em segundo plano é a relação entre tema e forma, como se fosse possível que apenas o tema proviesse de forma legítima de Pagu, enquanto a forma seria determinada pela influência de Oswald. Para Thelma Guedes, a atitude literária da autora de *Parque industrial* é

---

13 São diversas as matérias da *Gazeta Popular* que caracterizam Pagu como responsável pala agitação no ato. No *Diário de São Paulo*, isso se repete nas edições de 24 e 25 de agosto de 1931, e em *A Tribuna*, em 24 de agosto de 1931.

14 Com relação a *Parque industrial*, entretanto, a resenha crítica publicada por João Ribeiro no *Jornal do Brasil* em 26 de janeiro de 1933, logo após o lançamento do livro, já revelava a autora por trás do pseudônimo.

15 Augusto de Campos, *op. cit.*, p. 20.

[...] fruto de uma escolha, uma decisão e uma concepção nada ingênuas da natureza da arte e do papel do artista nas sociedades humanas de seu tempo, ou, mais precisamente, nas sociedades periféricas do capitalismo até a primeira metade do século XX.
Patrícia valorizava, acima de tudo, a pesquisa, a experimentação e a interferência do processo artístico na realidade, mesmo que isso no momento da publicação representasse uma ausência de leitores e incompreensão de críticos.[16]

Em um texto de 1978, Kenneth David Jackson acusa que tal silêncio de certo modo permaneceu nos anos seguintes à publicação: "enquanto [*Serafim*] *Ponte Grande* foi redescoberto e saudado como o maior romance do modernismo no Brasil, *Parque* permanece praticamente inédito".[17] O brasilianista sugere ainda que sua leitura poderia iluminar a compreensão do prefácio agressivo de Oswald de Andrade para seu *Serafim*, no qual o escritor renega sua produção modernista de até então, identificando-a com uma tradição de revolta antiburguesa mais estetizada do que propriamente combativa. Escrito em 1933, o texto é do mesmo ano em que foi publicado, sob auspícios de Oswald, *Parque industrial*, e o autor parece estabelecer um diálogo com a obra de Pagu, que transpira a politização proletária ausente em *Serafim*, um possível motivo pelo qual a obra dele foi resgatada e a dela, ocultada.[18]

Nesse período, é difícil separar os interesses de Patrícia Galvão dos de Oswald de Andrade, o que também decorre da complexidade e contradição inerentes a uma relação entre uma jovem de 19 anos e um homem vinte anos mais velho, que foi um dos principais responsáveis — junto com sua então esposa, Tarsila do Amaral — pelo acolhimento de Pagu num círculo artístico que ela já revelava admirar. Ela não parece inconsciente da situação, que é sugerida numa das tirinhas cômicas da Kabelluda.[19] Além disso, Pagu tinha uma personalidade forte e interesses próprios antes de se aproximar do grupo dos modernistas, pelo menos é isso o que se extrai da leitura do anedotário sobre a jovem normalista irreverente nos arredores da Praça da Sé, o

---

16 Thelma Guedes, *op. cit.*, p. 38.
17 Kenneth David Jackson, "Patrícia Galvão e o realismo-social brasileiro dos anos 30", em: Augusto de Campos, *op. cit.*, p. 287.
18 No prefácio, Oswald recorre à imagem do "parque industrial" paulistano para comentar que o futurismo dos jovens modernistas, ainda que pretensamente antiburguês, não se dava conta de como servia à integração do país no capitalismo global (Oswald de Andrade, "Serafim Ponte Grande", em: Oswald de Andrade, *Obras Completas 2: Memórias sentimentais de João Miramar/ Serafim Ponte Grande*, Rio de Janeiro: Civilização brasileira, 1971, p. 119). A crítica é válida, porém o caráter totalizante que Oswald lhe atribui omite contradições mais sutis e próprias ao descompasso de forças entre a estrutura econômica e movimentos artísticos.
19 No segundo número do jornal, de 28 de março de 1931, ela conta a história de um casal, Malakabeça e Fanika, que recebe uma "sobrinha pobre — Kabelluda", "o pomo da discórdia e o consolo de Malakabeça". Nas imagens, vemos um casal feliz com a chegada surpreendente de uma jovem, sucedido por ela montando e acariciando o homem enquanto a esposa observa estarrecida atrás de uma janela (Oswald de Andrade; Patrícia Galvão, *op. cit.*, p. 28).

que também é reafirmado em sua militância comunista nos primeiros anos da relação com Oswald. A politização do casal é determinada pelas escolhas políticas dela, que adota uma prática muito mais radicalizada do que a dele. A determinação de Pagu para entrar no Partido Comunista chega a afastá-la temporariamente da atuação intelectual e mesmo do companheiro e do filho ainda bebê. A diretriz obreirista do PCB daquele momento é o que a leva a se integrar ao trabalho fabril. Ao mesmo tempo, essa experiência serve de material para o romance *Parque industrial*.

Por fim, nele também é possível rastrear uma relação com o teatro. Pagu chega a iniciar uma versão dramatúrgica de *Parque industrial*. Na única página disponível de um caderno iniciado em 1931, anuncia-se uma estrutura de "quadros", que de certo modo coincide com a estrutura episódica do romance, também próxima de uma dinâmica social determinada pela urgência das classes populares e de um mundo em intensa transformação dos meios de produção industriais.[20]

No mesmo ano de publicação de *Parque industrial*, Pagu parte para a Europa. Foi também a relação com o Partido, que se revelou cada vez mais conflituosa e permeada por abusos, o que determinou sua partida.[21] Em geral, as obras biográficas mencionam o itinerário desta viagem, em que ela passou por Estados Unidos, Japão, China, Manchúria, Rússia e atravessou a Alemanha para chegar à França, bem como seu teor inusitado e revolucionário para a época: uma mulher, jovem, sozinha, numa volta ao mundo com propósitos politizantes. Tais publicações destacam a permanência da autora na França, quando se aproximou dos surrealistas e militou na Juventude do Partido Comunista Francês (PCF), sob a identidade falsa de Leonnie. Pagu foi presa quatro vezes. Na última, em 1935, foi identificada como militante estrangeira e, na iminência de ser deportada para a fronteira da Itália ou da Alemanha, em plena ascensão do fascismo e do nazismo, foi identificada pelo embaixador Souza Dantas, que conseguiu sua repatriação para o Brasil. Chegando ao país, ficou poucos meses livre. Com o fracasso da insurreição de 1935, passou a ser procurada e foi detida no final do mesmo ano. Entre uma fuga e a recaptura, passou quatro anos e meio na prisão, sendo libertada em 1940.

---

20 Tal versão teatral refere-se ao "segundo quadro" do "primeiro ato", que se passa no escritório de Alfredo Rocha. Pagu indica o cenário num croqui. No romance, a cena não existe, e Alfredo só aparece no quarto capítulo. A página do caderno de Pagu é reproduzida no livro organizado por Lúcia Teixeira Furlani e Geraldo Galvão Ferraz, *Viva Pagu: fotobiografia de Patrícia Galvão,* Santos: Unisanta; São Paulo: Imprensa Oficial do Estado de São Paulo, 2010, p. 116.

21 Em sua Autobiografia precoce, Patrícia Galvão relata a desconfiança que enfrentou do Partido por pertencer a um ambiente intelectualizado, tendo vivido diversos tipos de provações, desde a acusação de vaidade pequeno-burguesa por sua suposta preponderância em ações políticas e a obrigação ao trabalho fabril em vez do trabalho intelectual — a despeito do risco de fome —, passando por uma militância constantemente vigiada até o limite da situação degradante, no período de integração ao que chama de Comitê Fantasma (uma ala do Partido que supostamente nem parte da direção sabia da existência), de sugerirem a negociação de seu corpo em troca de informações que interessavam ao dito Comitê.

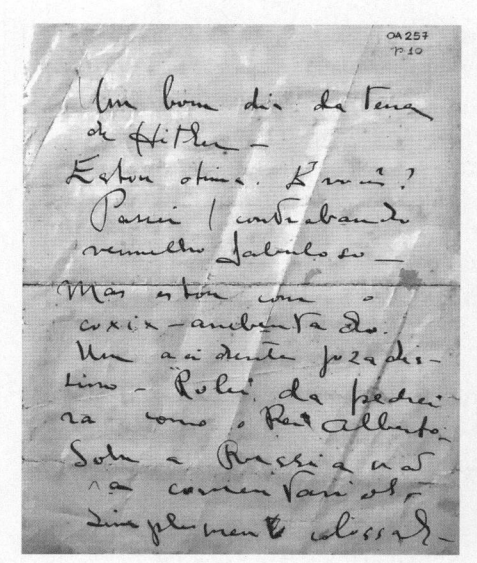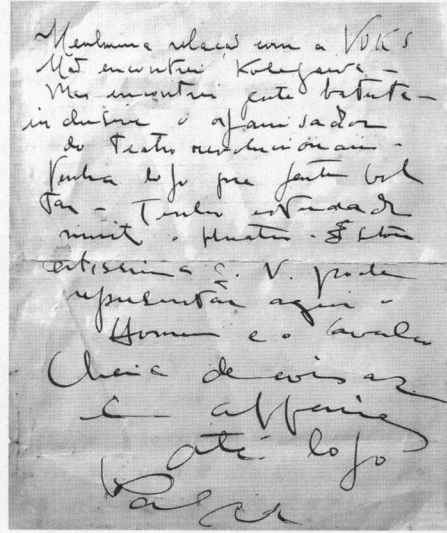

Páginas de carta de Patrícia Galvão para Oswald de Andrade, enviada durante sua permanência na Alemanha, em setembro de 1933, após passar pela Rússia: "Um bom dia da terra de Hitler. [...] Sobre a Rússia não há comentários. Simplesmente colossal. [...] encontrei gente batuta inclusive o organizador do teatro revolucionário [Meyerhold]. Venha logo pra gente voltar. Tenho estudado muito. Muito. Estou certíssima q. v. pode representar aqui *O homem e o cavalo*".

Ainda sobre a viagem, entre 1933 e 1935, a maioria das biografias afirma que ela teria atuado como correspondente dos jornais *Correio da Manhã* (RJ), *Diário de Notícias* (RJ) e *Diário da Noite* (SP). Entretanto, mesmo o responsável pela compilação de textos jornalísticos da autora (realizada para uma publicação ainda inédita), Kenneth David Jackson, nada menciona sobre artigos publicados em periódicos da época. O autor reconhece algumas publicações no *Diário de Notícias,* as quais antecedem a viagem, e outras, posteriores, a partir de 1942, para o periódico *A Noite*. O mesmo ocorre com a compilação de Augusto de Campos, já que, segundo o poeta, esta é a única época que não é documentada por qualquer texto jornalístico.[22] A constatação dos dois autores pode ser reafirmada ainda hoje, dado que não é possível localizar um só artigo assinado por Pagu nos arquivos dos referidos jornais, todos eles disponíveis na Hemeroteca Digital da Biblioteca Nacional, seja em nome próprio ou com os pseudônimos conhecidos.

22 Mariza Corrêa faz esta observação em: "A propósito de Pagu", *Cadernos Pagu*, Campinas: IFCH-Unicamp, 1993, n. 1, p. 7-17.

Mesmo na sua carta autobiográfica endereçada a Geraldo Ferraz, que se encerra com a viagem, ela não desenvolve o tema. Numa crônica escrita no final da vida, nomeia tal volta ao mundo como a "viagem redonda", criticando sua falta de objetivo de então, que ela opõe à viagem que está prestes a realizar "feita para e a serviço do Teatro".[23] A última viagem, contudo, era também uma tentativa de tratamento para o câncer que a acometia, e foi a ocasião da sua segunda tentativa de suicídio.

Apesar das poucas informações, parece ter se estabelecido a versão de que foi devido aos ventos daquela "viagem redonda" que Patrícia Galvão rompeu com o Partido Comunista. A imagem da desigualdade social na Rússia, encarnada numa criança miserável na praça central de Moscou oposta aos jantares fartos do partido em grandes hotéis, foi convertida, nas biografias e em seu relato posterior, no momento de virada. À época da viagem, os registros que temos são um cartão-postal e uma carta, ambos enviados a Oswald de Andrade. O primeiro é quase cifrado, e diz: "Meu bem, te mando este de Moscow. Isto aqui é jantar frio sem fantasia. Tou besta".[24] Lido junto à narrativa posterior de decepção com o comunismo da União Soviética, ele parece um registro deste momento. Entretanto, a carta, um pouco mais extensa, vai em sentido oposto. Escrita no trajeto entre Moscou e Paris, nela Pagu afirma:

> [...] Estou ótima. [...] Sobre a Rússia não há comentários. Simplesmente colossal. [...] encontrei gente batuta, inclusive o organizador do teatro revolucionário. [...] Tenho estudado muito o teatro. Estou certíssima que você pode representar aqui *O homem e o cavalo*.[25]

Além de uma imagem mais otimista do mundo soviético, a correspondência reforça seu interesse pelo teatro naquela primeira metade dos anos 1930, mencionando o "organizador do teatro revolucionário", mais precisamente o "comissário encarregado do teatro educativo".[26] Após a Revolução Russa, a União Soviética foi pioneira no teatro para crianças, em especial com propósitos educativos, o que indica que Pagu estava no mínimo com uma boa intuição sobre o que encontrava. Ela acrescenta: "tudo que observava no meio infantil me maravilhava".[27]

---

23 Patrícia Galvão, "Às vésperas da viagem predomina a perspectiva", em: Augusto de Campos, *op. cit.*, p. 230.

24 O postal é reproduzido na fotobiografia organizada por Lúcia M. T. Furlani e Geraldo G. Ferraz, *op. cit.*, p. 140.

25 Correspondência arquivada no Centro de Documentação Cultural Alexandre Eulálio (Cedae), do Instituto de Estudos da Linguagem, Unicamp. Código de referência: OA 02 2 0257.

26 Conforme ela identifica em sua autobiografia (Patrícia Galvão, *Pagu: autobiografia precoce, op. cit.*, p. 134).

27 *Ibidem*, p. 135. Anos depois, em 1958, Patrícia Galvão dirige um espetáculo amador para crianças, *Pluft, o fantasminha*, de Maria Clara Machado, montagem de 1958 em que Plínio Marcos atuou.

Em 1918, Asja Lācis desenvolveu com os órfãos de guerra, em Orel, "a mais completa e metódica realização de uma práxis educativa baseada na experiência teatral coletiva".[28] O trânsito com o teatro de *agitprop* na Europa Ocidental, especialmente na Alemanha, com Erwin Piscator e Bertolt Brecht, com quem ela veio a colaborar, e Walter Benjamin, que escreve o *Programa de um teatro proletário para crianças* a partir da sua prática, fizeram com que Lācis talvez seja a mais conhecida representante de um teatro soviético para crianças: emancipador e feito com crianças. Mas a ideia de um teatro para crianças com propósito educacional realizado por adultos profissionais, que tem como ideal a democratização do acesso ao teatro pelas crianças, também tem origem soviética. Assim como o teatro para o público adulto, essas experiências fizeram parte do conjunto de práticas artísticas de vanguarda nas primeiras décadas da revolução. Entre a ascensão de Stálin e a Segunda Guerra Mundial, converteram-se progressivamente num instrumento do totalitarismo, voltadas à doutrinação, com a perseguição dos principais artistas envolvidos nas iniciativas originais, das mais experimentais às mais convencionais.[29]

Desde o fim dos anos 1920, alguns grupos de *agitprop* já estavam sob observação mais rigorosa do Estado. Em 1934, é realizado o Primeiro Congresso dos Escritores Soviéticos, no qual o Realismo Socialista é consolidado como doutrina oficial para as artes, o que serviu à onda de expurgos iniciada nos anos seguintes, frequentemente sob a acusação de "formalismo", fosse contra artistas mais experimentais ou desafetos de todo tipo. Asja Lācis, que se enquadra no primeiro grupo, é presa em 1938, e, antes dela, Natalia Sats, uma jovem diretora de teatros voltados para a juventude que rapidamente ascendeu por seu alinhamento com o Partido, já tinha sido presa, em 1937.[30]

O momento em que Pagu visita a União Soviética, em 1934, é próximo de um fim de linha, mas ainda comporta experimentações. Como comparação, pode-se citar a viagem de Joracy Camargo, que ocorre no ano seguinte. No momento em que as vanguardas russas começam a ser perseguidas, uma grande festividade é organizada para comemorar o 18º aniversário da Revolução de 1917, que ocorre junto ao Terceiro Festival de Teatro de Moscou, para o qual foram convidadas delegações de 35 países. Na volta da viagem, o dramaturgo brasileiro escreve o ensaio *O teatro soviético*, no qual testemunha que também teve contato com as experiências de teatro educativo. Ele, inclusive, propõe que o Brasil adapte para a realidade do país o trabalho desenvolvido

---

28 Eugenia Casini Ropa, "A arma do teatro", em: *A dança e o agitprop,* São Paulo: Perspectiva, 2014, p. 142.

29 Manon van de Water, "Theatre for Young People in Soviet Russia, 1918-1939: Ideology, Aesthetics, and Cultural Education", em: *Strenæ [on-line]*, n. 16, 17 jun. 2020. Disponível em: http://journals.openedition.org/strenae/4363. Acesso em: 14 out. 2022.

30 *Ibidem* e Asja Lācis, *op. cit.*

por Natalia Sats, que ainda não havia sido condenada. De modo geral, Joracy reproduz as diretrizes estabelecidas pelo Partido Comunista Russo, chefiado por Stálin, e condena os artistas por ele condenados, como Maiakovski, descrito como aquele que "apenas conseguiu escandalizar o público, apresentando-se no palco para recitar seus poemas, metido numa blusa amarela de mulher, com riscos verdes na cara".[31]

Além de Pagu ter visitado a Rússia fora deste movimento orquestrado para dar visibilidade no Ocidente às "conquistas revolucionárias" de Stálin, na mesma carta a Oswald na qual comenta o teatro educativo, ela pontua que acredita ser possível a encenação de *O homem e o cavalo* no país.[32] Finalizada naquele mesmo ano, a peça foi gestada próxima da liberdade criativa do Teatro da Experiência, de Flávio de Carvalho,[33] mas censurada antes de sua estreia. A dramaturgia de Oswald devia seus avanços formais às experiências das vanguardas russas no *agitprop* e com diretores como Meyerhold e Taírov, ainda que "não seja propriamente uma revisão do *Mistério bufo* [de Maiakovski], como se costuma afirmar, alguns de seus quadros podem ser inseridos numa tradição de teatro politizado mais consequente do que poderia sugerir a cartilha stalinista enunciada nos seus escritos."[34] Para que Pagu tenha vislumbrado tal encenação, provavelmente teve contato com experiências mais vanguardistas de teatro revolucionário soviético.

A preocupação com o desenvolvimento de um teatro moderno, de vanguarda, no Brasil, e inclusive a referência à cultura popular, que surgem nas colunas de Irmã Paula para *O Homem do Povo*, e talvez na tentativa dramatúrgica de *Parque industrial*, estão presentes em Oswald de Andrade,[35] mas a politização que será decisiva para os rumos que assume o teatro do escritor, que tenta dar forma a tal teatro moderno, aparece antes na obra e na atuação política de Pagu. E a produção dramatúrgica dele parece estar em estreito diálogo com ela, como se extrai da referida correspondência, no ano em que

---

31 Vera Collaço faz uma análise da publicação de Joracy Camargo em "III Festival teatral de Moscou — 1935: a escrita de Joracy Camargo", *Urdimento*, Florianópolis, set. 2009, n. 13, p. 151. Disponível em: <https://doi.org/10.5965/1414573102132009149. Acesso em: 14 out. 2022.

32 Na carta, ela afirma ainda que não tivera nenhuma relação com a "VOKS" para ingressar no país, que era uma espécie de agência de viagens soviética criada para promover intercâmbios com o Ocidente no campo das artes, ciência, política, esportes etc. A inclusão da Rússia no itinerário de Pagu fora sugestão do PCB, que lhe concederia credenciais para a viagem, muito provavelmente através da agência VOKS, ou da Intourist, que tinha função semelhante. Em correspondência a Raul Bopp, contudo, Pagu afirma que tampouco teve contato com a Intourist, o que reforça a hipótese de ter realizado uma viagem mais autônoma pelo país. (Correspondência arquivada no Centro de Documentação Cultural Alexandre Eulálio (Cedae), do Instituto de Estudos da Linguagem, Unicamp. Código de referência: OA 02 3 0476).

33 Flávio de Carvalho, inclusive, assina na seção "Palco, tela e picadeiro" o texto "Theatro antigo e o moderno", em que comenta suas propostas para um teatro moderno (Oswald de Andrade; Patrícia Galvão, *op. cit.*, p. 32).

34 Sérgio de Carvalho, *op. cit.*, p. 137.

35 *Ibidem*, p. 132-3.

foi escrita *O homem e o cavalo*. A obra de Oswald se estabeleceu como legado do modernismo, e Pagu ficou muitas vezes no lugar de "musa" ou "agitadora". É fácil, então, pressupor que a produção dela seja muito mais condicionada à influência dele do que o inverso. Entretanto, os rastros de sua atuação no teatro nos anos 1930 acrescentam elementos na relação criativa dos dois, e os signos que permanecem na prática de Patrícia Galvão ligada ao teatro nos anos de 1950 e 1960 fortalecem a hipótese.[36]

Desde os anos 1930, seu interesse pelo teatro vanguardista da União Soviética não era relativo à arte submissa ao "dirigismo" do Partido, de modo que as acusações a esse tipo de teatro quando assume a posição de crítica no jornal, entre o final da década de 1950 e início de 1960, ou a defesa na *Vanguarda Socialista* — o jornal dirigido por Mário Pedrosa, de orientação trotskista, ao qual ela se junta após a ruptura com o PCB — de que entre os "inimigos da literatura" estão "o sectarismo político" e "a igrejinha político-literária"[37] não parecem contraditórias com o momento de sua aproximação ao teatro, nos anos 1930.

Isso não significa que não haja uma revisão crítica de sua militância na produção posterior, ou que ela não tenha sido de certo modo sujeitada a dirigismos. No próprio artigo que fala sobre os inimigos da literatura, intitulado *Pequeno prefácio a um manifesto*, Patrícia Galvão explicita que "uma adesão a um partido não deve implicar, necessariamente, numa subordinação militante de serviços",[38] a ponto de um intelectual não exercer a função que lhe é própria, como parece ter sido seu caso na militância no PCB no início da década de 1930.

Ao mesmo tempo, se até os anos 1950 o Partido Comunista Brasileiro tinha diretrizes culturais claras, que resultaram inclusive em arbitrariedades contra artistas e intelectuais, como a própria Pagu, a realidade durante os anos 1960 é outra. Já no fim dos anos 1950 surgiram "movimentos artísticos e culturais importantes, autônomos e diversificados, como o Teatro Paulista do Estudante e o Teatro de Arena em São Paulo, os CPCs [Centros Populares de Cultura] em todo o Brasil [...], o Cinema Novo e as publicações da editora Civilização Brasileira".[39]

Assim, o tom da crítica de Galvão aos dramaturgos interessados no que ela chama de um teatro "nacionalista" e "socializante", boa parte deles ligado ao Partido Comunista, como por exemplo Gianfrancesco Guarnieri e Oduvaldo Vianna Filho, do Teatro Paulista do Estudante, ou próximos a ele,

---

36 A hipótese de que a atuação de Patrícia Galvão teria influenciado o teatro "político" de Oswald de Andrade, nas peças *O rei da vela*, *O homem e o cavalo* e *A morta*, todas escritas após o início da relação entre os dois, a militância dela no PCB e a escrita de seu *Parque industrial*, é originalmente de Sérgio de Carvalho, que estudou a obra dramatúrgica de Oswald em sua tese de doutorado citada neste capítulo.

37 Patrícia Galvão, "Pequeno prefácio a um manifesto", em: Augusto de Campos, *op. cit.*, p. 130.

38 *Ibidem*, p. 129.

39 Marcelo Ridenti, *Em busca do povo brasileiro*, São Paulo: Record, 2000, p. 82.

como Augusto Boal, do Arena, no início da década de 1960, provavelmente é influenciado por certa projeção de sua experiência pessoal como militante anos antes, diferente da vivência criativa deles.

No que se refere ao nacionalismo, Patrícia Galvão explora sua presença já entre os modernistas de 1922 quando afirma:

> Eles conheceram a literatura moderna pelo contato com a civilização ocidental, e a sua reação na Semana de Arte Moderna, na Poesia Pau-Brasil, no "Pathé-Baby" de Antônio, talvez se tenha feito nacionalista por se sentirem ainda coloniais perante a Europa.[40]

No seu romance, *Parque industrial*, Galvão adota um tom internacionalista na bonita conclusão de que "em todos os países do mundo capitalista ameaçado há um Brás [...]. Brás do Brasil. Brás de todo o mundo".[41] Nos anos 1960, a retomada de um projeto nacionalista, agora com base no desenvolvimentismo, acende as desconfianças da escritora, que não deixa de ter razão. Ao mesmo tempo, ela não abre mão da defesa do que chama de "teatro regional brasileiro", "um teatro que venha a exprimir o que somos, porque somos assim, onde estamos e para onde vamos, com as nossas hesitações, nossos erros, nossas esperanças e nossas angústias, nossas adequações à realidade cada vez mais dura de um mundo duríssimo, nesta hora de durezas". Para ela, os melhores exemplos desse teatro seriam as obras de Dias Gomes, *O pagador de promessas*, e Ariano Suassuna, *O auto da Compadecida*, ambas permeadas por fortes elementos de cultura popular e de temática crítica.[42]

Com relação à temática crítica ou o aspecto socializante, em suas palavras, "a luta de classes pode caber dentro de uma peça sem que isso incida em manifestos".[43] E são igualmente nocivos "o descaso pela forma baseado na importância do assunto ou o descaso do assunto baseado na importância da forma".[44] Seu primeiro artigo na coluna "Teatro Mundial Contemporâneo", que publicou em *A Tribuna* (Santos) de julho a outubro de 1955, inclusive, é um elogio ao teatro épico de Bertolt Brecht. E, por mais que ela se mostre desconfiada do engajamento como vetor da criação artística, independente disso

---

40 Kenneth David Jackson, *op. cit.*, p. 43-4.

41 Patrícia Galvão, *Parque Industrial*, São Paulo: Companhia das Letras, 2022, p. 87. Possivelmente influenciado pelas concepções da companheira, Oswald também vem a condenar esse nacionalismo espelhado da Europa do modernismo paulista no citado prefácio a *Serafim Ponte Grande* (*op. cit.*, p. 118).

42 Patrícia Galvão, "Palcos e atores", *A Tribuna*, Santos, 23 abr. 1961, Suplemento, p. 7. Interessa que a escritora escolha autores fora do eixo paulista, o que remete também à recente recuperação de autores contemporâneos ao modernismo paulista de 1922, mas de outros eixos, como Graciliano Ramos, que à época já pontuavam certa alienação no nacionalismo progressista do movimento.

43 *Ibidem.*

44 Patrícia Galvão, "Pequeno prefácio a um manifesto", em: Augusto de Campos, *op. cit.*, p. 130.

ser fruto direto de orientação partidária ou não,[45] ela não abre mão de uma noção clara de prioridades. Quando comenta a concorrência entre o Primeiro Festival Nacional de Teatro Profissional, realizado em Santos, e uma greve que atrapalhou os primeiros dias do evento, conclui: "Se houve necessidade da greve contra o festival (esse contra deve ser entendido como eventualidade), então temos todos de considerar a greve mais importante. Foi falta de sorte o programa inicial coincidir com a greve".[46]

Além disso, frequenta de modo assíduo os meios de teatro politizado e escolhe tais interlocutores em suas colunas para o jornal. Em 1956, num artigo sobre o teatro universitário alemão, Galvão principia comentando um curso que estava frequentando no Teatro de Arena, organizado por Augusto Boal. O tema do teatro estudantil teria surgido nas discussões tidas com colegas. De acordo com a data de publicação do artigo, o curso se realizou poucos meses após a fusão do Arena com o Teatro Paulista do Estudante, grupo amador que congregava jovens militantes do Partido Comunista como Gianfrancesco Guarnieri, Oduvaldo Vianna Filho e Vera Gertel sob a orientação de Ruggero Jacobbi, de onde poderia vir a familiaridade do tema.

Aliás, o teatro amador, com sua liberdade criativa derivada da ausência das pressões econômicas do mercado e sua vocação experimental vanguardista, é sua verdadeira paixão. O imperativo da pesquisa, que já estava presente em *Parque industrial* tanto na prática política como na releitura da vivência pessoal e na forma que esse conjunto assume, mantém-se nas suas primeiras reflexões sobre o lugar do artista e do intelectual nos textos da *Vanguarda Socialista* e chega até sua produção final como cronista em *A Tribuna,* quando o defende como caminho para o amadorismo e o pratica nas encenações que dirige com grupos amadores.

A relação com a militância política e o Partido Comunista são marcas definitivas e ambíguas em sua trajetória e obra. O ideal emancipador que o comunismo alimenta, e que de certo modo Patrícia Galvão continua a buscar no teatro amador nos anos 1950, foi possivelmente o que não tornou tão simples seu abandono. Mesmo escrevendo após as violências sofridas, a prisão e a ruptura com o Partido, ela rememora o momento que decidiu se engajar quase como uma devoção, algo que lhe dá sentido na vida: "Eu senti perfeitamente a separação, o corte na vida e a iluminação súbita do novo horizonte. Senti valorizada minha estada no mundo. De tudo o que eu sentia antes, ficou o doloroso da revolta, o necessário auxiliar estimulante da luta futura."[47] Anos

---

45 Isso fica evidente, por exemplo, na dura crítica à peça *Revolução na América do Sul* ("Revolução", *A Tribuna,* 6 nov. 1960, Suplemento, p. 8). A dramaturgia reproduz traços do nacionalismo, que Patrícia Galvão critica — antecipando alguns posicionamentos da própria esquerda alguns anos mais tarde, depois do Golpe de 1964 e da decretação do Ato Institucional n. 5 —, entretanto, a peça tem também um aspecto de crítica ácida ao populismo, seja ele de direita ou esquerda, o que não é suficiente para despertar seu interesse.

46 Patrícia Galvão, "Significações do festival", *A Tribuna,* Santos, 17 jul. 1960, Suplemento, p. 7.

47 *Idem, Pagu: autobiografia precoce, op. cit.,* p. 48-9.

depois, por ocasião da morte de Oswald, quando recorda o período que viveram refugiados na Ilha das Palmas, por conta da perseguição política, reconhece nas personagens que conheceram (e que depois figuraram no romance *A escada,* do escritor) "as esperanças, a bondade, o amor, o esforço generoso que nunca buscou recompensa. [...] coisas pelas quais ainda valeu a pena ter vivido".[48] Após a frustração com o Partido que determinou sua viagem, ela ainda militou no PCF e no Brasil, sendo presa em ambas as ocasiões. Tanto aqui quanto lá sofreu violências dos agentes da repressão e, somente depois de todo esse processo, rompeu definitivamente com o PCB.[49] Essa experiência cheia de contradições permanece como negação na recusa rigorosa a uma criação com qualquer traço de dirigismo. Ao mesmo tempo, o ideal emancipador permanece como potência que ela enxergou no teatro vanguardista revolucionário e incorporou em suas obras — onde entram em cena temas que ultrapassam a esquerda ortodoxa, como a racialização, a liberdade sexual e principalmente a posição da mulher na periferia do capitalismo — e que também procurou reencontrar nas iniciativas de teatro amador.

Patrícia Galvão insiste na liberdade e na beleza em todas as esferas da vida, trabalha pela sua realização da revolução social à criação artística, sempre de forma coletiva, no partido, nos jornais que ajudou a criar (*O Homem do Povo* e *Vanguarda Socialista*), nas publicações com Oswald de Andrade e Geraldo Ferraz, nos grupos de teatro amador. Isso não quer dizer que não tenha encarado o horror em diversos momentos da vida, mas trata-se de assumir outra posição. No início da carta a Geraldo Ferraz, ela afirma: "Quero escrever sobre a vida. [...] E fico pensando na vida das naus que partem deste porto de pedra [...], e o sonho que perseguem com suas velas brancas abertas aos ventos, brancas velas de alvíssimas aves, o olhar audacioso bicando a cortina distante do horizonte. O mais, sim, o mais é a viagem".[50]

Referências

ANDRADE, Oswald de. "Serafim Ponte Grande". Em: ANDRADE, Oswald de. *Obras Completas 2: Memórias sentimentais de João Miramar/ Serafim Ponte Grande.* Rio de Janeiro: Civilização brasileira, 1971, p. 94-197.

_____; GALVÃO, Patrícia. *O Homem do Povo: coleção completa e fac-similar dos jornais escritos por Oswald de Andrade e Patrícia Galvão (Pagu).* Introdução de Augusto de Campos. São Paulo: Imprensa Oficial do Estado Arquivo do Estado, 1984.

---

48 "Em busca do tempo perdido", *A Tribuna*, Santos, 20 nov. 1954. Disponível em: http://www.pagu.com.br/uncategorized/em-busca-do-tempo-perdido/. Acesso em: 4 out. 2022.

49 Por outro lado, é provável que a formulação posterior sobre a desilusão com a criança pedinte descalça sobre o gelo na capital da então União Soviética contenha também muito do ressentimento com as violências a que os seus companheiros de partido a submeteram no Brasil.

50 Patrícia Galvão, *Pagu: autobiografia precoce, op. cit.,* p. 7.

CAMPOS, Augusto de. *Patrícia Galvão — Pagu — Vida-Obra*. São Paulo: Brasiliense, 1982.

CARVALHO, Sérgio de. *O drama impossível*. São Paulo: Edições Sesc, 2023.

COLAÇO, Vera. "III Festival teatral de Moscou — 1935: a escrita de Joracy Camargo". *Urdimento*, Florianópolis, set. 2009, n. 13, p. 149-57. Disponível em: https://doi.org/10.5965/1414573102132009149. Acesso em: 14 out. 2022.

CORRÊA, Mariza. "A propósito de Pagu", *Cadernos Pagu*, Campinas, IFCH-Unicamp, 1993, n. 1, p. 7-17.

GALVÃO, Patrícia. "Às vésperas da viagem predomina a perspectiva". Em: CAMPOS, Augusto de. *Patrícia Galvão — Pagu — Vida-Obra*. São Paulo: Brasiliense, 1982, p. 229-30.

_____. "Em busca do tempo perdido". *A Tribuna*, Santos, 20 nov. 1954. Disponível em: http://www.pagu.com.br/uncategorized/em-busca-do-tempo-perdido/. Acesso em: 4 out. 2022.

_____. "Ionesco". Em: CAMPOS, Augusto de. *Patrícia Galvão — Pagu — Vida-Obra*. São Paulo: Brasiliene, 1982, p. 217-9.

_____. "Ionesco, Sartre e teatro dirigido". *A Tribuna*, Santos, 2 out. 1960, Suplemento, p. 17.

_____. *Pagu: autobiografia precoce*. São Paulo: Companhia das Letras, 2020.

_____. "Palcos e atores". *A Tribuna*, Santos, 23 abr. 1961, Suplemento, p. 7.

_____. *Parque industrial*. São Paulo: Companhia das Letras, 2022.

_____. "Pequeno prefácio a um manifesto". Em: CAMPOS, Augusto de. *Patrícia Galvão — Pagu — Vida-Obra*. São Paulo: Brasiliense, 1982, p. 129-31.

_____. "Revolução". *A Tribuna*, Santos, 6 nov. 1960, Suplemento, p. 8.

_____. "Significações do festival". *A Tribuna*, Santos, 17 jul. 1960, Suplemento, p. 7.

FURLANI, Lúcia Teixeira; FERRAZ, Geraldo Galvão. *Viva Pagu: fotobiografia de Patrícia Galvão*. Santos: Unisanta; São Paulo: Imprensa Oficial do Estado de São Paulo, 2010.

GUEDES, Thelma. *Pagu. Literatura e revolução: um estudo sobre o romance Parque industrial*. São Paulo/ Cotia: Ateliê Editorial; Nanquim Editorial, 2003.

JACKSON, Kenneth David. "Patrícia Galvão e o realismo-social brasileiro dos anos 30". Em: CAMPOS, Augusto de. *Patrícia Galvão — Pagu — Vida-Obra*. São Paulo: Brasiliense, 1982. p. 286-90.

LĀCIS, Asja. *Signals from Another World: Proletarian Theater as a Site for Education*. Texts by Asja Lācis and Walter Benjamin, with an introduction by Andris Brinkmanis, 2017. Disponível em: www.documenta14.de/en/south/25225_signals_from_another_world_proletarian_theater_as_a_site_for_education_texts_by_asja_la_cis_and_walter_benjamin_with_an_introduction_by_andris_brinkmanis. Acesso em: 14 out. 2022.

MESQUITA, Alfredo. "Patrícia Galvão". Em: CAMPOS, Augusto de. *Patrícia Galvão — Pagu — Vida-Obra*. São Paulo: Brasiliense, 1982. p. 266-8.

MORAES, Maria Lygia Quartim de. "A solidão de Pagu". Em: FERREIRA, Jorge; REIS, Daniel Aarão (org.). *A formação das tradições (1889-1945)*. Rio de Janeiro: Civilização Brasileira, 2007, p. 3366-78.

RIDENTI, Marcelo. *Em busca do povo brasileiro*. São Paulo: Record, 2000.

ROPA, Eugenia Casini. "A arma do teatro". Em: ROPA, Eugenia Casini. *A dança e o agitprop*. São Paulo: Perspectiva, 2014, p. 111-58.

WATER, Manon van de. "Theatre for Young People in Soviet Russia, 1918-1939: Ideology, Aesthetics, and Cultural Education." *Strenæ* [on-line], n. 16, 17 jun. 2020. Disponível em: <http://journals.openedition.org/strenae/4363. Acesso em: 14 out. 2022.

6.

Patrícia Galvão
e seus olhos livres

Gutemberg Medeiros

Nenhuma fórmula para a contemporânea
expressão de mundo.
Ver com olhos livres.
Oswald de Andrade, 1924.

O termo "vanguardas" tem de ser grafado no plural. Esses movimentos estéticos eclodiram em vários tempos e lugares nas primeiras décadas do século passado, com muitos pontos em comum e igualmente diversos devido a especificidades locais. Porém, um deles está enunciado na afirmação de Oswald de Andrade que serve de epígrafe a este ensaio. A liberdade criativa foi algo inegociável para a maioria, e esse valor manteve-se com o passar das décadas para os seus herdeiros intelectuais e artísticos.

Patrícia Galvão conservou a liberdade de olhar, de existir e de trabalhar como marca d'água irredutível, herdada nos princípios do modernismo de 1922. Para compreender a sua produção nos últimos dez anos de vida no segmento teatral, na produção jornalística e na ação cênica, é necessário compreender antes as matrizes e nuanças desse valor para, na sequência, abordar elementos desta produção que ainda está para ser revelada para o leitor de hoje. Em termos desse vasto legado, é vital lembrar como Patrícia revelou um dos dramaturgos centrais no tablado brasileiro: Plínio Marcos, como se verá adiante.

A Semana de Arte Moderna de 1922 desdobrou-se em determinados grupos que fizeram suas opções políticas aliadas às estéticas — entre as esquerdas e as direitas nos mais diversos matizes. O primeiro muro de cerceamento sério imposto a Patrícia foi aplicado pelo Partido Comunista Brasileiro, do qual era militante, em relação ao seu romance *Parque industrial*, escrito em 1932 e publicado um ano depois. A ordem unida férrea sobre as artes na então URSS já era exercida pelos PCs de todo o mundo, e aqui não foi diferente. Seus militantes eram obrigados a colocar obras de arte sob a apreciação do partido e, caso não estivessem em conformidade com as restritas orientações ideológicas, aceitar todas as mudanças propostas. O partido devolveu a Patrícia uma versão plena de exigências de mudanças, deformando esse que é conhecido como primeiro romance proletário do Brasil. A autora nada acatou, o que a obrigou a publicá-lo sob o pseudônimo de Mara Lobo.

O encontro de Patrícia Galvão — e não simples adesão — com o trotskismo imbricado com as liberdades alavancadas pelas vanguardas tem início no auge do movimento surrealista. Um de seus protagonistas, Benjamin Péret, esteve no Rio de Janeiro e em São Paulo (1929-1930). Como explica Jorge Schwartz, essa fase pouco conhecida do escritor "fica marcada pela militância bifronte que sempre o caracterizou: a do poeta surrealista e a da ação política vinculada ao trotskismo, que provocaria a sua expulsão do Brasil em 1931". Ele casou-se em 1926 com a brasileira Elsie Houston, sendo Heitor Villa-Lobos um de seus padrinhos. No Brasil, envolveu-se com os antropófagos liderados por Oswald de Andrade, então já com a presença de Patrícia.

Em 1934, Patrícia hospeda-se durante alguns meses na residência do casal Elsie e Péret, em Paris, e, por intermédio do poeta, conhece André Breton, Paul Éluard e outros autores do movimento surrealista estreitamente alinhados a Leon Trotsky como opção à ditadura soviética. Esse encontro é

Capa de número da revista *Circus* (Moscou 1926), a indicar a admiração da vanguarda russa pela arte circense. Acervo Gutemberg Medeiros.

fundamental na vida de Patrícia, por representar a conjunção entre a liberdade criativa por ela defendida e, na vertente do realismo socialista, premissas de harmonizar militância de esquerda em nada subalternas a limitações estéticas delimitadas tanto na URSS como nos partidos satélites pelo mundo.

Nesse sentido, marco dessa relação entre arte e política dá-se na elaboração do manifesto *Por uma arte revolucionária independente*, redigido a quatro mãos por Breton e Trotsky no México, em julho de 1938. Entre outras passagens, é expresso no documento: "Segue-se que a arte não pode consentir sem degradação em curvar-se a qualquer diretiva estrangeira e a vir docilmente preencher as funções que alguns julgam poder atribuir-lhe, para fins pragmáticos, extremamente estreitos".

A realização do trotskismo no Brasil tem sua primeira manifestação efetiva com o semanário *Vanguarda Socialista*, concebido por Mário Pedrosa e Edmundo Moniz, que durou de agosto de 1945 a agosto de 1946. Patrícia foi responsável por várias crônicas a tecer, geralmente, críticas severas ao dirigismo estético do realismo socialista. Segundo Moniz, ela era entusiasta das ideias de Breton e Trotsky e escrevia "verdadeiros manifestos contra o stalinismo", justamente em coerência com sua origem nas vanguardas. Observa também que Patrícia escrevia, ainda, cenas teatrais, sob o pseudônimo Visconde de Itararé, com o título "Percebejo" [*sic*], evidente alusão à peça *O percevejo*, de Vladimir Maiakovski.

Patrícia nunca abandonou os princípios modernistas alinhados ao documento de Breton-Trotsky, substanciais também para o Partido Socialista Brasileiro. Essa posição era clara e interessava aos minimamente inteirados dos cenários político e cultural, a exemplo do compositor Gilberto Mendes, introdutor no país da chamada Música Nova, surgida em Darmstadt (Alemanha). Em 1958, Gilberto proferiu uma das primeiras palestras sobre a nova vertente em Santos e disse ter literalmente "tremido na base" logo antes, ao ver que Patrícia estava na plateia. "Ela era trotskista e eu militante do Partido Comunista. Logo, ela poderia fazer matéria negativa n'*A Tribuna*, já que estávamos em lados completamente opostos."

Gilberto respirou fundo e enfrentou não a plateia, mas aquela senhora que, estranhamente, vestia blusa escura de gola alta, apesar do calor santista agravado pela umidade do mar. Após a fala, ela o surpreendeu ao procurá-lo e disparar perguntas das mais pertinentes, demonstrando vivo interesse por aquela nova vertente musical. Patrícia, garantiu Gilberto, compôs uma das primeiras matérias positivas sobre a Música Nova. Ele a encontrou em outros eventos em Santos, bem como em cinemas e bares, sempre vinha falar-lhe com doçura e informar-se sobre as novidades. "Trotskista, mas muito de olho em tudo o que era moderno", assegurou Gilberto.

Teatro na Escola

Pelos corredores da escola passava uma aluna que destoava do conjunto de jovens. Uma senhora de 42 anos, porém de aparência bem mais envelhecida pelos sofrimentos vários, usando roupas mais do que discretas e com golas muito altas. De repente, o diretor a chama e a cumprimenta feliz. Finalmente aceitara o convite para lecionar, função para a qual há tempos era convidada. Ela o corrigiu, acabara de se inscrever como aluna. Ele não aceita, acredita ser um absurdo alguém com tanto conhecimento a sentar nos bancos escolares. Eram Patrícia Galvão e Alfredo Mesquita nos corredores da Escola de Arte Dramática (EAD) em São Paulo, em 1952. A paixão desmedida pelo teatro moveu-a tanto no jornalismo quanto na escola em seus últimos anos de vida, ao fundar e dirigir grupo de teatro amador em Santos e revelar dramaturgos novos da mais alta importância. Como veremos mais à frente, ela também se entusiasmou com dois palhaços que conheceu. Um deles nos anos 1920 em São Paulo, e o outro em Santos, quase trinta anos depois. Mas voltemos à escola.

Mesquita lembrou-se de sua amiga e de sua atuação no meio teatral em texto publicado em 1971, em *O Estado de S. Paulo*. Ele a havia conhecido primeiro à distância quando ela era Pagu, com "admiração assustada" sobre como a menina levada da breca abalava a São Paulo provinciana com fugas, cabelos cortados e eriçados, blusas transparentes e decotadas, escândalos, sua relação com o também agitador cultural Oswald de Andrade, a militância comunista e como enfrentou cargas de cavalaria na Capital e em Santos.

II FESTIVAL NACIONAL DE TEATRO DE ESTUDANTES

JULHO 1959

SANTOS

Cartaz do festival teatral organizado em Santos por Pagu e Paschoal Carlos Magno, no qual *A incubadeira*, do Teatro Oficina, obteve três premiações: atriz para Etty Fraser, diretor para Amir Haddad e autor para Zé Celso. No júri estavam Pagu, Paschoal, Orlando Miranda, Henriette Morineau e Álvaro Moreyra, entre outros.

A sua viagem como correspondente internacional, o retorno em 1936 e os duros quatro anos de cadeia — sobre os quais sempre calava. "Tinha o pudor do seu sofrimento. Não tocava nele."

Em sua tradicional Livraria Jaraguá, perto da Praça da República, no centro paulistano, Mesquita conheceu de perto Patrícia Galvão, e entre eles firmou-se uma profunda amizade. Não mais a Pagu, mas alguém "tímida, tremendamente sofrida, firme, como sempre, tremendamente sincera, aparentando uma animação que mal disfarçava a tristeza, a desilusão tremenda que lhe roía a alma". Bebia com os amigos e não se animava mais pela política, pela militância, mas sempre cercada de jovens e, acima de tudo, pelo teatro. Tanto que na Jaraguá foi buscar as peças de Henrik Ibsen para escrever como jornalista sobre o centenário do escritor. Quando ela ia à livraria, ambos conversavam muito, especialmente sobre teatro. Mas apenas quando sozinhos, pois, à medida que apareciam mais pessoas, ela se retraía, assustadiça, e logo se evadia do recinto.

Como aluna da EAD, era das mais aplicadas. Não poucas vezes, Patrícia creditou à escola o seu amor pelo teatro. E continuava com o motor modernista de antes, mais interessada pela produção de vanguarda dos anos 1950, especialmente pelo tablado emergente francês, seguindo o adágio segundo o qual "a imaginação livre é tão livre quanto a escrita". No curso ministrado por Décio de Almeida Prado, dedicou-se à tradução com *A cantora careca* e *Fando e Lis*, de Eugène Ionesco e Fernando Arrabal, respectivamente, introduzindo-os no Brasil.

Primeira encenação brasileira de *Fando e Lis*, de Arrabal, dirigida por Patrícia Galvão e Paulo Lara, em Santos, 1959. Acervo Lúcia Maria Teixeira Furlani/ Centro de Estudos Pagu Unisanta.

Outro professor seu, Sábato Magaldi, lembrava bem de Patrícia. No começo mal sabia quem era, mas seu amigo Alfredo o informara — sempre com a nota de desgosto, visto ela não haver aceitado cadeira de docência na sua escola. Realmente o intrigava estar aquela senhora sempre de roupas escuras e golas altas, mesmo em dias de calor em São Paulo. Nas discussões em sala de aula, começava timidamente. Mas, com a evolução dos debates, se inflamava e expunha invulgar repertório.

Em 1954, a convite de Mesquita, veio lecionar na EAD o ator, diretor e tradutor português Luís de Lima (1925-2002), inaugurando sua atuação com aula magna para todos os alunos e professores. Sem definir o teor de sua exposição mediada por Magaldi, Lima iniciou "revelando" Ionesco e *A cantora careca*. Sutilmente, Sábato cochichou ao professor que, no ano anterior, a peça tinha sido traduzida e encenada por uma aluna. Logo quis saber quem seria, e Magaldi apontou discretamente aquela senhora na plateia de nome Patrícia Galvão. Então o português arremeteu sobre *Fando e Lis*, recebendo idêntica advertência do colega brasileiro. Enervado, perguntou em alto e bom som: "Então me diga logo o que ela não fez e eu posso falar!". Ciente de que poderia expor sobre outros novíssimos encenados em Paris, iniciou sobre *Esperando Godot*, de Samuel Beckett.

Mesquita, em seu texto sobre Patrícia, observa que Lima aproveitou a tradução de Patrícia em espetáculos profissionais "sem que nomeasse a autora". Em artigo publicado no jornal santista *A Tribuna*, em 1956, Patrícia lembra a primeira apresentação da peça na EAD:

Tínhamos visitas na EAD — Cacilda Becker e Edgard da Rocha Miranda estavam lá. Décio leu a tradução e foi um sucesso... Meus colegas ignoravam Ionesco e Cacilda ficou encantada. Pediu-me a tradução. Parece que queria aproveitá-la.

E Luís de Lima veio à minha casa para confrontar a minha tradução com a que fizera da *Cantora careca*, conferimos tudo e ele gostou da maior parte das minhas soluções.[1]

Infelizmente, as versões de Patrícia para Ionesco e Arrabal perderam-se com a mudança do acervo da EAD quando trasladado para a Universidade de São Paulo, em 1968. Documentação vária, como cópias de traduções de peças encenadas por alunos, fotografias, recortes de jornais, entre outros materiais, não se encontram na Biblioteca da Escola de Comunicações e Artes (ECA-USP), restando apenas os livros do acervo original.

Durante a fase na EAD, Patrícia ainda criou peças curtas em um ato à guisa de exercícios. Uma delas foi a elogiada *Fuga e variações,* registrada em caderno ainda não publicado e depositado no acervo de Lúcia Teixeira Furlani/Centro de Estudos Pagu na Unisanta — Universidade Santa Cecília, de Santos, onde constam as notas preliminares:

> A fuga é o flagrante teatral.
> Moças alpinistas que precisam vencer a montanha.
> Inevitavelmente é a fuga.
> O encontro de uma ilha.
> Não existe o motivo para arte.
> Turbilhão e tinta.
> Cada um fica no seu lugar fazendo o seu trabalho.
> Casa de louco, cada um faz a sua casa.
> Estado de fuga ou solução?
> Manias — fazer teatro, fazer romances.
> Para explicar a fuga é preciso o conflito.
> Na fuga há consciência?
> Quebrar os quadros da falsa moral da família,
> Das soluções sociais, religiosas, sentimentais.[2]

Mais adiante, no bloco intitulado "Roteiro":

---

1 Kenneth David Jackson (org. e int.), *O jornalismo de Patrícia Galvão: Palcos e atores: Teatro mundial contemporâneo (1950-1961), v.* 3, São Paulo: Edusp, no prelo, s. p.

2 Lúcia Maria Teixeira Furlani; Geraldo Galvão Ferraz, *Viva Pagu: fotobiografia de Patrícia Galvão,* São Paulo: Imprensa Oficial do Estado de São Paulo, 2010, p. 223.

Jovens colegiais em conflito com os pais, famílias, professores, colegas, conhecidos, gente da rua, com a sua própria condição, com o ambiente, com os estudos, com os ideais, com a realidade, com a religião, com a verdade e a mentira, com a liberdade e a coação, com o mundo — com a dor, com as contingências econômicas e sociais — com o amor — com o bem e o mal.[3]

Como Mesquita apontou, a paixão de Patrícia pelo teatro moderno revelou-se especialmente pelo jornalismo cultural exercido com seu companheiro Geraldo Ferraz em São Paulo e Santos. Por exemplo, em 3 de julho de 1955 ela inicia a coluna em *A Tribuna* intitulada "Teatro Mundial Contemporâneo", dedicada a dramaturgos que ainda não constavam do repertório das companhias nacionais. E a primeira é dedicada a Bertolt Brecht.

Quando a aluna ensina

Ao contrário de outros críticos ou jornalistas, Patrícia não coligiu a sua vasta produção em livro. Porém, no início de 2023, esse hiato encontrava-se em vias de ser dirimido com a publicação do primeiro volume, de quatro, de um extenso *e-book* pela Edusp, organizado após pesquisa de décadas pelo professor K. David Jackson, da Yale University. Serão 990 artigos abarcando de 1926 a 1962 e quase todos inéditos, exceto os publicados em *O Homem do Povo*, o periódico paulistano de combate que Patrícia editou com Oswald de Andrade em 1931.

Essa produção está dividida em quatro volumes temáticos. O primeiro é intitulado *A denunciada denuncia: Pagu e a política, 1929-1954,* com 311 artigos; seguido de *Da necessidade de arte & de literatura, 1948-1961*, com 241 artigos; *Palcos e atores: teatro mundial contemporâneo, 1950-1961*, com 277 artigos; e por fim *Antologia da literatura estrangeira: os grandes autores mundiais, 1946-1961*, com 134 textos, apresentando criadores com trechos de obras pela primeira vez veiculados no país.

Cada volume é precedido de precisos e sintéticos estudos introdutórios de Jackson, informando ao leitor as principais características dessa produção, com o necessário enquadramento histórico, e parte dos quais o autor disponibilizou para a confecção deste ensaio, a fim de apreendermos elementos do *olhar livre* de Patrícia dirigido ao teatro.

Jackson destaca na introdução do terceiro volume essa grande paixão de Patrícia, especialmente por suas reportagens mais extensas, abordando alguns dos maiores autores mundiais do teatro do século XX, e ainda inéditos no tablado brasileiro, sob o título "Teatro mundial contemporâneo" (Brecht, Michel de Ghelderode, Ugo Betti, Armand Salacrou, Ionesco, García Lorca,

---

3 Furlani; Ferraz, *op. cit.*, p. 223.

Tennessee Williams e Strindberg). Patrícia procura expor uma síntese do trabalho dramático de cada autor.

A série "Teatro mundial contemporâneo" abre-se com o artigo sobre Brecht, publicado em 3 de julho de 1955, sendo que a primeira montagem profissional de peça deste dramaturgo no Brasil deu-se em 1958: *A alma boa de Setsuan,* realizada por Flaminio Bollini para o Teatro Maria Della Costa. A proposta de Patrícia com essa série é explícita:

> Os amadores, aos quais sempre me dirijo, porque penso que eles devem lançar-se à experiência e ao vanguardeirismo, capazes de influir no teatro profissional de rotina e comércio, terão muito o que aproveitar destas notas de leitura, das informações que aqui serão coligidas, e a não serem publicadas ficarão inúteis [...].[4]

Esse olhar livre para alavancar o novo, a experiência, é lastreado em Freud, a quem recorre a fim de buscar a renovação e "despertar o sono do mundo".

A jornalista expõe dados biográficos de Brecht e sobre a recepção de sua obra fora da Alemanha, para então enveredar por características de seu "teatro épico". Alude ao seu olhar cético frente a qualquer tradicionalismo e convenção, com humor cruel. Traz, ainda, síntese sobre o ator, diretor e dramaturgo suíço Oscar Walterlin (1895-1961): "quer nos abrir os olhos, destruir nossas ilusões. Ele quebra, desmonta. Não por niilismo. Seu intuito é o de limpar o terreno, de abater as velhas fachadas decoradas e exterminar o bolor que se esconde atrás delas"[5].

O dramaturgo francês Armand Salacrou (1889-1989) é tema do texto publicado em 24 de julho de 1955, e o que mais encanta Patrícia é o fato de ser "poeta-pensador na pele de um autor teatral"[6]. Ela aponta no texto que, devido ser o autor um publicitário bem-sucedido, isso, além de lhe proporcionar condição econômica privilegiada, resultou na plena independência de sua literatura teatral, alcançando completa liberdade criativa sem precisar pensar em montagens de cunho comercial.

Para ela, esse autor alia qualidade e quantidade, "marcadas por um pessimismo, por uma lucidez do concreto, por uma interrogação premente — tudo isto sob os véus de uma poesia atuante, viva, que incita à participação, e que indiretamente se faz pensamento e ação"[7]. Com o fundamento de uma visada agnóstica sobre os grandes temas do ex-militante da Resistência, traça o perfil de uma obra dolorosa, "às vezes niilista, mas sempre colocando o homem

---

4 Augusto de Campos, *Pagu: vida e obra,* São Paulo: Companhia das Letras, 2014.
5 Kenneth David Jackson, *op. cit.*, s. p.
6 Jorge Schwartz, "Surrealismo no Brasil? Décadas de 1920 e 1930", em: Jacó Guinsburg e Sheila Lerner (org.), *O surrealismo*, São Paulo: Perspectiva: 2008, p. 848.
7 Kenneth David Jackson, *op. cit.*, s. p.

na sua exata escala"[8]. Apesar da renitente resistência de crítica e do público, a Academia Goncourt elege-o para a sua companhia, estabelecendo seu lugar de destaque na dramaturgia francesa emergente, entre os "vanguardeiros".

Entre 1950 e 1961, Ionesco foi o teatrólogo sobre quem mais escreveu, somando ao todo oito textos. Ainda na série "Teatro mundial contemporâneo", em 31 de julho de 1955 ela evidencia que esse foi o autor de sua maior preferência na última década de vida e de descobertas. A leitora, sempre apaixonada por teatro, inicia de forma contundente:

> Sob uma capa totalmente vermelha a editora "Arcanes" lançava em 1953 o Théâtre de Eugène Ionesco, primeiro volume, com um prefácio do grande crítico francês, o primeiro nome da crítica teatral da França, Jacques Lenormand. Valia o vermelho da capa pela flama revolucionária desse nome do teatro moderno, pela sua atuante criação de vanguarda — felizmente, o Théâtre des Noctambules, com o diretor Nicolas Bataille, arrojara-se à apresentação dessa admirável *La Cantatrice chauve* (*A cantora careca*).[9]

Nessa edição da coluna, Patrícia desvela o autor e a peça que iria traduzir, para assim espantar professores e colegas da EAD de Alfredo Mesquita.

Na sequência, Patrícia lembra a leitura da *Cantora* na EAD e faz emergir o seguinte comentário: "Felizmente, ainda, tive a comprovação de que o teatro de Ionesco não é essa vanguarda que não possa ser atingida e sentida, interpretada e causar o prazer de uma criação que nos eleva imediatamente acima do teatro comum"[10]. Ou seja, algo realmente novo, passível de ser decodificado e pensado de pronto não apenas por iniciados, mas por qualquer leitor ou espectador, não algo hermético, para iniciados, e ainda assim capaz de expor o realmente inédito. A concordar com o comentarista da edição francesa citado logo acima, Jacques Lenormand, a autora diz que "o teatro de Ionesco é o mais estranho e o mais espontâneo que foi revelado depois da Segunda Guerra Mundial"[11]. Afirma Patrícia, ainda, ser "um teatro concreto, em que o desconcertante cotidiano põe, a todo o momento, a sua nota grave, irônica, trágica, louca e absurda em tudo isso... Poético e burlesco escapa a códigos e regras"[12]; um teatro que conjuga, enfim, liberdade e revolução, na dinâmica das vanguardas depois endossadas por Trotsky graças a Breton.

Patrícia observa que Ionesco visa levar ao tablado o seu drama interior, teatro como confissão. Sem enredo ou carpintaria de texto visto no

---

8 Kenneth David Jackson, *op. cit.*, s.p.
9 Augusto de Campos, *op. cit.*, p. 132.
10 Kenneth David Jackson, *op. cit.*, s.p.
11 *Ibidem.*
12 *Ibidem.*

plano dramatúrgico geral, o encadeamento liga as personagens sem nexo causal, sem tramas complexas. O resultado é uma miscigenação de gêneros:

> Donde o sentido de desconcertante tragédia, que invade sempre o cômico, ao esbarro das contradições. Considerando que as histórias das personagens não são interessantes, ele se lança a um teatro em estado puro, todo de situações, em que sua sinceridade não pode ceder, reduzir-se a tomar a existência a sério.[13]

Já em "Ionesco, pela Escola" (2 de dezembro de 1956), Patrícia fala da primeira e recente encenação do dramaturgo na EAD com *Jacques ou A submissão* e rememora a sua leitura de *A cantora careca* na mesma escola. Ela clama pela tradução de outras peças para revelar como Ionesco destila em sua matéria-prima o absurdo da vida nas convenções sociais e as ataca com misto de humor e amargor, especialmente os preconceitos. Nas palavras da autora: "todas as fórmulas destituídas de sentido com que mentimos e erramos, na violentação constante de nós mesmos e dos que nos cercam, da história vivida e da história viva do homem e da história que o homem vai viver".[14]

Estes e outros componentes urdidos pelo autor são trabalhados em criação específica no plano da linguagem enquanto "silêncio do pensamento", tendo as "palavras tornadas pura 'matéria sólida'", como assinala um de seus críticos ao abordar seu "teatro de terror e, mesmo, de 'antiteatro'"[15]. Voltando à montagem de *Jacques ou A submissão*, a encenação de Gianni Ratto imprime o ritmo da tragédia-comédia-pantomima, marcando uma das melhores realizações da vida do diretor italiano.

Quase um ano depois (20 de outubro de 1957), Patrícia publica "Ionesco, incrivelmente entre nós", e reporta como o dramaturgo está sendo encenado em São Paulo e no Rio de Janeiro com "estrondoso sucesso". A autora aproveita o ensejo para defini-lo como uma das mais altas expressões do teatro de vanguarda, além de retomar as suas principais características. Dado o ineditismo, a crítica aponta aos leitores a dificuldade de melhor expressar o que é este acontecimento cênico:

> O teatro de Ionesco não é psicológico, nem simbolista, nem social ou surrealista. É um teatro que ainda não está rotulado, pois não figura em nenhuma tendência definida. É um teatro de aventura, ilógico e irracional, mas poético e burlesco, irreverentemente apaixonante. Viola constantemente as regras cênicas, apresentando-se de maneira estranha e espontânea.[16]

---

13 *Ibidem.*
14 *Ibidem.*
15 *Ibidem.*
16 *Ibidem.*

Retomando a série "Teatro mundial contemporâneo", Patrícia enfoca as realizações teatrais de Federico García Lorca em 7 de agosto de 1955. Apesar de ter sido assassinado em Granada pelos fascistas, a sua poesia e seu teatro estavam cada vez mais vivos, e evidência disso foi a editora Gallimard ter concluído a publicação de todo o teatro de Lorca em três volumes. Além disso, Galvão informa aos leitores as publicações da portenha Editorial Losada, desde junho de 1938, cujas reedições continuam a esgotar-se em todo o mundo de fala espanhola e no Brasil.

A exemplo de todos os outros textos da série de teatro mundial, descreve vida e obra chamando a atenção para o grupo La Barraca, com *modus operandi* cigano, com o qual percorreu a Espanha:

> [...] das multidões pobres e lhes apresenta o grande teatro do Século de Ouro, numa missão cultural jamais repetida na Espanha ou em qualquer parte... Essa aventura da aplicação de um teatro, da sua realização, coloca García Lorca entre os pioneiros da popularização do teatro a realizar-se quando os governos compreenderem a importância desse meio cultural, artístico e intelectual, na educação do povo.[17]

Além de levar o melhor do teatro espanhol ao alcance popular, García Lorca coloca o seu país no mapa da dramaturgia moderna com *Bodas de sangue* e *Yerma*, entre outras obras do autor granadino.

A dramaturgia norte-americana é representada, nos escritos teatrais de Patrícia Galvão, por "Tennessee Williams" (28 de agosto de 1955), cujas peças na época eram difundidas por traduções e adaptações, algumas das quais para o cinema. Para Patrícia, tal repercussão deveu-se "principalmente aos aspectos técnicos empregados pela dosagem da ação, repousando sobre uma ampla e mesmo indefinível base poética"[18]. Segundo a crítica, a visibilidade internacional do trabalho de Williams deu-se devido a *Um bonde chamado desejo*, obra na qual o "realismo poético" imbricou-se à violência do ambiente e a um tipo em diapasão de melodrama. Ela aponta, ainda, que o autor chegou a ser acusado de pornografia, o que não impediu o sucesso de público.

Patrícia concorda com o julgamento do filósofo e dramaturgo francês Gabriel Marcel sobre *A rosa tatuada*: "É a melhor peça de Tennessee Williams... a personagem Serafina é extraordinária de vida e de relevo, pode-se quase compará-la a certas figuras de Lorca".

Como último exemplo da série "Teatro mundial contemporâneo", contendo obras fundamentais para serem encenadas no Brasil, mencione-se o artigo "A. Strindberg — uma redescoberta" (2 de outubro de 1955). Nele, Patrícia aponta que todo o moderno teatro "redescobre" a obra que "mais poderosamente contribuiu para colocar a literatura sueca em dia com a moderna

---

17 *Ibidem.*
18 *Ibidem.*

linguagem do mundo contemporâneo"[19]. Para ela, o essencial das reflexões de Strindberg compõe as últimas teorias do teatro moderno:

> Sua capacidade de sugestão, sua técnica de dramaturgo, sua simplicidade direta resultante de uma composição minuciosa e meticulosa, daquilo que se chama "caráter", que ele há muito considerava como um todo "complexo" ao extremo, todas essas qualidades o colocam na galeria dos construtores do teatro moderno.[20]

Jackson, na introdução ao volume terceiro da obra jornalística de Patrícia, intitulado "Palcos e atores", revela aspectos pouco conhecidos da jornalista. Em 1958, ela produz as peças de vanguarda *Ubu Rei*, de Alfred Jarry, e, no ano seguinte, *Fando e Lis*, do dramaturgo espanhol Fernando Arrabal. O pesquisador informa também que ela traduziu a peça *A filha de Rappaccini*, adaptada de conto de Nathaniel Hawthorne pelo poeta mexicano Octavio Paz.

Além dessas atividades, Patrícia adianta a perspectiva de montar essa adaptação, a partir de 19 de dezembro de 1960, com introdução de Geraldo Ferraz e música do então jovem compositor Willy Corrêa de Oliveira — que criou com Gilberto Mendes composições alinhadas à Música Nova de Darmstadt. No periódico *A Tribuna,* a crítica teatral detalha que

> Criou-se uma concatenação lírica para o texto poético de Octavio Paz, com música original, partitura de Willy Corrêa de Oliveira, em que a pesquisa se inspirou na história da filha de Rappaccini, e deu ao compositor a imensa possibilidade de uma outra experiência, que a crítica deve julgar, mas que adiantamos ser de fato alguma coisa de novo, em matéria de música adequada a um texto.[21]

Assim como as versões de Patrícia para Ionesco e Arrabal, a versão de Octavio Paz também se perdeu.

Último ato ou os palhaços modernistas

Nas diversas vertentes de vanguarda dos anos 1920 e 1930, uma figura imantou a atenção de seus participantes: o palhaço. Não foi diferente no Brasil. Nos anos 1920, o palhaço Piolin cativou os modernistas, e Patrícia Galvão dedicou-lhe um texto em sua seção "Palco tela plateia" no jornal que dirigia com Oswald de Andrade, *O Homem do Povo*:

---

19 *Ibidem.*
20 *Ibidem.*
21 *Ibidem.*

Piolin proletário.

Piolin que faz um malzinho sem querer, de dar momentos de sensacional alegria ao povo que o vae vêr.

E a pessoa, com a ENTRADA do Piolin, esquece que é explorado.

Piolin do povo, artista para o povo.[22]

Outro palhaço que chamou a atenção de Patrícia foi o Frajola, que se apresentava no Pavilhão-Teatro Liberdade, em Santos. Em depoimento, Plínio Marcos lembra sua passagem pelo pavilhão onde atuava Frajola:

> O circo era um pavilhão-teatro. Tinha a parte dos shows e tinha a parte do teatro. Na primeira parte, a gente fazia os shows: entrava o palhaço, essas coisas todas, os números de circo; e, na segunda, tinha sempre uma peça. Eu fazia vários pequenos papéis. Nunca cheguei a fazer um grande papel, mas sempre com falas, papelzinho de destaque.[23]

O ator e diretor santista José Greghi Filho começou sua carreira ainda aos 17 anos na companhia de Patrícia Galvão, na montagem de *Fando e Lis,* em 1958, e lembrava bem que na época ela notou aquele rapaz no picadeiro: "Ela ficou encantada por ele, disse que fazia o palhaço protagonista que regia todo o quadro. Viu logo que era o autor da encenação".[24] Não tardou em levá-lo à sua casa — na rua Azevedo Sodré, 64 —, onde reunia todos aqueles jovens interessados em teatro.

Greghi afirmava que Plínio era "muito grosseiro com todos"[25], menos com Patrícia, é claro. O diretor chegou a perguntar a ela o motivo de aturá--lo, e ela respondeu ter certeza de que o rapaz seria muito importante no teatro brasileiro. Patrícia atuou como uma preceptora de Plínio, emprestou--lhe vários livros de sua vasta biblioteca e discutia muito sobre a carpintaria teatral. Em sua pesquisa, Jackson encontrou duas colunas que mencionam Plínio Marcos. Na coluna intitulada "Neste domingo, Pascoal" (17 de abril de 1960), a autora registra:

> A semana, felizmente ou não, está cheia de novidades. Efervescência entre nossos amadores. Curso Prático de Teatro, promovido por *A Tribuna.* Ensaios intensivos em todos os grupos. *Fando e Lis* de passagem viajada para Assis, a convite da Faculdade de Filosofia, onde o TEV também levará a peça de Silveira Sampaio, *Triângulo escaleno,* dirigida por Plínio Marcos.[26]

---

22 *Ibidem.*

23 "Balada de um palhaço: peça em dois atos", em: Plínio Marcos, *Obras teatrais: religiosidade subversiva,* Rio de Janeiro: Funarte, 2017, p. 15.

24 Kenneth David Jackson, *op. cit.,* s.p.

25 *Ibidem.*

26 *Ibidem.*

Em um outro texto, intitulado "Ainda o III Festival Regional do Teatro Amador" (20 de novembro de 1960), Patrícia prossegue, tratando do mesmo Plínio:

> Plínio Marcos, o diretor, quase que se especializou em teatro infantil, o que é um bem. Moço que é, deixa os seus pupilos à vontade, embora assegurando a sua parte de disciplina. Sabe ser criança quando necessário, e mesmo quando dá as suas broncas às crianças estão com ele porque nelas incute o amor, o sacrifício e o seu grande entusiasmo pela arte cênica. Todo o mundo sabe que Plínio nasceu para o Teatro.[27]

Em seu livro de memórias, o ator Sérgio Mamberti afirma que Patrícia escreveu crítica elogiosa à montagem da primeira peça de Plínio, *Barrela*.[28]

O fato é que a figura do palhaço se manteve viva em Plínio em vários momentos, inclusive na sua última peça, *Balada de um palhaço* (1986). Com estrutura simples em dois atos, tem apenas três personagens: os palhaços Menelão e Bobo Plim e a cigana Grande Mãe. A nota que abre o texto dramatúrgico informa que Bobo Plim era como o autor se autonomeava muito antes de escrever o trabalho, nas brincadeiras com os filhos ou assinando bilhetes. À guisa de cenário, "um espaço imaginário, que pode ser um picadeiro de circo, um altar, a sala de um puteiro, o salão de um bar, uma praça"[29].

O último ato de Patrícia Galvão dividiu-se em dois extremos: o amor pelo teatro e o ódio ao apelido Pagu. Greghi recordou detalhes deste último. Ele fez parte da companhia dirigida por ela que encenou *Fando e Lis* no Festival de Teatro na Faculdade de Filosofia e Letras de Assis, em 1960. Como toda pequena cidade no interior do estado, tudo fechava às 20h, e a companhia pernoitou numa pensão, para voltar a Santos no dia seguinte. O jovem ator já estava acostumado com a boemia de Patrícia; não conciliando com o sono, saiu de seu quarto, por volta das 23 horas, e a surpreendeu na sala, de pijama, tomando pinga. Ela o convidou para juntar-se a ela.

Algo intrigava Greghi há tempos. Por que quando se dirigiam a ela como Pagu ficava em fúria? A ponto de gritar: "Pagu morreu! Eu sou Patrícia Galvão!"[30]. Lá pelas tantas, e pisando em ovos, perguntou se poderia fazer uma pergunta muito delicada, sem briga ou ódio. Ela permitiu. Logo após Greghi fazer a pergunta, seu rosto congelou e seus olhos não esconderam uma densa expressão de dor.

Após pesado silêncio, ela começou a desabotoar de cima para baixo o paletó do pijama de gola alta e expôs todo o tórax com cicatrizes de

---

27 *Ibidem*.
28 Sérgio Mamberti; Dirceu Alves Jr., *Senhor do meu tempo*, São Paulo: Edições Sesc, 2021, p. 79.
29 *Ibidem*.
30 *Ibidem*.

Plínio Marcos e
Patrícia Galvão
(à direita com vestido
xadrez) em seminário
em Santos, *c.* 1957.
Acervo Plínio Marcos.

queimaduras. Patrícia narrou, em voz baixa e contrita, que aquilo era uma amostra do muito que a torturaram durante quatro anos na cadeia. Eles torturavam Pagu e não Patrícia Galvão. Ela declarou que abandonara tudo relacionado a Pagu quando embarcou para a sua longa viagem como correspondente internacional e foi conhecer o mundo. Às gargalhadas, os torturadores a chamavam de Pagu, enquanto gritava de dor: "Pagu morreu, eu sou Patrícia Galvão!".

Alfredo Mesquita estava certo, ele antes ouvira falar da mitificação Pagu, mas conheceu mesmo Patrícia Galvão. E Patrícia era bem maior do que a anterior. Porém, o olhar livre e a convicção de jamais a estética se subjugar à política, nas premissas modernistas de 1922, manteve-se igual. Seu legado precisa ser ainda em muito redescoberto, e a vasta coletânea da produção jornalística organizada por Jackson muito contribuiu para isso. Precisamos descobrir Patrícia Galvão para abrirmos os nossos olhos mais livremente.

Referências

ANDRADE, Oswald. "Manifesto da Poesia Pau-Brasil". *Vanguarda europeia & modernismo brasileiro*. Organização de Gilberto Mendonça Telles. Rio de Janeiro: José Olympio, 2022.

CAMPOS, Augusto de. *Pagu: vida e obra*. São Paulo: Companhia das Letras, 2014.

FACIOLI, Valentim (org.). *Breton-Trotsky: Por uma arte revolucionária independente*. Rio de Janeiro: Paz e Terra, 1985.

FURLANI, Lúcia Maria Teixeira; FERRAZ, Geraldo Galvão. *Viva Pagu: fotobiografia de Patrícia Galvão*. São Paulo: Imprensa Oficial do Estado de São Paulo, 2010.

GALVÃO, Patrícia. "Tela plateia". *O Homem do Povo*. São Paulo, 7 abr. 1931, p. 4.

GREGHI FILHO, José. Entrevista ao autor, 1990.

JACKSON, Kenneth David (org.). *O jornalismo de Patrícia Galvão, v. 3: Palcos e atores: Teatro mundial contemporâneo (1950-1961)*. São Paulo: Edusp, no prelo.

MAGALDI, Sábato. Entrevista ao autor. São Paulo, 2006.

MARCOS, Plínio. "Balada de um palhaço: peça em dois atos". Em: *Obras teatrais: religiosidade subversiva*. Rio de Janeiro: Funarte, 2017.

_____. "Fragmentos memorialísticos". Plínio Marcos, site oficial. Disponível em: http://memoria.bn.br/hdb/periodico.aspx. Acesso em: 8 dez. 2022.

MENDES, Gilberto. Entrevista ao autor, 2014.

MESQUITA, Alfredo. "Patrícia Galvão". *O Estado de S. Paulo*, 28 fev. 1971, p. 4. Suplemento Literário.

SCHWARTZ, Jorge. "Surrealismo no Brasil? Décadas de 1920 e 1930". Em: GUINSBURG, Jacó; LEIRNER, Sheila (org.). *O surrealismo*. São Paulo: Perspectiva, 2008.

A música

modernista

Heitor Villa-Lobos teve vinte partituras suas executadas na Semana de 22, no palco do Theatro Municipal de São Paulo, às vezes sob sua própria regência, como se lê neste capítulo. Para o encerramento da terceira e última noite do "festival" foi apresentado o seu *Quarteto simbólico — Impressões da vida mundana* (1921), escrito para formação inusitada: flauta, saxofone alto, celesta, harpa e vozes femininas *ocultas*.

Combinação instrumental ousada também constituiu marca moderna de seu *Sexteto místico*, iniciado em 1917, em sua fase ainda informada pela chamada música impressionista francesa. Porém a peça foi finalizada já em 1921, após os contatos de Villa com o compositor Darius Milhaud e com a cantora Vera Janacopoulos, entre outros músicos afeitos à renovação musical. A formação prevista para essa peça contemplava vozes masculinas, saxofone alto, celesta, cítara de arco, violão e harpa. Em sua última edição (ns. 8 e 9), de janeiro de 1923, a revista modernista *Klaxon* publicou a primeira página da partitura do *Sexteto mystico* (imagem ao lado), obra dedicada a um nome de proa da Semana, Graça Aranha, homenageado no mesmo número.
[Alvaro Machado]

7.
Três noites do barulho
Irineu Franco Perpetuo

A Semana de Arte Moderna de 1922 foi o evento em que se cruzaram os destinos de três figuras que se tornariam icônicas na música do Brasil: Mário de Andrade (1893-1945), que, para a escola nacionalista brasileira, se tornaria uma espécie de ideólogo, com papel análogo ao de Vladímir Stássov (1824-1906) para os "Cinco" russos do século XIX; Heitor Villa-Lobos (1887-1959), único compositor "erudito" do Brasil a receber *performances* e gravações regulares de suas obras tanto em seu país, quanto no exterior; e Guiomar Novaes (1894-1979), uma das mais destacadas representantes da escola pianística nacional.

Considera-se que a ideia da Semana veio de Marie Noemi Alphonsine Lebrun, a Marinette, mulher do magnata paulista Paulo Prado (1869-1943), durante os serões com a classe artística que o casal dava regularmente em sua mansão no bairro paulistano de Higienópolis. "De acordo com mais de um relato, todos convergindo sobre esse ponto, a sugestão teria partido de Marinette Prado, inspirada nos festivais de primavera que ocorriam no requintado balneário de Deauville, na Normandia, próximo ao estuário do rio Sena, durante os quais 'se lançavam as modas' e aos quais 'comparecia não só a gente elegante, mas escritores e artistas modernos'".[1]

A ambição, obviamente, era maior. Parecia a continuação lógica de dois eventos no Teatro Municipal de cuja organização Prado participara em 1919: uma mostra de arte francesa, no saguão do teatro, incluindo esculturas de Auguste Rodin e Antoine Bourdelle, além de pinturas de Cormon, Laurens, Roll e Monvel.[2] E, em especial, a encenação da peça *O contratador de diamantes*, de Afonso Arinos de Melo Franco (1868-1916), cujos atores amadores e patrocinadores "compunham uma autêntica relação do quem é quem na elite plutocrática paulistana", mas que incluía também, como "elemento de choque", uma congada, executada, nas palavras de um jornalista da época, por "pretos de verdade e dançadores e violeiros autênticos da roça". O espetáculo atuou, para Nicolau Sevcenko, "como cristalização e como catalisador de uma fermentação nativista, que adquiria densidade crescente em direção aos anos 20".[3]

Agora, contudo, haveria uma diferença importante. Se o *Contratador* foi uma espécie de comportado convescote das elites, a ideia do novo evento era *épater la bourgeoisie*, no vocabulário afrancesado da época — ou "causar", no português brasileiro de hoje. Figura fundamental para a criação da Semana, o pintor Di Cavalcanti (1897-1976) conta em suas memórias "ter sugerido a Paulo Prado um evento de 'escândalos literários e artísticos, de meter os estribos na barriga da burguesiazinha paulista'". Afinal, nada poderia ter soado

1 José de Nicola; Lucas de Nicola, *Semana de 22: antes do começo, depois do fim*, Rio de Janeiro: Estação Brasil, 2021, p. 401.

2 *Ibidem*, p. 391.

3 Nicolau Sevcenko, *Orfeu extático na Metrópole: São Paulo, sociedade e cultura nos frementes anos 20*, São Paulo: Companhia das Letras, 1992, p. 241-2 e 247.

Retrato dedicado a
Mário de Andrade,
em abril de 1923:
"Ao querido Mário, o
Villa-Lobos te observa
sempre, com muita fé".

melhor aos ouvidos de Paulo Prado, "que não suportava o caipirismo que o cercava". Teria dito que a coisa toda precisava ser mesmo escandalosa, "nada de festinha no gênero ginasial, tão ao nosso gosto". Cândido Mota Filho, em um de seus livros de memórias, diz que Paulo Prado se animara com a ideia de "fustigar a nossa indolência" e, em algumas reuniões, teria dito: "Vamos fazer andar, apesar dos grunhidos, esses paquidermes que só gostam de exibir suas casacas no Municipal com as óperas de Verdi e de Mascagni". Ao que completou que "seria uma pagodeira, depois uma mobilização".[4]

Prado parecia desejar reproduzir os *succès de scandale* que foram regra na Belle Époque parisiense, especialmente com a estreia de *A sagração da primavera,* de Igor Stravinsky (1882-1971), pelos Ballets Russes, de Serguei Diághilev (1872-1929), no Théâtre des Champs-Élysées, em 1913 — nove anos antes da semana. Contou o compositor:

> Quanto ao que foi a execução do espetáculo, eu estava na impossibilidade de julgá-la, tendo deixado a sala nos primeiros compassos do prelúdio, que imediatamente provocou risos e zombarias. Fiquei revoltado. Essas manifestações, inicialmente isoladas, tornaram-se logo gerais e, provocando contramanifestações de outra parte, transformaram-se

---

4 José de Nicola; Lucas de Nicola, *op. cit.,* p. 400.

muito rápido em uma algazarra assustadora. Durante toda a representação, fiquei nos bastidores, ao lado de Nijínski. Este se encontrava em cima de uma cadeira, gritando perdidamente aos dançarinos: "Dezesseis, dezessete, dezoito..." (eles tinham sua contagem para bater o compasso). Naturalmente, os pobres dançarinos não ouviam nada por causa do tumulto na sala e de seu próprio bater de pés. Tive que segurar Nijínski pela roupa, pois ele estava colérico, prestes a todo o momento a pular no palco para fazer um escândalo. Diághilev, na intenção de fazer cessar esse alarido, deu aos eletricistas a ordem de ora acender, ora apagar a luz da sala. Isso é tudo que retive dessa estreia.[5]

A programação musical da Semana não produziu, sequer em âmbito local, uma obra com o impacto da criação stravinskiana. Nas palavras de Lívio Tragtenberg:

> [...] a sensação de frustração é recorrente para quem vai buscar na Semana um marco fundante de ruptura e transgressão, similar ao provocado pela estreia da *Sagração da primavera* de Igor Stravinsky em Paris, em 1913; ou ainda na publicação do romance *Ulysses,* de James Joyce, uma semana antes da Semana, em 2 de fevereiro de 2022, e que logo foi censurado. Uma província elege os seus heróis e efemérides como pode.[6]

Porém, como veremos, a reação do público da província paulista foi tão furibunda quanto a da plateia da metrópole parisiense.

Para garantir tal reação, os organizadores do evento resolveram deliberadamente provocar os espectadores. No caso da música, o alvo de sua iconoclastia foi o compositor campineiro Carlos Gomes (1836-1896), cuja efígie encima o palco do Theatro Municipal, que passou a ter temporadas regulares de ópera a partir de 1874. Em 1880, vieram as primeiras encenações de Carlos Gomes, no Teatro São José: *Fosca* e *Il Guarany.* O Municipal foi inaugurado em 1911 com *Hamlet,* de Ambroise Thomas (1811-1896) — mas esta ópera foi precedida pela execução da abertura do *Guarany.* Em 1922, a adaptação de Gomes do romance homônimo de José de Alencar seria encenada em dois teatros da cidade: o Santana (tendo como Pery o célebre tenor espanhol Miguel Fleta) e o Municipal.[7] Esta última produção fazia parte dos festejos do centenário da Independência e teve regência do compositor Pietro Mascagni (1863-1945), celebrizado por *Cavalleria rusticana,* que conhecera Gomes pessoalmente — e evitou uma gafe.

---

5   Igor Stravinsky, *Chroniques de ma vie,* Paris, Denoël, 1962, p. 117. Tradução minha.
6   Lívio Tragtenberg, *O que ouviu e o que não se ouviu na Semana de 22,* São Paulo: L. R. Tragtenberg, 2020, p. 4.
7   Paulo de Oliveira Castro Cerqueira, *Um século de ópera em São Paulo.* São Paulo: Empresa Gráfica Editora Guia Fiscal, 1954, p. 1, 74, 113-4.

No âmbito dos festejos, inaugurava-se o Monumento a Carlos Gomes ao lado do Municipal, na área do Anhangabaú. Aprovada na Câmara Municipal desde 1909, a homenagem ao compositor só deslanchou quando membros da colônia italiana resolveram levá-la adiante. De autoria do italiano Luigi Brizzolara, o conjunto de esculturas traz alegorias e personagens das óperas do compositor, heroicamente postado acima delas.[8] Narra Mascagni:

> Viajei a São Paulo para a inauguração do conjunto monumento ao lado do Theatro Municipal. Quando lá cheguei o monumento já estava inaugurado. Admirei o conjunto mas não reconheci a fisionomia do maestro esculpida no bronze. Soube depois que se tratava do busto do general Pinheiro Machado. Não me contive e fui procurar o sr. Washington Luís, que a princípio se mostrou incrédulo, só se convencendo com provas. O governo mandou retirar o busto e substituí-lo pelo verdadeiro.[9]

Pois foi este ídolo local, o paulista que vencera na Europa, que Oswald de Andrade (1890-1954) resolveu calculadamente atacar. Oswald tentava chamar a atenção para o evento com uma atuação agressiva na imprensa e, conforme a Semana se aproximava, voltou suas baterias contra o autor do *Guarany*. Em 11 de fevereiro, no *Jornal do Commercio*, disse que o compositor "nem imitar soube os grandes mestres sérios, preferindo filiar-se à decadência melódica italiana, seção cançoneta heroica". No mesmo jornal, no dia seguinte — portanto, na véspera do começo da Semana —, ele proclamou: "Carlos Gomes é horrível. Todos nós o sentimos desde pequeninos. Mas, como se trata de uma glória da família, engolimos a cantarolice toda do *Guarany* e do *Schiavo*, inexpressiva, postiça, nefanda. E, quando nos falam no absorvente gênio de Campinas, temos um sorriso de alçapão, assim como quem diz: — É verdade!".[10]

Tal posicionamento era ecoado por Paulo Prado (que condenava o compositor campineiro pelo seu "italianismo de realejo, que totalmente ignorou a inspiração social e folclórica da nossa etnografia"[11]), mas estava longe de ser monolítico entre os modernistas brasileiros. Separada de Oswald, Tarsila do Amaral (1886-1973) escreveria em 1944, no *Diário de São Paulo*, que, "depois de prolongado e injusto esquecimento, Carlos Gomes, de alguns anos para cá, ressurge glorioso entre nós", e que "todos estão de acordo quanto à genialidade do compositor patrício".[12] Já Mário de Andrade,

8 Fanny Lopes, *Dois monumentos a Carlos Gomes na Primeira República*, em Atas do XIV Encontro de História da Arte: Histórias do Olhar, Instituto de Filosofia e Ciências Humanas, Unicamp, Campinas, 2020, p. 765-6.

9 Juvenal Fernandes, *Do sonho à conquista: revivendo um gênio da música: Carlos Gomes*, São Paulo: Fermata do Brasil, 1978, p. 185-6.

10 Maria Eugênia Boaventura (org.), *A Semana de Arte Moderna vista pelos seus contemporâneos*, 2ª ed. rev. e ampliada, São Paulo: Edusp, 2008, p. 70-2.

11 Walkiria Oliveira Silva, "Retrato da *Alma brasileira*: um diálogo entre Heitor Villa-Lobos e Paulo Prado". Manuscrito cedido pela autora.

12 Aracy Amaral (org.), *Tarsila cronista*, São Paulo: Edusp, 2001, p. 196.

em 1936, por ocasião do centenário de nascimento do compositor, redigiu um ensaio sobre *Fosca* no qual louva a ópera como "uma das obras-primas da música dramática do século XIX italiano", dotada de "música linda e forte, com que um espírito, que a estupidez dos homens ainda não desiludira, pretendeu se elevar acima de si mesmo e do seu tempo".[13] Em 1942, na *Pequena história da música,* ele afirma que "Carlos Gomes está entre os grandes melodistas do século XIX. Gênio dramático de força, ele concentra a expressão na melodia, como era costume na escola oitocentista italiana em que se cultivou".[14] Mário vai além, e chama o autor de *Schiavo* de:

> [...] verdadeiro iniciador da música brasileira, porque na época dele, o que faz a base essencial das músicas nacionais, a obra popular, inda não dera entre nós a cantiga racial. É ridículo que consideremos brasileiros os cantos negros, os cantos portugueses (e até ameríndios!), as modinhas, habaneras e tangos do século XIX, e repudiemos um gênio verdadeiro cuja preocupação nacionalista foi intensa.[15]

Tudo isso foi escrito bem depois da Semana, e Carlos Gomes converteu-se no estandarte dos detratores do evento. Em 17 de fevereiro de 1922, em *A Gazeta,* Oliveira Castro escreveria: "Assassino de nascença e facínora por bizarria, o futurismo apareceu entre nós vascolejando ideias novas e de enfiada espatifou com Carlos Gomes, como a molecada em sábado de Aleluia estraçalha o Judas rolado das torres". Em polêmica com Menotti del Picchia (1892-1988), no *Jornal do Commercio,* em 15 de março do mesmo ano, o crítico fluminense Oscar Guanabarino (que fora a nêmesis de Alberto Nepomuceno, e desempenhava papel análogo com relação a Villa-Lobos) dizia que "em São Paulo, como em todo o Brasil, Carlos Gomes é um ídolo. O autor do *Guarany* foi insultado: a vaia era necessária como uma tumultuosa cerimônia de desagravo". E, na revista satírica *Careta,* em 10 de abril de 1922, artigo assinado por Ataka Perô relatava que "um dos gênios, o Andrade das adiposidades, agrediu feroz e irreverentemente vultos consagrados como Carlos Gomes, Chopin, Victor Hugo e outros!"[16]

De acordo com o pianista e compositor Ernani Braga (1888-1948), que tocou obras musicais para ilustrar a conferência *A emoção estética na arte moderna,* com a qual Graça Aranha (1868-1931) abriu a Semana, o escritor maranhense

---

13 Vicente Salles (*et al.*), *Carlos Gomes: uma obra em foco,* Rio de Janeiro: Funarte, Instituto Nacional de Música, Projeto Memória Musical Brasileira, 1987, p. 145-54.
14 Mário de Andrade, *Pequena história da música*, 9ª ed. Belo Horizonte: Itatiaia, 1987, p. 164.
15 *Ibidem*, p. 166.
16 Maria Eugênia Boaventura (org.), *op. cit.*, p. 235, 298, 313.

[...] foi demolindo, um após outro, os ídolos antigos, Bach, Beethoven, Wagner, todos esses gigantes foram caindo sucessivamente. O público ia se divertindo com a demolição e achando engraçado o demolidor. Mas quando ele, iconoclasta irreverente, levantou a mão sacrílega para derrubar o ídolo Carlos Gomes, foi a conta. Que Graça Aranha pusesse abaixo o semideus dos Oratórios e o das Sinfonias e o da Tetralogia, estava muito direito. Era uma brincadeira inocente. Mas bulir com o pai de *Guarany*, paulista ali de Campinas! Não "seu" Graça Aranha, isso era desaforo, e merecia castigo. Foi uma vaia tremenda, formidável, uma cousa do outro mundo, um barulho de todos os infernos.[17]

O saboroso depoimento de Braga conflita tanto com o texto da conferência de Graça Aranha (publicado vinte anos depois, em 1942, em *A Manhã*, e onde não há qualquer menção a Carlos Gomes)[18] como com os relatos da imprensa da época, que não testemunham vaias ao escritor, ou qualquer tipo de tumulto durante sua fala. A *Folha da Noite* registrou que

[...] o sr. Graça Aranha discorreu, com grande brilhantismo, sobre a emoção estética na arte moderna, fixando as novas correntes estéticas na literatura, na música e nas artes plásticas. Essa conferência foi ilustrada com música e versos. O sr. Ernani Braga executou três trechos de autores futuristas, que a bem dizer não produziram efeito algum no auditório, que se conservou impassível. A execução aliás foi excelente...[19]

Quem não reagiu, de forma impassível, à *performance* de Braga foi a estrela Guiomar Novaes. Natural de São João da Boa Vista, ela estimulava o orgulho paulista por ser, assim como Carlos Gomes, a filha da terra que triunfara internacionalmente. Saída da usina de talentos do italiano Luigi Chiaffarelli (1856-1923) — que, ao se estabelecer em São Paulo, em 1883, formou alguns dos mais importantes pianistas brasileiros do século XX, como Antonietta Rudge (1885-1974), João de Souza Lima (1898-1982) e Francisco Mignone (1897-1986) —, Novaes causara sensação já na sua prova de admissão ao Conservatório de Paris, em 1909, ao ser a primeira colocada entre 131 candidatos, com um júri estrelado que incluía sumidades como o compositor Gabriel Fauré (1845-1924), o pianista Moritz Moszkowski (1854-1925) — e ninguém menos que Claude Debussy (1862-1918). Em carta ao amigo André Caplet, o autor do *Prélude à l'après-midi d'un faune*, comenta que "a ironia habitual das coisas quis que a pessoa mais artística de todos esses produtos fosse uma jovem brasileira de treze anos. Ela não é bela, mas tem olhos

---

17 *Presença de Villa-Lobos*, v. 2, Rio de Janeiro: Museu Villa-Lobos, 1966, p. 68.
18 *Presença de Villa-Lobos*, v. 10, Rio de Janeiro: Museu Villa-Lobos, 1977, p. 81-8.
19 Maria Eugênia Boaventura (org.), *op. cit.*, p. 70, 72.

'ébrios de música', e esse poder de se isolar de toda a presença que é bem a marca característica, tão rara, do artista".[20]

À época da Semana, Novaes já tinha obtido a consagração tanto nos palcos da Europa quanto nos dos EUA. E reverberava nos artistas brasileiros da época. Em 1920, ela foi a inspiração de Monteiro Lobato (1882-1942) para criar a protagonista de *A menina do narizinho arrebitado*, que iniciaria o ciclo infantil *Sítio do Pica-pau Amarelo*, e, em 1921, Anita Malfatti (1889-1964), em carta a Tarsila do Amaral, manifestava sua preocupação com a notícia do iminente casamento da pianista, temendo que as obrigações da vida conjugal restringissem sua trajetória artística.

Pois bem: a apresentação de Novaes estava marcada para a segunda noite da Semana — 15 de fevereiro de 1922. Acontece que, na abertura do festival, os "três trechos de autores futuristas" executados por Braga incluíram a segunda peça dos *Embryons desséchés* (*Embriões dessecados*, 1913), do francês Eric Satie (1866-1925) — mais precisamente, *Edriophtalma*, que parodiava a célebre *Marcha fúnebre* de Fryderyk Chopin (1810-1849).

Novaes não gostou da brincadeira e, no dia do seu concerto, o *Correio Paulistano* publicou a carta aberta da pianista aos membros do comitê patrocinador da Semana:

> Em virtude do caráter bastante exclusivista e intolerante que assumiu a primeira festa de arte moderna, realizada na noite de 13 do corrente, no Teatro Municipal, em relação às demais escolas de música, das quais sou intérprete e admiradora, não posso deixar de declarar aqui o meu desacordo com esse modo de pensar. Senti-me sinceramente contristada com a pública exibição de peças satíricas à música de Chopin. Admiro e respeito todas as grandes manifestações de arte, independentes das escolas a que elas se filiem, e é de acordo com esse meu modo de pensar que, acedendo ao convite que me foi feito, tomarei parte num dos festivais da Semana de Arte Moderna.[21]

Protestava — mas mantinha a participação. Aliviado, Menotti del Picchia — que posteriormente passaria a viver com outra estrela do piano, Antonietta Rudge, que por causa dele largaria o primeiro marido, Charles Miller, o introdutor do futebol no Brasil — publicava na mesma página do *Correio Paulistano* em que saíra a carta de Guiomar, sob o pseudônimo de Hélios, um texto chamando o público para a segunda noite da Semana que era só elogios à pianista:

---

20 Maria Stella Orsini, *Guiomar Novaes: uma arrebatadora história de amor*, São Paulo: Editora C. I., 1992, p. 69.

21 Maria Eugênia Boaventura (org.), *op. cit.*, p. 439.

Guiomar é o ídolo canoro da gente paulista. Seu nome tem a magia singular de atulhar plateias. É o bom signo. É o gênio dos dedos mágicos. É verdade que a gloriosa artista está visceralmente em desacordo com as irreverências dos futuristas para com os mestres, que ela adora. Isso não a impede de achar altamente intelectual e galhardo o movimento dos avanguardistas, que estão afirmando, no Municipal de São Paulo, a existência de uma arte profundamente autônoma, moderna e nacional.[22]

A apresentação de Novaes foi raro caso de confluência de gostos de crítica e de público — de defensores e opositores da Semana. O *Correio Paulistano*, no dia seguinte, registrou:

> Guiomar Novaes, que emprestou o seu concurso ao festival, encantou a assistência executando os seguintes números de música:
> a) E. R. Blanchet — *Au jardin du Vieux Sérail* (Andrinopole);
> b) H. Villa-Lobos — *O ginete do pierrozinho*;
> c) C. Debussy — *La soirée dans Grenade*;
> d) C. Debussy — *Minstrels*;
>
> A notável pianista patrícia provocou entusiasmo, sendo chamada ao proscênio mais de cinco vezes, executando então, extraprograma, o primoroso trecho *Arlequin,* de Vallon, apesar dos insistentes pedidos do público para que tocasse um trecho de Chopin.[23]

Irônico, *O Estado de S. Paulo* noticiava que "só a srta. Guiomar Novaes conseguiu ser ouvida em silêncio profundo, mesmo quando executava esse 'arcaico' musicista chamado Debussy, naturalmente uma perfeita nulidade para os que querem iniciar a Nova Era..."[24]. Em *A vida moderna*, Júlio Freire refreia o sarcasmo de sua crônica da Semana para louvar "a verdadeira figura da grande sacerdotisa da arte verdadeira. Bizarra intérprete dos gênios de ontem e de hoje: Guiomar Novaes, artista de verdade, senhora dos ritmos: honra e glória da terra paulista. Grande sem cabotinismos!"[25]

À parte o inegável talento que a faz ser considerada como um dos maiores nomes entre pianistas brasileiros de todos os tempos, a unanimidade em torno de Novaes pode ser atribuída a um fenômeno que, no primeiro número da revista *Klaxon*, publicação modernista lançada pouco após a Semana, em maio de 22, Mário de Andrade chamaria de "pianolatria". Em um artigo com este título, ele afirma que "a senhorita Novaes é uma grandíssima intérprete", porém lamenta que "dizer música, em São Paulo, quase significa dizer piano". E conclui: "São Paulo tem apenas uma educação pianística, uma tradição pianística. Necessitamos dum quarteto verdadeiramente ativo. Precisamos proteger a Sociedade dos Concertos Sinfônicos, em tão boa hora inaugurada. Só

---

22 Maria Eugênia Boaventura (org.), *op. cit.*, p. 84.
23 *Ibidem*, p. 452.
24 *Ibidem*, p. 450.
25 *Ibidem*, p. 268.

então, livre do preconceito pianístico, São Paulo será musical".[26] Ideias que se materializarão a partir de 1935, quando ele assume a direção do Departamento de Cultura e Recreação da capital paulista, criando corpos ativos até hoje, como o Quarteto de Cordas da Cidade de São Paulo e o Coral Paulistano.

Em 1933, escrevendo no *Diário de São Paulo*, o autor de *Macunaíma* confessaria que "por 1922 foi o tempo em que cheguei a detestar a grande pianista. Começou a Semana de Arte Moderna, a que Guiomar Novaes prestou o seu concurso, de certo a contragosto! E a contragosto de todos nós, os 'futuristas' do tempo". Dizendo ter se irritado com o protesto público da pianista, Mário refere-se a artigos que publicou em *Klaxon*: "Então usei duma perversidade, escrevi, um estudo sobre a virtuose, chamando-a de 'romântica'". Todavia, ao final, afirma que "hoje eu tenho por Guiomar Novaes uma admiração firme, orgulhosa de si. Sei que ela é genial, e ardo aos acentos geniais que ela tantas vezes acorda no piano".[27]

Para além de Debussy e dos suíços Blanchet e Villon, Novaes tocou na Semana uma peça de Villa-Lobos. Ela posteriormente faria a estreia dos *Choros n. 5 — Alma brasileira* no Town Hall, em Nova York, em 1935; a primeira audição norte-americana do *Momoprecoce*, em Baltimore, em 1940; e a estreia paulista de *As três Marias*, no Theatro Municipal de São Paulo, em 1942.[28] Porém a maior parte do repertório do compositor durante a Semana seria executada pelos músicos que ele levou do Rio de Janeiro.

Sobre a participação de Villa-Lobos no evento, Oswald de Andrade, em artigo de 1954, narra que "os elementos do Rio tinham entrado em contato conosco através de Di Cavalcanti. Ele nos tinha revelado um músico estranho que tocava piano num bar e compunha coisas espantosas. Chamava-se Heitor Villa-Lobos".[29] Efetivamente,

> no dia 21 de outubro de 1921, no Rio de Janeiro, ao realizar mais uma audição de suas obras, o compositor contou com dois paulistas na plateia: Mário e Oswald de Andrade haviam viajado à capital especialmente para conferir a apresentação. O recital, dedicado à música de câmara, aconteceu no Salão Nobre do *Jornal do Commercio*, com um programa cujas peças meses depois foram integralmente reproduzidas na Semana de Arte Moderna: o *Quarteto simbólico*, para harpa, celesta, flauta, saxofone alto e vozes femininas ocultas; *Historietas*, para canto e piano; *Rodante* e *A fiandeira*, para piano solo; e o *Trio n. 3*, para violino, violoncelo e piano.[30]

---

26 Bruno Kiefer, *Villa-Lobos e o modernismo na música brasileira*, 2ª ed., Porto Alegre, Movimento; Brasília, INL, 1986, p. 90.

27 Mário de Andrade, *Música e jornalismo*, pesquisa, estabelecimento de texto, introdução e notas de Paulo Castagna. São Paulo: Hucitec, Edusp. 1993, p. 78.

28 *Villa-Lobos: sua obra*, Museu Villa-Lobos, 4ª ed. Rio de Janeiro: Museu Villa-Lobos, 2021, p. 39, 70, 140.

29 Maria Augusta Fonseca, *Oswald de Andrade: biografia*, 2ª ed. São Paulo: Globo, 2007, p. 123.

30 Flávia Camargo Toni; Camila Fresca, "Três semanas de arte, ou a semana que sacudiu

A participação do grupo fluminense na Semana foi acertada pelo bibliotecário Rubens Borba de Moraes (1899-1986). Além de encontrar Graça Aranha na casa de Ronald de Carvalho (1893-1935), Borba foi à choperia Brahma, onde o músico tocava, para conhecer Villa-Lobos, considerando que a "sua participação na Semana era vista como fundamental, 'pelo fato de ser ele o único músico moderno do Brasil'". O emissário paulista descreve "uma vasta cabeleira de maestro tangendo seu violoncelo e fazendo um sinalzinho de saudação", e conta que "não foi fácil convencê-lo", pois o músico "vinha com umas estórias complicadas, umas recusas de participar de manifestações que não adiantavam nada. Fazia-se de rogado, parecia uma prima-dona". Por fim, após "uma noitada e tanto" na Lapa, embalada pelo violão de Villa-Lobos, "o músico assegurara sua participação na Semana, desde que lhe arranjassem também uns concertos em São Paulo".[31]

Contando com vários artistas que tinham participado do recital de outubro do ano anterior no Rio de Janeiro, a delegação Villa-Lobos na Semana incluía os pianistas Ernani Braga, Frutuoso Viana e Lucília Villa-Lobos, mulher do compositor; a violinista Paulina d'Ambrósio; os cantores Maria Emma Freire e Frederico Nascimento Filho; o violista Orlando Frederico e o violoncelista Alfredo Gomes (curiosamente, sobrinho do Carlos Gomes tão vilipendiado por Oswald de Andrade). Um ano depois, ao noticiar o prejuízo que o evento dera aos seus organizadores, apesar de o Municipal ter enchido nas três noites, *A Gazeta,* de São Paulo, afirmou que "esse resultado é devido principalmente aos preços exagerados que a comissão teve de pagar aos cavalheiros que vieram do Rio especialmente para tomar parte nos saraus" — além do fato de "muita gente — talvez a maioria" ter entrado sem pagar (os "amigos do Aranha", segundo o jornal).[32] Para Lívio Tragtenberg:

> [...] a primeira imagem que assalta a memória (daquilo que não vi, mas do que se conta) quando se fala da Semana de Arte Moderna de 1922, ao menos em termos da participação da música no evento, é a figura do compositor Heitor Villa-Lobos, grandalhão e claudicante, com um pé enfaixado, cruzando o palco do Theatro Municipal de São Paulo. Passos mancos, mas não menos triunfantes, em se tratando da mitologia criada em torno da participação do compositor carioca na Semana. Essa imagem representa um índice de como a expressão musical se apresentou na Semana: manca. Índice de uma ausência.

São Paulo", em: *Toda semana: música e literatura na Semana de Arte Moderna*, São Paulo: Selo Sesc, 2022, p. 34.

31 José de Nicola: Lucas de Nicola, *op. cit.,* p. 403-4.

32 Maria Eugênia Boaventura (org.), *op. cit.,* p. 263.

Afinal,

[...] não se ouviu, além da música urbana popular — seja paulista ou carioca, ambas muito diferentes entre si — a música de concerto, criada e praticada por paulista(nos). Mário de Andrade, que coorganizou a Semana, não identificava em nenhum compositor local a chama "futurista" da música moderna que fizesse jus a sua inclusão. E ele conhecia melhor do que ninguém a cena musical paulista(na).[33]

Wisnik ressalta que

[...] a música popular a que Mário se apega em seu projeto não é a música popular urbana, descaracterizada, segundo ele, pela pressão danosa do urbanismo, do mercado e da influência estrangeira, mas a música folclórica — a dos sambas rurais, dos bumbas meu boi, reisados, pastoris e congadas, cocos, cururus, modas de violas e cateretês [...]

pois, continua o autor,

ali operava uma forma mental dominante no modernismo musical brasileiro, em grande parte por sua própria influência e seu sentido de missão, que buscava nas formas mais puras e intrincadas da música rural, à maneira de Herder e do pré-romantismo alemão, o substrato para uma composição erudita comprometida com o achado da essência nacional.[34]

De qualquer forma, urbana ou folclórica, a música popular não subiu ao palco do Municipal em 1922.

Difícil não atribuir esta exclusão à posição marginalizada da música popular na sociedade brasileira daquela época. Sabe-se que, em 1908, quando Alberto Nepomuceno (1864-1920), então diretor do Instituto Nacional de Música, realizou na instituição uma apresentação de violão de Catulo da Paixão Cearense (1863-1946), provocou "forte reação entre o corpo docente e celeuma na crítica ortodoxa, que considerou tal realização um acinte àquele templo da arte"[35]. E Francisco Mignone (1897-1986) — *chorão* de sucesso que, entre 1914 e 1920, escreveu em gêneros como a valsa, o tango, o maxixe e o *fox-trot,* sendo gravado pelo *Rei da Voz* Francisco Alves (1898-1952) — assinava essa parte de sua produção com a alcunha de Chico Bororó, porque, em suas próprias palavras, "nas priscas eras do começo do século, escrever música popular era coisa defesa e desqualificante mesmo".[36]

---

33 Lívio Tragtenberg, *op. cit.*, p. 10, 57.

34 José Miguel Wisnik, "A República Musical Modernista", em: Gênese Andrade (org.), *Modernismos: 1922-2022,* São Paulo: Companhia das Letras, 2022, p. 182-4.

35 Sérgio Alvim Corrêa, *Alberto Nepomuceno: catálogo geral,* 2ª ed. aumentada, Rio de Janeiro: Funarte, Coordenação de Música, 1996, p. 12.

36 Bruno Kiefer, *Mignone, Vida & Obra,* Porto Alegre: Movimento, 1983, p. 12.

Mesmo sem a presença da "desqualificante" música popular, o público do Municipal foi extremamente hostil para com os artistas, que já entravam em cena nervosos. Ernani Braga, por exemplo, conta que "não sabia bem o que estava fazendo" quando teve que tocar *Fiandeira*, de Villa-Lobos. A questão era que, ao executar a obra anteriormente, na presença do compositor, este declarara que não tinha escrito aquilo, pois Braga não respeitara sua indicação de pedal contínuo, que o intérprete achava "insuportavelmente cacofônico". Autoridade do teclado, Chiaffarelli, que também presenciara a execução, aconselhou o pianista a não seguir a indicação do compositor, e manter sua escolha. Ao chegar à *Fiandeira* no Municipal, o intérprete viu-se diante de um dilema:

> Com pedal ou sem pedal? Villa-Lobos ou Chiaffarelli? Seguindo o conselho do mestre acatado podia provocar um protesto do autor, e desta vez diante de um público já meio zangado. Ataquei a peça litigiosa em plena turbação dos sentidos. E reduzi-a à quarta parte, porque me perdi no meio, e me achei, sem saber como, na última página. O auditório gostou daquela peça tão viva, tão extravagante e... tão curtinha. Por isso aplaudiu muito, não dando tempo a Villa-Lobos de protestar. Chiaffarelli depois me felicitou por eu ter encontrado a fórmula exata de resolver o problema.[37]

Um mês depois da Semana, em artigo publicado em *O Jornal*, Paulina d'Ambrosio contava que:

> antes de começar a tocar uma sonata (aliás muito aplaudida), no levantar a alça do meu vestido que estava fora do lugar, gritaram — "Quem tem um alfinete aí?", o que me fez chorar de nervosismo, sendo acalmada pelas boas palavras e olhares de advertência do querido Villa. Achava-se ele nessa ocasião atacado de ácido úrico nos pés e tendo um deles enfaixado apoiado em um guarda-chuva entrou em cena. Nessa mesma ocasião o insuperável Nascimento Filho (vulgo "Pequenino") começou a cantar e então um gaiato nas galerias gritou: "*Ridi Pagliaccio*", e o Nascimento replicou: "Desce para eu lhe ensinar como se canta", e o Villa, com a ponta do guarda-chuva espetou-o para que se calasse. No dia seguinte, Nascimento apareceu com um dos olhos arroxeado, produto de sua singular lição de canto.[38]

Em abril de 1922, Villa-Lobos escreveu a Arthur Iberê de Lemos uma carta que constitui uma das principais fontes do anedotário da Semana. Sobre o primeiro dia, ele narra: "quando chegou a vez da música, as piadas das galerias

---

37 *Presença de Villa-Lobos*, v. 2, *op. cit.*, p. 68-9.
38 Luiz Guimarães, *Villa-Lobos veste da plateia e na intimidade (1912-1935)*, Rio de Janeiro, s/ed., 1972, p. 74.

foram tão interessantes que quase tive a certeza de a minha obra atingir um ideal, tais foram as vaias que me cobriram de louros". No segundo, foi "a mesma coisa na parte musical e na parte literária a vaia aumentou". Ao chegar ao terceiro, "que era em minha homenagem", a temperatura continuou alta: "Começamos pelo *Trio n. 3*, e, de quando em quando, um espectador musicista assobiava o principal tema, paralelamente ao instrumento que o desenhava. A Lucília e a Paulina queriam parar, eu me ria e o Gomes bufava, mas fomos até o fim". As manifestações continuaram até chegar à derradeira peça, o *Quarteto simbólico*:

> consegui uma execução perfeita, com projeção de luzes e cenários apropriados a fornecerem ambientes estranhos, de bosques místicos, sombras fantásticas, simbolizando a minha obra como imaginei. Na segunda parte desse quarteto, lembras-te?, o conjunto esclarece um ambiente elevado, cheio de sensações novas. Pois bem. Um gaiato qualquer, no mais profundo silêncio, canta de galo com muita perícia. Bumba... Pôs abaixo toda a comoção que o auditório possuía, provocando hilaridade tal que a polícia (finalmente) interveio prendendo os graçolas e mais duas latas grandes de manteiga cheias de ovos podres e batatas. Esses moços, ao serem interrogados, declararam que aqueles presentes estavam destinados a coroarem os promotores da Semana de Arte Moderna em São Paulo, como se fossem flores e palmas, mas que tal não fizeram porque respeitavam os intérpretes que na maioria eram paulistas.[39]

Mas o que havia neste Villa-Lobos que tanto podia ofender as plateias? Bastião da crítica conservadora no Rio de Janeiro, Guanabarino sistematicamente atacava o compositor, dizendo, por exemplo, em 1921, que "o seu talento está transviado, em lugar de vir reforçar a plêiade dos nossos artistas filiados às puras escolas que esses novos iconoclastas pretendem destruir, julgando haver possibilidades de fazer desaparecer o pelo para das suas cinzas surgir o império do absurdo".[40]

Um "império do absurdo" que fazia biquinho, pois, como quer Bruno Kiefer, "se analisarmos estilisticamente as obras de Villa-Lobos executadas durante a Semana de Arte Moderna, seremos forçados a concluir que a grande maioria pertence, senão totalmente, pelo menos em grau apreciável, à música francesa. Isto significa aqui: Pós-Romantismo e/ou Impressionismo".[41] Até suas canções sobre versos de Ronald de Carvalho (*Lune d'octobre; Jouis sans retard, car vite s'écoule la vie;* e *Voilà la vie*) tinham títulos e texto no idioma de Baudelaire.

---

39 Luiz Guimarães, *op. cit.*, p. 73.
40 *Ibidem*, p. 58-9.
41 Bruno Kiefer, *Villa-Lobos e o modernismo na música brasileira, op. cit.*, p. 93.

Algo que não chega a surpreender. Afinal, como afirmara em 1916, com certo desgosto, Monteiro Lobato, na época o Brasil estava reduzido a "colônia mental da França", "espécie de Senegal antártico"[42]. Na música, esse viés galicizante foi constatado por um dos mais prolíficos compositores franceses do século XX: Darius Milhaud (1892-1974), que chegou ao Rio de Janeiro aos 25 anos de idade, em 1917, às vésperas do Carnaval, como secretário de seu amigo e parceiro, o poeta Paul Claudel (1868-1955), ministro plenipotenciário da França em nosso país, encarregado de influenciar a entrada do Brasil, até então neutro, do lado dos aliados, na Primeira Guerra Mundial (o que efetivamente ocorreria).

Milhaud ficou quase dois anos por aqui, e conta que foi no círculo formado pelos compositores Oswaldo Guerra (1892-1980) e Nininha (1895-1921), mulher deste, que ele se iniciou na música de Satie. Em artigo na *Revue Musicale*, em 1920, ele afirma que "o papel da França na cultura musical, no Brasil, é absolutamente preponderante". Fato que Milhaud não encara de forma positiva:

> [...] é de se lamentar que todos os trabalhos dos compositores brasileiros, desde as obras sinfônicas ou de câmara dos Srs. Nepomuceno e Oswald até as sonatas impressionistas do sr. Guerra e as obras orquestrais do Sr. Villa-Lobos (um jovem de temperamento robusto e cheio de audácias), sejam o reflexo das diferentes fases que se sucederam na Europa, de Brahms a Debussy, que o elemento nacional não se manifeste de uma maneira mais viva e original, e que a influência do folclore brasileiro — de uma rítmica tão rica, e um desenho melódico tão peculiar — se faça raramente sentir nas obras dos compositores *cariocas*.[43]

Para Paulo Renato Guérios, a segregação contra a música popular explica porque:

> [...] durante a década de 1910, Villa-Lobos só utilizou diretamente em uma pequena parcela de suas obras os elementos estéticos dos músicos populares com quem mantinha contato desde muito cedo, os chorões. Ser reconhecido como grande compositor erudito no Rio de Janeiro, objetivo tão caro a Villa-Lobos, seria impossível para alguém que utilizaria elementos da música popular urbana, tão depreciada na cidade nessa época.[44]

42 Olivier Compagnon, "Como era belicoso o meu francês: as elites intelectuais brasileiras e a França no contexto da Primeira Guerra Mundial", em: Anais Fléchet; Olivier Compagnon; Sílvia Capanema P. de Almeida (org.), *Como era fabuloso o meu francês!: imagens e imaginários da França no Brasil (séc. XIX-XX)*, Rio de Janeiro: Fundação Casa de Rui Barbosa; 7 Letras, 2017.

43 Manuel Aranha Corrêa do Lago; Victor Burton; Guillaume Pierre (org.), *Uma outra missão francesa 1917-1918: Paul Claudel e Darius Milhaud*, Rio de Janeiro: Andrea Jakobsson Estúdio, 2017, p. 162, 194, 196.

44 Paulo Renato Guérios, *Heitor Villa-Lobos: o sinuoso caminho da predestinação*, 2ª edição, Curitiba, edição do autor, 2009, pg. 132.

Paulo de Tarso Salles destaca "o número relativamente grande de obras com tendências nacionalistas compostas até 1921"[45] por Villa-Lobos, mas não diverge da opinião generalizada de que foi em Paris que o compositor se descobriu brasileiro. Guérios conta que, certa vez, improvisando ao piano, Villa-Lobos incorreu no desagrado de Jean Cocteau (1889-1963), que encontrava em sua música "um parentesco com Debussy e Ravel".[46]

Pois bem: o citado encontro entre Villa-Lobos e Cocteau aconteceu no apartamento parisiense de Tarsila do Amaral (então envolvida com Oswald de Andrade), em 1923. O compositor podia, no sentido estrito, ter razão quando disse a Menotti del Picchia: "você sabe que não foi a Semana de Arte Moderna que me lançou. Eu já era revolucionário na música muito antes".[47] Parece inegável, porém, que os contatos feitos em São Paulo foram a plataforma de lançamento de sua carreira internacional.

Como assinala Nicolau Sevcenko, "foi no contexto do festival que ele passou do cenáculo de Graça Aranha para o patrocínio dos Prado, o que o levaria a compor e a executar, já no ano seguinte em São Paulo, o divertimento *Verde velhice,* dedicado ao conselheiro Antônio Prado" — pai de Paulo Prado. "Aliás, logo após a semana, choveram convites para mais apresentações do maestro na cidade e para uma nova temporada completa no próximo ano." No último destes concertos,

> realizado no início de maio, no Theatro Municipal lotado e com a presença de Washington Luís e todo o alto escalão do governo, Villa-Lobos executou o poema sinfônico *A guerra,*[48] regendo uma orquestra de 110 músicos. Por interferência dos Prado e do governo paulista, o jovem musicista e o público já sabiam que ele ganhara, da administração federal, a sua tão ambicionada bolsa de viagem para Paris. O sucesso foi apoteótico, o público aplaudia frenético e gritava expressões de estímulo e de adeus ao jovem artista.[49]

Grato, em solo francês, Villa-Lobos dedicaria a Paulo Prado sua obra-prima: os *Choros n. 10,* de 1926.[50]

Foi a partir da experiência de Paris que Villa-Lobos adquiriu seu caráter icônico na cultura brasileira. Curiosamente, à medida que se transforma em sinônimo de compositor nacional, Villa-Lobos vai se afastando do

45 Paulo de Tarso Salles, *A música de Villa-Lobos na Semana de Arte Moderna de 1922*, em: *Presença de Villa-Lobos*, v. 14, 100 anos de Arminda, Rio de Janeiro: Museu Villa-Lobos, 2012, pg. 110.
46 Paulo Renato Guérios, *op. cit.*, p. 159.
47 *Presença de Villa-Lobos*, v. 4, Rio de Janeiro: Museu Villa-Lobos, 1969, p. 154.
48 A obra apresentada com esse título era a *Sinfonia n. 3.*
49 Nicolau Sevcenko, *op. cit.*, p. 123.
50 *Villa-Lobos: sua obra, op. cit.*, p. 43.

ideólogo do nacionalismo musical brasileiro: Mário de Andrade. A adesão do músico ao regime varguista incomodava o autor de *Paulicea desvairada,* como ele escreveu em artigo, em 1944:

> Eu gostava era daquele Villa-Lobos de antes de 1930, que ainda não aprendera a viver (...) Depois tudo mudou e não é bom falar... Mas é preciso sempre que se afirme que muitos, que a maioria dos músicos verdadeiros do Brasil, repudiam, até envergonhados, quase todos os escritos "com palavras" publicados por Villa-Lobos desde então.

No ano seguinte, Mário retomaria o tema, afirmando que:

> Com a Revolução de 1930 a vida do compositor se transforma por completo e isso lhe afeta a obra e a psicologia. Villa-Lobos se torna um artista condutício, anexado aos poderes públicos, bem pago, não mais exatamente brasileiro mas nacionalista. E enfim empregado-público. Isso faz lhe baixar de golpe a produção, que se torna de muitas caras, conforme os ventos sopram.[51]

Assim, os principais apóstolos do credo andradiano tornam-se compositores mais jovens, como Mignone, Luciano Gallet (1893-1931) e Camargo Guarnieri (1907-1993).

No *Ensaio sobre Música Brasileira,* de 1928, Andrade é francamente dogmático: "Todo artista brasileiro que no momento atual fizer arte brasileira é um ser eficiente com valor humano. O que fizer arte internacional ou estrangeira, se não for gênio, é um inútil, um nulo. E é uma reverendíssima besta". Ele é "pedregulho na botina", tem que ser jogado fora e, "por mais valiosa que a obra seja, devemos repudiá-la, que nem faz a Rússia com Stravinsky e Kandinsky".[52]

Assombrado pelo fantasma da "reverendíssima besta", Gallet empenhou-se nas pesquisas folclóricas que eram tão caras ao autor de *Losango cáqui,* e teve seus *Estudos de folclore* publicados postumamente por Mário de Andrade.

Já Mignone foi duramente criticado quando da estreia, no Rio de Janeiro, em 1928, de sua segunda ópera, *L'Innocente,* sob a batuta do renomado regente vêneto Tullio Serafin (1878-1968, que, décadas mais tarde, gravaria vários discos com a diva Maria Callas). Embora aprovasse "a cultura do músico, as suas possibilidades", Mário de Andrade considerava a ópera desprovida de "valor nacional", pertencendo, portanto, à música italiana: "a música brasileira

---

51 Jorge Coli, *Música final: Mário de Andrade e sua coluna jornalística Mundo Musical,* Campinas: Editora da Unicamp, 1998, p. 167, 173.

52 Mário de Andrade, *Ensaio sobre Música Brasileira,* org. Flávia Camargo Toni, São Paulo: Edusp, 2020, p. 65-6.

fica na mesma, antes e depois dessa ópera. E é por isso que considero o caso de Francisco Mignone bem doloroso".[53]

Recado dado, recado entendido. Nas palavras do próprio compositor, em entrevista ao *Jornal do Brasil*, em 1968, "aderi aos postulados da Semana de Arte Moderna de 1922 e, amparado na cordial e espontânea amizade de Mário de Andrade, embrenhei-me no cipoal da missa nacionalista e, também, para não ser considerado (não sendo compositor nacionalista) uma 'reverendíssima besta' — no dizer de Mário de Andrade".[54] Não por acaso, suas duas mais célebres partituras orquestrais estão ligadas ao escritor: o bailado *Maracatu do Chico-Rei* (1933) contava com enredo de Mário de Andrade, enquanto *Festa das igrejas* (1940) foi uma sugestão deste. Apenas dez anos depois da morte do guru, e já sexagenário, Mignone se permitiria um breve flerte com o serialismo — para rapidamente rejeitar a experiência e retomar o nacionalismo andradiano.

Guarnieri aderiu de maneira ainda mais entusiástica e veemente ao credo de Mário de Andrade, que, ao lado do regente italiano Lamberto Baldi (1895-1979), assumiu, em 1928, a educação musical do rapaz caipira que, aos 15 anos de idade, se mudara, no emblemático ano de 1922, de Tietê para a capital do estado.

Em entrevista concedida em 1970, o compositor reconheceu seu débito para com o escritor, cuja casa representou para ele uma verdadeira universidade: "Devo toda minha formação humanística a Mário de Andrade. Quando o conheci, meus conhecimentos eram primários. Ele traçou um plano para desenvolver minha cultura geral e, além disso, me emprestava seus livros, pois naquela época eu não tinha meios para comprá-los".[55] Com libreto do amigo, Guarnieri escreveu *Pedro Malasarte* (1932). E o *Ensaio sobre música brasileira* parece ser a inspiração do mais célebre escrito público do compositor: a *Carta aberta aos músicos e críticos do Brasil*, de 1950, na qual ele se arvora em defensor da música nacional contra o "crime de lesa-pátria" representado pelas vanguardas (especificamente, no dodecafonismo divulgado no Brasil pelo alemão Hans-Joachin Koellreutter). O tom é agressivo: "É preciso que se diga a esses jovens que o dodecafonismo, em música, corresponde ao abstracionismo em pintura; ao hermetismo, em literatura; ao existencialismo, em filosofia; ao charlatanismo, em ciência".[56]

A virulência parece repetir argumentos de Oscar Guanabarino, na época da Semana, contra "a patacoada a que querem dar no nome de Arte

---

53 Bruno Kiefer, *op. cit.*, p. 17.

54 Entrevista ao *Jornal do Brasil*, em 6 abr. 1968, em: Vasco Mariz (org.), *Francisco Mignone: o homem e a obra*, Rio de Janeiro: Funarte; Eduerj, 1997, p. 45.

55 Marion Verhaalen, *Camargo Guarnieri: expressões de uma Vida*, São Paulo: Edusp, Imprensa Oficial de São Paulo, 2001, p. 25.

56 Flávio Silva (org.), *Camargo Guarnieri: o tempo e a música*, Rio de Janeiro: Funarte; São Paulo: Imprensa Oficial de São Paulo, 2001, p. 143.

Moderna": "em música são ridículos; na poesia são malucos e na pintura são borradores de telas".[57] Mas dá para sentir também ecos tanto dos apelos de arte "compreensível às massas", do Realismo Socialista vigente na URSS, e apregoado pelos partidos comunistas de todo o planeta, quanto de Mário de Andrade, que, em *Distanciamentos e aproximações*, artigo publicado em *O Estado de S. Paulo*, em 10 de maio de 1942, chama Schönberg, o "pai" do dodecafonismo, e o compositor tcheco Alois Hába (1893-1973), um dos principais expoentes do microtonalismo, de "sectários do distanciamento social", e afirma: "Esse distanciamento atingiu tal e tão abstruso exaspero que é muito difícil estabelecer que função artística (não falo função 'estética', mas exatamente 'artística') podem exercer as criações exacerbadamente 'hedonísticas' de um Léger na pintura, de um Schönberg na música, como de um Joyce na literatura". Para Andrade, "positivamente, a arte é outra cousa, sempre foi outra cousa e tem que voltar ao que foi. Arte é uma forma de contato, é uma forma de crítica, é uma forma de correção. É uma forma de aproximação social".[58]

A *Carta aberta* serviu para transformar os nacionalistas que reivindicavam a herança de Mário de Andrade (e, portanto, da Semana de 1922) em tradicionalistas, opostos às vanguardas que vicejariam na década de 1960. Um dos principais expoentes destas vanguardas, Willy Corrêa de Oliveira, só se reconciliaria com Villa-Lobos em 2008, no ensaio *Com Villa-Lobos*.[59] Já seu companheiro de Música Nova, Gilberto Mendes (1922-2016), buscava, ainda em 1975, separar Villa-Lobos do dogmatismo nacionalista. Ele se queixa de

> [...] uma desastrosa interpretação errada do que deveria ser "música brasileira". O sentimento nativista surgido com a Semana foi da maior criatividade em outros campos. Mas em termos de música acabou redundando no simples aproveitamento do temático folclórico desenvolvido dentro de esquemas formais clássico-românticos. Um retrocesso às estruturas significantes do século passado, das correntes nacionalistas europeias. E, o que era pior, na certeza de que Villa-Lobos estava sendo seguido, continuado.[60]

Mendes reivindica o radicalismo da música de Villa-Lobos, onde enxerga "uma antecipação da música moderna em blocos, em momentos de som, como viria a ser hoje em dia com Stockhausen, por exemplo"; "alguns complexos sonoros orquestrais de Villa e Stravinsky já são quase estatísticos, estão no limiar do processo vibratório não periódico, isto é, do ruído".

---

57 Maria Eugênia Boaventura (org.), *op. cit.*, p. 260-1.
58 Mário de Andrade, *Música, doce música*, São Paulo: Livraria Martins Editora, 1963, p. 363-7.
59 Willy Corrêa de Oliveira, *Com Villa-Lobos*, São Paulo: Edusp, 2009.
60 Affonso Ávila (org.), *O modernismo*, São Paulo: Perspectiva, 2007, p. 131-3.

Para ele, as correntes nacionalistas não compreenderam que "tanto Debussy como Villa-Lobos, Ives e outros, cada um a seu modo, ajudaram a destruição do sistema tonal e, consequentemente, da predominância das melodias, dando origem à música desta segunda metade do século, feita à base do ruído, do som eletroacústico, microtonal, não discursiva, feita de momentos".[61]

Reivindicado por populares e eruditos, nacionalistas e antinacionalistas, Villa-Lobos preserva, cem anos após a Semana, seu *status* de inspirador de músicos e galvanizador de artistas brasileiros de outras áreas. Na síntese de Fabio Zanon:

> [...] não é o fato de se servir da cultura popular que faz dele um compositor singular; é a maneira como ele conseguiu encontrar nessa cultura os fios mais adequados e os entrelaçou à sua complexa trama composicional. Nesse processo, ele urdiu uma maneira brasileira de se expressar em música, que imprimiu uma marca forte a outros artefatos culturais, desde as trilhas sonoras de filmes de Glauber Rocha à ambientação de reportagens sobre o Brasil rural, passando pelos arranjos orquestrais da era do rádio e pelos rastros deixados no estilo de ícones da música popular como Tom Jobim, Milton Nascimento ou Egberto Gismonti. É possível dizer que Villa-Lobos criou uma possibilidade de música brasileira em vez de ser criado por ela. Ele "tornou-se" folclore.[62]

Zanon poderia tranquilamente ter acrescentado as montagens do Teatro Oficina, de Zé Celso, ou as exuberantes partituras de André Mehmari. Protagonista da Semana de 1922, Villa-Lobos é incontornável na cultura brasileira de 2023.

---

61 *Ibidem.*
62 Fabio Zanon, *Folha explica Villa-Lobos*, São Paulo: Publifolha, 2009, p. 13.

O cinema

CINEMAS

DO RIO A SÃO PAULO PARA CASAR

A empresa Rossi apresenta uma tentativa de comedia. Applausos. Transplantar a arte norte-americana para o Brasil! Grande beneficio. Os costumes actuaes do nosso paiz conservar-se-hiam assim em documentos mais verdadeiros e completos que todas as "coisas-da-cidade" dos chronistas.

Photographia nitida, bem focalizada. Aquellas scenas nocturnas foram tiradas ao meio-dia, com sol brasileiro. . Filmadas á tardinha, o rosado não sendo photogenico, a producção sahiria sufficientemente escura. Isso, emquanto a empresa

modernista

de umas tantas incoherencias.

A montagem não é má. Fôra preciso extir-pal-a de umas tantas incoherencias.

O galã, filho de uma senhora apparentemente abastada, por certo teria o dinheiro necessario para vir de Campinas a S. Paulo. A sala e o quarto de dormir da casa campineira brigam juntos. Aquella burgueza, este pauperrino. Accender phosphoros no sapato não é brasileiro. Apresentar-se um rapaz á noiva, na primeira vez que a vê, em mangas de camisa, é imitação de habitos esportivos que não são nossos. E outras coisinhas.

No artigo jornalístico de Glauber Rocha intitulado "Martim Gonçalves", de 1976 — republicado no livro *Revolução do Cinema Novo*[1] —, do qual são reproduzidos nas páginas a seguir trechos selecionados, o cineasta baiano rememora sua formação artística e intelectual como frequentador dos cursos e espetáculos da Escola de Teatro na Universidade Federal da Bahia, fundada em 1957, em Salvador, pelo cenógrafo, diretor e professor Eros Martim Gonçalves, um dos modernizadores do teatro brasileiro no século XX, já citado na Introdução deste volume.

No ambiente soteropolitano de fins dos anos 1950 e começo da década de 1960, o criador de *Deus e o diabo na terra do sol* (1964) — o épico tropicalista da definitiva ruptura com a narrativa cinematográfica tradicional no país — destacou, entre outras influências sofridas, os nomes de Luiz Carlos Maciel, Helena Ignez e Trigueirinho Netto (1931-2018), este o diretor, roteirista e produtor de *Bahia de Todos os Santos* (1960),[2] filme por sua vez inspirado no longa-metragem *Rio, Zona Norte* (1957), de Nelson Pereira dos Santos. Ambos os títulos representam matrizes da antologia *Cinco vezes favela* (1962), espécie de marco inaugural do Cinema Novo, dois anos mais tarde transportado a seu clímax por Glauber.
[Alvaro Machado]

---

1   A edição aqui referida é a de 2004, publicada pela Cosac Naify (São Paulo), p. 322-6.

2   José Trigueirinho Netto começou sua vida artística na paulista Companhia Cinematográfica Vera Cruz, outro empreendimento artístico do fundador do Teatro Brasileiro de Comédia (TBC), Franco Zampari. Foi assistente de direção do vanguardista Alberto Cavalcanti, para depois estudar em Roma entre 1953 e 1958. Em 1960 dirigiu e produziu *Bahia de Todos os Santos*, título considerado fundamental no Cinema Novo, com Jurandir Pimentel, Arassary de Oliveira, Geraldo Del Rey e Antônio Pitanga, mas em seguida voltou ao estado de São Paulo, onde fundou uma comunidade espiritualista em Nazaré Paulista. Já em 1987 criou a congênere Comunidade Figueira, em Carmo da Cachoeira (MG).

Martim Gonçalves 1976

A crise de [Eros] Martim Gonçalves na Escola [de Teatro da Universidade da Bahia]: o grupo antimartinista, liderado pelo [autor, diretor e ator carioca] João Augusto de Azevedo e [o diretor e cenógrafo italiano] Gianni Ratto, conseguiu [em 1958] apoio de [Paulo] Francis para esculhambar Martim. Tomei a defesa de Martim porque seu projeto era mais ambicioso, generoso, consequente e coletivista.

[...] Eu estava casado com Marilyn Monroe, com Helena Barroca, o Santo Guerreiro com a Princesa na Garupa. Martim não era Dragão. Intelectuais, povo e poder me apoiavam. Com as putas do [Luiz Carlos] Maciel, da Montanha, do Pelourinho, com as estudantes de vanguarda e com as grã-finas de várias gerações: Helena Ignez era a Superstar do Teatro. Eu a Superstar do Jornalismo e do Cinema.

[...] Martim orientou os alunos segundo o método psicanalítico freudiano de Stanislávski e segundo um novo método psicanalista marxista jungiano que sintetizava cruzado com Stanislávski revisto por Lee Strasberg — o Estilo Barroco Épico/Didático. Neo-realismo, *nouvelle vague*, roliúde, Vera Cruz, modernismo, 45, e todos os vanguardismos dilacerados no neo e concretismo explodiam em som e fúria na Escola de Teatro na Casa de Santo Antônio no Canela. E macumbas pelos arredores, com parapsicologia, espiritismo, rituais dionisíacos, sexualidade *in progress*.

[...] Ariano Suassuna respondia aos jovens e velhos esnobadores de uma verdadeira arte nacional contemporânea com o clássico debochado *Auto da Compadecida*, que Martim montou magistralmente na Bahia como um bate-bola entre Pelé e Didi. [...] Martim contratou Gianni Ratto, Ana Edler, Domitila do Amaral, Brutus Pedreira,

João Augusto de Azevedo, Luciana Petrucelli — entre os melhores profissionais teóricos e práticos do Brasil para trabalhar na Escola. [...] Mas curtia cinema. Não queria ser ator, cenógrafo, dançarino, cantor, teatrólogo enfim. Queria ser cineasta e político. E nem Cacá [Diegues], nem Fernando Peixoto, nem Paulo Gil [Soares], nem ninguém queria fazer teatro. Martim nos abrigava e na Escola fui estudando e conheci Lina Bo [Bardi] que fazia o Museu de Arte Moderna.

[...] Nas artes, o Teatro. Do Teatro ao Cinema. De [Alberto] Cavalcanti a Martim. De Nelson [Pereira dos Santos] a Martim. [...] De Villa-Lobos a Martim. De Martim a mim e a Helena Ignez. Enquanto Martim preparava a montagem da *Ópera [dos três tostões]*, Trigueirinho Netto, vindo de São Paulo, preparava a filmagem de *Bahia de Todos os Santos*.

[...] O esplendor estético das artes baianas inspiradas por suas culturas negras, camponesas, árabes, judaicas, católicas, protestantes, internacionais deixavam Rio e São Paulo tão distantes quanto Paris e Nova Iorque. Trigueirinho, implacável com a Vera Cruz e o subdesenvolvimento, vinha da Itália de Visconti, Rossellini, Zavattini e Pasolini, não escondia sua admiração pelo talento passado de Cavalcanti, mas esculhambava a Vera Cruz e sucessores. Gostava discretamente de *Rio, 40 graus*, gozava dos concretistas, falava com amor de Mário, de Oswald, de Jorge de Lima, de Jorge Amado, de Graciliano Ramos etc. — e sobretudo de Paulo Emílio, de Almeida [Salles], de Rudá, de Caio, de Jean-Claude e de Bernardo. Era bicha e não escondia. Mas era um sucesso entre a jovem Bahia e mesmo os comunistas que o criticavam na frescura o respeitavam na cuca. A Bahia bicha é inteligente e por isso tem poder.
[Glauber Rocha]

8.

O modernismo no cinema brasileiro*
Luiz Nazario

Quando se noticiou que Lupe Vélez estava a caminho de Buenos Aires, Oswald, Nonê e eu descemos a Santos a fim de entrevistá-la no navio, por conta de A Plateia, um jornal então em fase esquerdizante. A atriz estava casada com Johnny Weissmuller e a primeira pergunta de Oswald foi: "Usted tiene celos de Tarzan?". Afastado diplomaticamente pelo empresário da entrevista coletiva, o meu amigo refugiou-se num canto com a secretária da artista, uma velhota, a quem atribuiu declarações extraordinárias na reportagem que publicou: Lupe Vélez não saberia ler ou escrever, aliás em Hollywood toda a gente era mais ou menos analfabeta, com a única exceção de Chaplin.
Paulo Emílio Sales Gomes, 1964

O homem é o animal que vive entre dois grandes brinquedos: o Amor onde ganha, a Morte onde perde. Por isso, inventou as artes plásticas, a poesia, a dança, a música, o teatro, o circo e enfim, o cinema.
Oswald de Andrade, 1950

* Agradeço a Alvaro Machado o convite para integrar a coletânea e as preciosas informações sobre o modernismo no cinema que ele compilou para escrever este capítulo, que seria escrito por ele em seu primeiro projeto para o livro: elas foram um guia confiável para me orientar por essas tortuosas estradas de terra batida, ainda não asfaltadas.

O cinema foi ignorado na programação da Semana de Arte Moderna e entre seus artistas não havia cineasta ou artista plástico que tivesse experimentado o filme como uma forma de *manifesto* do movimento modernista. Segundo Carlos Adriano, os modernistas sequer registraram os eventos da Semana de 22 em fotos e filmes. Ele vê nisto um grande mistério, uma vez que o "Manifesto de *Klaxon*" (15 de maio de 1922), escrito por Mário de Andrade, afirmava o cinema como "a criação artística mais representativa da nossa época"[1]. Ele sugere que os modernistas talvez não conferissem à fotografia e ao cinema a mesma importância e dignidade das outras artes.

Contudo, não é essa impressão que temos ao ler os modernistas. O próprio Adriano faz um minucioso levantamento das relações entre os modernistas e a "Musa Cinema" que desmente sua hipótese. A razão da inexistência de "filmes-manifestos" do modernismo brasileiro, como os que encontramos nas vanguardas europeias, e de registros fílmicos da Semana de 22, é simples: a São Paulo de 1922 não era a Paris de 1922. Câmeras, películas e laboratórios eram escassos; não havia estúdio de cinema no Brasil. Mesmo o cinema comercial engatinhava, e os pioneiros da sétima arte entre nós enfrentavam dificuldades que os europeus já haviam superado.

Adilson Mendes vê, ainda, um descompasso teórico e prático entre as vanguardas europeias e a vanguarda brasileira, que sempre esteve atrasada em relação ao progresso do mundo, combinando seu desejo de modernidade a um reacionarismo de base econômica e política, defendendo muitas vezes um modernismo reacionário e elitista:

Os cinéfilos brasileiros que se orgulhavam de seu elitismo tinham perfeita consciência da ausência de uma base sólida para a prática

---

1 Carlos Adriano, "Semana fora de quadro", *Folha de S.Paulo*, 1º fev. 2022. Disponível em: https://quatrocincoum.folha.uol.com.br/br/artigos/historia/semana-fora-de-quadro.

vanguardista. Entretanto, a experiência cinematográfica brasileira também se diferenciava radicalmente dos referenciais da vanguarda. Os teóricos franceses refletiam sobre a pureza do cinema, tendo em vista momentos precisos do cinema comercial, mas, sobretudo, de pesquisas do movimento, trabalhadas anteriormente pelas artes plásticas e pela fotografia. Enquanto isso, os teóricos do Chaplin Club, posicionados num mercado dominado pelo filme narrativo, idealizavam um cinema narrativo imbuído de visualidade. A autonomia do campo literário que deu ensejo à vanguarda cinematográfica na França não encontrou no Brasil um terreno fértil para a sétima arte. O interesse da vanguarda artística brasileira pelo cinema, por sua capacidade de abalar a ordem acadêmica, não passou de uma curiosidade episódica. As poucas vezes em que o interesse desses artistas ultrapassou a simpatia ocorreram no campo contrário à invenção modernista, muito mais próximo da reação ao movimento.[2]

Contudo, nem todos os modernistas dedicavam ao cinema um interesse episódico, como Mendes afirma. Especialmente os paulistas, os mineiros e os cariocas não ignoravam nem desprezavam o cinema. Ao contrário, ao tempo da Semana, Mário de Andrade, sob pseudônimo, elogiou, no segundo número da revista *Klaxon*, o filme brasileiro mais visto da temporada: a despretensiosa comédia *Do Rio a São Paulo para casar* (1922), de José Medina. Ele fez apenas alguns senões à imitação de costumes não brasileiros macaqueados dos filmes norte-americanos, como na cena em que o personagem acendia um fósforo riscando-o na sola do sapato.

Este foi um dos 19 artigos de cinema que Mário de Andrade publicou em revistas e jornais, reunidos por Paulo José da Silva Cunha no pequeno, mas precioso, volume *No cinema* (2010). Em 1922, Mário lamentou que o cinema fosse "uma arte que possui muito poucas obras de arte" — devido à sua natureza industrial. Mas ele logo percebeu — como poucos em sua época no Brasil — a potencialidade gigantesca do cinema ao escrever, em *A escrava que não é Isaura* (1922-1924):

A OBRA DE ARTE É UMA MÁQUINA DE PRODUZIR COMOÇÕES.
E só conseguimos descobrir essa verdade porque Malherbe chegou.
O Malherbe da história moderna das artes é a *cinematografia*. Realizando as feições imediatas da vida e da natureza com mais perfeição do que as artes plásticas e as da palavra (e note-se que a cinematografia é ainda uma arte infante, não sabemos a que apuro atingirá), realizando a vida

2 Adilson Inácio Mendes, "Vanguarda, sem retaguarda. O caso Chaplin Club", em: *Segunda Jornada Brasileira de Cinema Silencioso*, 8 a 17 ago. 2008, São Paulo: Cinemateca Brasileira, 2008, p. 24-6.

como *nenhuma arte* ainda o conseguira, foi ela o *Eureka!* das artes puras. Só então é que se percebeu que a pintura podia e devia ser unicamente pintura, equilíbrio de cores, linhas, volumes numa superfície; deformação sintética, interpretativa, estilizadora e não comentário imperfeito, e quasi sempre unicamente epidérmico da vida.

Só então é que se poude compreender a escultura como dinamismo da luz no volume; o caráter arquitectural e monumental da sua interpretação.

Só então é que se percebeu que a descrição literária não descreve coisa nenhuma e que cada leitor cria pela imaginativa uma paisagem sua, apenas servindo-se dos dados capitais que o escriptor não esqueceu.

Só então é que no teatro se poude imaginar o abandono de todos os enfeites com que o conduzira ao mais alto romantismo da decoração a influência perniciosa do bailado russo.[3]

No artigo "Sobre a imersão técnica", publicado na revista modernista *Terra roxa e outras terras* (1926), Martins de Almeida, comentando o livro *Losango cáqui* (1926), afirmou: "Mário [de Andrade] é o espírito mais simultâneo, mais *cinematográfico* que conheço".[4]

Mário admirava tanto o humanismo de Charles Chaplin que saiu em defesa da sequência do sonho de *O garoto* (*The Kid*, 1921), que a poetisa dadaísta Céline Arnauld havia ridicularizado. Soube apreciar a revolução estética de *O gabinete do Dr. Caligari* (*Das Kabinett des Dr. Caligari*, 1920), de Robert Wiene ("uma das melhores obras até agora aparecidas no cinema"); e as ousadias de *Esposas ingênuas* (*Foolish Wives*, 1921), de Erich von Stroheim. Aplaudiu a assustadora caracterização de John Barrymore em *O médico e o monstro* (*Dr. Jekyll and Mr. Hyde*, 1920), de John Robertson; a genialidade do ator Conrad Veidt no hoje desaparecido *Satanás* (1919), de Friedrich Murnau; a arte de *Fausto* (*Faust*, 1926), do mesmo diretor; e chegou a ver em *O gato e o canário* (*The Cat and the Canary*, 1927), de Paul Leni, uma obra-prima.

No início do sonoro, considerou a infinita maioria dos filmes falados "uns horrores", excluindo talvez *O pagão* (*The Pagan*, 1929), de W. S. Van Dyck. Mas percebeu a possibilidade da existência de obras-primas sonoras diante da animação quase expressionista *A dança macabra* (*The Skeleton Dance*, 1929), de Walt Disney.

Mesmo nesses textos curtos para jornais e revistas, dirigido a leitores apressados, o escritor já esboçava questões estéticas, como o efeito produzido pelas diferentes expressões cômicas das *caras* de Charles Chaplin, Buster Keaton e Harry Langdon ou a diferença que sentia existir entre as propos-

3 Mário de Andrade, "A escrava que não é Isaura", em: *Obra imatura, Obras Completas de Mário de Andrade*, São Paulo: Livraria Martins Editora, 1960, p. 258.
4 Martins de Almeida, "Sobre a expressão técnica", *Terra roxa e outras terras*, São Paulo, 27 abr. 1926, ano 1, n. 5, p. 4.

tas aparentemente semelhantes de *Nada de novo no front* (*All Quiet on the Western Front*, 1930), de Lewis Milestone, e *Guerra, flagelo de Deus* (*Westfront 1918*, 1930), de Wilhelm Georg Pabst. As teorizações não o impediam de entregar-se às emoções: ficou impressionado com Boris Karloff em *Sede de escândalo* (*Five Star Final*, 1931), de Mervyn LeRoy, e atormentado pela máscara dele em *Frankenstein* (*Frankenstein*, 1931), de James Whale.

Mário parece ter visto, embora não a cite explicitamente, a propaganda nazista monumental *O triunfo da vontade* (*Triumph des Willens*, 1935), de Leni Riefenstahl, ao alfinetar Chaplin por ter se posicionado a favor dos judeus em *O grande ditador* (*The Great Dictator*, 1940): "No final, Charles Chaplin cantou o triunfo da verdade. Da *sua* verdade". Aqui, o escritor se emaranhou num excesso de citações artísticas para lamentar os supostos "excessos" de Chaplin. No início do novelo havia uma *fake news* plantada pela propaganda nazista:

> O filme, o tema do *Grande ditador*, tangencia em excesso para uma defesa dos israelitas, para quase uma propaganda sionista, quando o problema da ditadura é uma lepra universal que afeta todos nós. Não nos interessa minimamente no caso lembrar que Chaplin é judeu e que os israelitas estão sendo perseguidos na Alemanha. Se o problema se resumisse a isso, nos bastaria acolher os judeus em nossas pátrias como Copacabana já fez e a lição do filme se resumiria ao exercício simplório de uma virtude cristã.[5]

Ora, Chaplin *não era judeu*, e mesmo assim seu filme foi o primeiro que mostrou abertamente a perseguição aos judeus pelo regime de Hitler, enquanto os *moguls* de Hollywood (estes sim judeus) não ousavam fazê-lo, temendo as represálias comerciais da Alemanha, país para o qual ainda exportavam seus filmes. Chaplin pode fazer *O grande ditador* por ser seu próprio produtor e não temer as represálias do Estado nazista.

Embora Mário afirmasse ser o nosso dever "destruir Hitler", ele caía, ao criticar o primeiro filme antinazista, na armadilha montada pela propaganda nazista: nenhum outro em Hollywood até então havia destruído Hitler como o fez Chaplin (que acusava o ditador de copiar seu bigodinho), pelo que o *Führer*, furioso, mandou queimar todas as cópias d'*O grande ditador* nos países que sua *Wehrmacht* ocupava.

No Brasil, outro ditador, Getúlio Vargas, ainda simpático a Hitler, proibiu o filme, e só concedeu liberá-lo após uma intervenção de autoridades norte-americanas, desde que as referências a "ditador" nas falas dos personagens deixassem de ser legendadas. Quanto à ironia de Mário sobre a solução do acolhimento, isso nunca aconteceu. O mundo cristão não foi virtuoso. Pe-

---

5 Mário de Andrade, *No cinema,* org. Paulo José da Silva Cunha, Rio de Janeiro: Nova Fronteira, 2010.

cou, e muito, ao fechar suas portas aos refugiados e permitir, sem protestos, sequer do Vaticano, o extermínio de seis milhões de judeus.

Mário voltou a criticar seu antes adorado Chaplin no artigo "Arte inglesa", no qual mencionou *en passant* Alfred Hitchcock, ao fazer uma apreciação ambígua dos documentários da G.P.O. (sem citar Alberto Cavalcanti). Demonstrando ranço dos ingleses, atacou seu antigo ídolo silencioso Carlitos, agora muito mais norte-americano e falante, ao acusá-lo (como os nazistas o faziam) de fazer "um panegírico decadente da Inglaterra vitoriana" no discurso final em favor da democracia n'*O grande ditador*.

Se Mário tropeça ao refletir sobre as denúncias imagéticas daquilo que se revelaria, poucos anos depois, como o Holocausto, as questões relativas à música no cinema o deixavam mais à vontade. O filme ao qual dedicou a mais extensa análise foi *Fantasia* (*Fantasia*, 1940), de Walt Disney, que havia realizado o milagre de "tornar a música visível". O artigo foi publicado no dossiê dedicado ao filme na revista *Clima*, n. 5, de 1941. Para Mário, "a Musa Cinemática realiza a plástica da vida real com muito mais aproximação que suas irmãs mais velhas". E dentro desse meio "eminentemente vital", Disney teria composto "um dos monumentos da arte contemporânea".

Também o poeta modernista Guilherme de Almeida (1890-1969) publicou, entre 1926 e 1942, 218 críticas de cinema no jornal *O Estado de S. Paulo*. Escritas na mais pura linguagem, suas críticas bem informadas, cultas, sensíveis, foram reunidas no fascinante volume *Cinematographos: antologia da crítica cinematográfica* (2016).

Carlos Adriano lembra que alguns modernistas tentaram fazer cinema: Menotti del Picchia (1892-1988) foi sócio da Independência Omnia Filme, criada para registrar em filme a Exposição Internacional do Centenário da Independência do Brasil no Rio de Janeiro, em 1923; roteirizou seu romance *Dente de ouro* (1923) e escreveu os argumentos de *Vício e beleza* (1926), de Antonio Tibiriçá, e de *Acabaram-se os otários* (1929), de Luiz de Barros.[6]

Oswald de Andrade já mantinha uma relação íntima com o cinema antes mesmo de sua descoberta do futurismo, em sua primeira viagem à Europa, em 1912: ele começou sua carreira cobrindo a programação cinematográfica de São Paulo para o *Diário Popular*, entre 1909 e 1910, e para *O Pirralho*, de 1910 a 1911[7]. As inovações literárias de *Os condenados* (1922), *Memórias sentimentais de João Miramar* (1924) e *Serafim Ponte Grande* (1933) são devedoras da linguagem cinematográfica.

No "Manifesto Antropófago" (1928), Oswald de Andrade afirmou: "O que atropelava a verdade era a roupa, o impermeável entre o mundo interior e o mundo exterior. A reação contra o homem vestido. O cinema ame-

---

6 Carlos Adriano, *op. cit.*

7 Filipe Ceppas, "Oswald de Andrade e a cinepoética antropófaga", Ensaios filosóficos, v. X, Rio de Janeiro: Uerj, dez. 2014, p. 64-74. Disponível em: http://ensaiosfilosoficos. com.br/Artigos/Artigo10/CEPPAS_F_Cinepoietica.pdf.

ricano informará".[8] O quê? Oswald não detalhou, mas com certeza aludia à nudez nas produções da Meca do cinema e às perversões na vida de seus astros e estrelas, contra as quais os moralistas se insurgiriam, impondo o Código Hays a partir de 1930.

Nos oito números do jornal *O Homem do Povo* (1931), criado e dirigido por Oswald e Pagu (Patrícia Galvão), há pequenas notas de cinema assinadas por pseudônimos cômicos (K. B. Luda, G. Léia, Irmã Paula), atribuídas a Pagu. Elas destacam, sobretudo, as estrelas da época: Greta Garbo, Marlene Dietrich, Lia Torá, Joan Crawford, Maria Jacobini, Clara Bow, Lya de Putti, Lilian Harvey, Camilla Horn, Lili Damita, Ossi Oswalda, Pola Negri, Mia May. Os cinemas alemão e russo são exaltados:

> Novos milagres se produziram e appareceu *Metropolis, Mulher na lua, Manolesco*. E Marlene Dietrich deslumbrou com *O anjo azul*. Os americanos que tomem cuidado com a Europa agora. Ella tem de novo [Emil] Jannings; tem Brigitte Helm. Não tem Marlene, mas tem uma criaturinha sensacional que Hollywood não soube aproveitar, mas Du Pont [Dupont] mostra a bregeirice sensual de Anna May Wong. E os diretores formidáveis... O cinema das massas... O cinema russo...[9]

A única nota sobre o cinema brasileiro em *O Homem do Povo* é um lamento sobre o moralismo da sociedade, que impedia a própria existência de uma arte cinematográfica nativa, uma vez que o homem que maquiava seu rosto arriscava perder o emprego, e a garota que mostrava as pernas era vista como prostituta:

> É o destino das mesmas brasileiras que querem fazer cinema nesta terra de tradições [...] Cinema no Brasil! A necessidade de uma sarabanda que acabe com todas as hipocrisias a fim de se criar uma grande arte da tela sob a luz tropical do nosso céu.[10]

Nos jornais e nas revistas modernistas, uma das celebridades mais destacadas era Sigmund Freud. A psicanálise fora descoberta pelos escritores antenados com o que revolucionava o mundo, e o psicanalista teve textos traduzidos e publicados por eles. Em *O Homem do Povo*, uma pequena nota relaciona Freud ao cinema:

> A história do cinema, ou, antes, dos enredos dos filmes, é, por assim dizer, a história do sexo. A velha concepção italiana das lindas mulheres que morriam de tuberculose pelo amor, esmagadas a peso de

---

8 Oswald de Andrade, "Manifesto antropófago", *Revista de Antropofagia*, dir. Antonio de Alcântara Machado, ger. Raul Bopp, São Paulo, maio 1928, ano 1, n. 1, p. 3.

9 Anônimo, "Cinema na Europa", *O Homem do Povo*, 13 abr. 1931, p. 4.

10 Anônimo, "Estrellinhas de São João", *O Homem do Povo*, 27 mar. 1931, p. 4.

virtude, foi evidentemente substituída por outra mais recente e evidentemente apoiada no maior prestígio do sexo.[11]

Além de Freud, outra grande inspiração de Oswald e Pagu era Karl Marx. Em 1929, com a crise econômica, Oswald, empobrecido, mudou-se com Pagu para uma casa pobre na rua dos Ingleses, n. 56. Depois de estudar cinco anos na Suíça, o filho do casal foi matriculado no Liceu Público de Artes e Ofícios para tornar-se um operário qualificado. Em 1931, Oswald e Pagu associaram-se ao Partido Comunista e o escritor celebrou sua proletarização no "Poema à Patrícia":

> Sairás pelo meu braço grávida, de bonde
> Teremos seis filhos
> E três filhas
> E nosso bonde social
> Terá a compensação dos cinemas.[12]

Entretanto, ainda que bastante masoquista para submeter-se com gosto às provas degradantes que o Partido Comunista exigia de seus militantes de origem burguesa, Pagu não desejava ser uma mera poedeira e, em 1932, separou-se de Oswald e foi trabalhar como lanterninha de cinema. Nas horas vagas, escreveu *Parque industrial* (1933), onde observou com senso crítico a reação dos proletários assistindo a um filme russo:

> Entram no cinema para ver um filme russo tirado de Gorki. [...] Um grupo de garotas sai lastimando alto os dez tostões numa fita sem amor. As inconscientes que o proletariado carrega. Aturdidas pelo reflexo do regime burguês, pelo deslumbramento de *toilettes* que não podem ter, mas desejam. Dos automóveis de todas as cores, das raquetes e das praias. Alimentadas pelo ópio imperialista das fitas americanas. Escravas à ilusão capitalista. Mas na fila da frente dois moços trabalhadores se entusiasmam, se absorvem no drama proletário que passa.[13]

O cinema russo também encantava Oswald, que transformou o diretor Sergei Eisenstein num dos personagens de sua peça *O homem e o cavalo* (1934):

> A VOZ DE EISENSTEIN — Eu vos apresento os documentos da transformação do mundo. A vitória encarniçada do proletariado na frente camponesa, na frente industrial. Nem bandeiras ao vento nem gritos nem canhões! Mas as cargas da cavalaria-vapor, na construção do socialismo!

---

11 Anônimo, "Freud e o cinema", *O Homem do Povo*, 4 abr. 1931, p. 4.
12 Denise Adélia Vieira, *A literatura, a foice e o martelo*, dissertação (Mestrado em Letras – Universidade Federal de Juiz de Fora, Juiz de Fora), 2004, p. 49-50.
13 Patrícia Galvão, *Parque industrial*, São Paulo: José Olympio, 2006.

Interrogai a terra. Concursos de galinhas poedeiras, estábulos cálidos, o trabalho quotidiano na neve primaveril ou no calor do verão! O esterco fertilizante, os rebanhos, as máquinas agrícolas, tudo escriturado aumentando as estatísticas. Nem o incêndio da revolta nem a grande luta revolucionária. Mas depois da luta e da vitória a vida quotidiana dos que trabalham e constroem um mundo melhor. A contabilidade, as usinas leiteiras, as grandes criações de aves, as incubadeiras. Nem o amor da pátria nem Deus nem a hipocrisia honesta. Mas os rebanhos que se organizam, os mapas da seleção de sementes, os diagramas do progresso. O trabalho diário e anônimo com o touro reprodutor e com o arado mecânico. É a frente pacífica que faz esquecer a frente de guerra. A história dos pioneiros da revolução agrícola. A floresta cai e reacende. Edificamos. Na nossa gota de água reflete o horizonte infinito da nova era social. Estações experimentais. Fazendas-modelos. Laboratórios, escolas. O operário-estudante, o camponês-estudante. A reprodução consciente e selecionada das espécies animais. O fim da magia. O trator. Inaugura-se por toda a terra coletivizada a época do vapor e da eletricidade. O patético da desnatadeira coletiva. Da desnatadeira ao reprodutor. Deste ao arado mecânico a 10 a 100, a milhares de arados mecânicos.
Fazemos a industrialização.
Silêncio.[14]

Oswald plasmou nesse discurso a imagética totalitária de *O velho e o novo / A linha geral* (1929), de Eisenstein, onde os métodos dos camponeses reacionários eram substituídos pela coletivização das cooperativas — os *kolkozes* — que introduziam o trator que sulcava os campos e a batedeira que transformava leite em nata, a jorrar no rosto da camponesa Marfa Lapkina como um jato de esperma, assim como no final o touro era levado ao alto de uma colina para estuprar uma vaca, num ritual pornográfico.

Oswald assimilava a arte do cinema junto com sua propaganda, celebrada pelo "coro das criancinhas de Stalin", num modernismo atiçado por uma sexualidade exacerbada que enojava Pagu, conforme ela relatou, corajosamente, em sua *Autobiografia precoce* (carta de 1940 a Geraldo Ferraz, publicada em 2005). Mas o cinema norte-americano continuou a *informar* o escritor: o quarto volume de sua projetada pentalogia brasílico-paulistana *Marco zero* (1943), que teve finalizada apenas as duas primeiras partes, *Marco zero — A revolução melancólica* e *Marco zero II — Chão*, seria intitulado *Os caminhos de Hollywood*.

Os escritores que se identificavam com o modernismo, como Antônio de Alcântara Machado (1901-1935), produziam obras informadas pelo cinema, como seu *Pathé Baby* (1926), que se apropriava das *técnicas cine-*

14 Oswald de Andrade, *O homem e o cavalo: espetáculo em 9 quadros*. São Paulo, 1934, p. 73-4.

matográficas, especialmente da montagem, para criar o seu estilo: cortes abruptos e metáforas jocosas, associações visuais e metonímicas, escrita telegráfica e narrativa fragmentada.

Na França, o poeta suíço Blaise Cendrars, que perdera o braço direito no *front* da Primeira Guerra, fora assistente de direção de Abel Gance em *J'accuse!* (*Eu acuso!*, 1919) e *La Roue* (*A roda*, 1923) quando recebeu em Paris, em 1923, a visita de Tarsila do Amaral e Oswald de Andrade. Convidado a conhecer o Brasil, ele veio em 1924 e travou amizade com Mário de Andrade e outros modernistas. Sentiu-se tão identificado com nosso país surrealista que declarou ser o Brasil sua "segunda pátria espiritual", sua *Utopialand*[15].

Cendrars elaborou então um projeto ambicioso de cinema, encaminhado a Paulo Prado, empresário entusiasta do modernismo. Seu desejo era viajar pelo Brasil em boas companhias e ganhar uma fortuna realizando um "Grande Filme de Propaganda Moderna do Brasil" sob a forma de um "Filme de Exceção", do gênero "Histórico, Sentimental e Artístico", uma "Superprodução" à maneira de *O nascimento de uma nação* (*The Birth of a Nation*, 1914), de David Wark Griffith.

O tema escolhido para o épico nacional, *O filme 100% brasileiro*, foi as Bandeiras. O argumento seria escrito por Oswald de Andrade. O roteiro, elaborado por Washington Luís a partir dos capítulos IV e V de seu livro *A história da capitania de São Paulo*, romancearia a história dos Irmãos Lemes e, alternando passado e presente, faria um paralelo entre os bandeirantes e os atuais barões do café e industriais paulistas.

Cendrars se encarregaria da direção e da produção do filme, e também de sua venda exclusiva para o mercado internacional, pelo que abriria uma produtora em Paris para esse fim. Já o financiamento para a montagem de um estúdio (inexistente no Brasil da época), o aluguel dos equipamentos (também inexistentes), o treinamento e o sustento de toda a equipe nacional e internacional por um ano e meio (tempo calculado para as filmagens) deveriam ser obtidos junto ao governo brasileiro.[16]

Este projeto de industrializar o cinema no Brasil com lucros drenados para a França, mais parecendo um projeto de "cavação internacional", não saiu do papel. Houve outra tentativa em São Paulo de industrializar o cinema nacional: Adalberto de Almada Fagundes, fabricante de louças, criou a companhia Visual Filmes, que produziu *Quando elas querem* (1925), de Paulo Trincheira e E. C. Kerrigan. Mas o insucesso desse único filme produzido levou Fagundes a deixar o ramo.

---

15 Carlos Augusto Calil, "Quem foi Blaise Cendrars, franco-suíço que se encantou por Aleijadinho e influenciou Oswald e Tarsila", *Folha de S.Paulo*, 23 jan. 2021. Disponível em: <https://www1.folha.uol.com.br/ilustrissima/2021/01/quem-foi-blaise-cendrars-franco-suico-que-se-encantou-por-aleijadinho-e-influenciou-oswald-e-tarsila.shtml>.

16 Blaise Cendrars, "O filme 100% brasileiro", tradução e notas de Carlos Augusto Calil, *Revista IEB*, n. 47, São Paulo, set. 2008, p. 201-13.

A experiência da Visual Filmes impressionou, contudo, os críticos cariocas Adhemar Gonzaga (1901-1978) e Pedro Lima (1902-1987), que tentavam compreender o atraso do cinema nacional. Em suas crônicas nas revistas *Para Todos, Selecta* e *Cinearte,* eles defendiam a criação de uma lei para a exibição obrigatória dos filmes brasileiros, já que os donos das salas agiam como funcionários dos distribuidores estrangeiros não querendo exibi-los e o próprio governo dificultava o deslanche do cinema brasileiro cobrando altas taxas sobre a importação de filme virgem. Embora não tenha conseguido fazer fortuna com seu projeto de cinema no Brasil, Cendrars não desistiu do país, retornando em 1926 e aqui escrevendo parte de seu romance *Morravagin* (1926), protagonizado por um monstro que simbolizava a guerra. Complementou o romance com a narrativa *O fim do mundo filmado pelo anjo Notre-Dame,* cuja autoria atribuiu ao monstro Morravagin. Enquanto isso, na pequena cidade de Cataguases, no interior de Minas Gerais, Humberto Mauro rodava, sem alarde, seu primeiro filme, *Na primavera da vida* (1926), hoje desaparecido, dando início a um importante ciclo do cinema regional que logo se integraria aos outros polos do sempre nascente e cambaleante cinema brasileiro. Em 1927, Adhemar Gonzaga visitou Hollywood e aderiu à sua estética "fotogênica", baseada na presença de belas *stars* passeando com seus trajes elegantes nos ambientes refinados da alta roda. No Rio de Janeiro, os universitários Otávio de Faria, Almir de Castro, Plínio Süssekind Rocha e Cláudio Mello, que cultuavam o cinema mudo, fundaram, em 1928, o Chaplin Club, o primeiro cineclube do país, debatendo na revista *O fan* a nova arte do silencioso que já se encontrava a um passo da morte. O nascimento do modernismo mineiro foi historicamente localizado em Cataguases e balizado pela simultânea criação da revista modernista *Verde* (1927) e do segundo filme de Humberto Mauro, *Tesouro perdido* (1927), que obteve consagração imediata: no primeiro número da revista, Rosario Fusco rasgou elogios ao filme, zerando todo o cinema brasileiro realizado até então: "É a primeira fita nacional!"[17] No Rio, a *Cinearte* concedeu-lhe o prêmio de Melhor Filme Brasileiro da temporada. Com sua trama ingênua de fita de romance e aventura, o *Tesouro perdido* dificilmente poderia ser classificado como "modernista". Contudo, atraído pela experiência de Cataguases, Gonzaga aproximou-se do grupo que ali ousava fazer cinema e conheceu a atriz e produtora Carmen Santos, que investira na Phebo Films. Convidou-a para uma ponta como *vamp* vestida de cigana em seu *Barro humano* (1928), estrelado por Eva Schnoor. Acompanhava as filmagens o jovem cinéfilo Mário Peixoto (1908-1992), que tentava aprender o máximo possível sobre a profissão que desejava seguir. Sucesso de público e crítica à época ("*Barro humano* é nos-

17 Rosário Fusco, "Notas de arte. Música e cinema", *Verde*, Cataguases, ano 1, n. 1, set. 1927. *Revistas do Modernismo 1922-1929*, org. Pedro Puntoni e Samuel Titan Jr. Ensaio: Júlio Castañon. São Paulo: Imprensa Oficial do Estado de São Paulo / Biblioteca Brasiliana Guita e José Mindlin, 2014, p. 31.

so, *Barro humano* é do Brasil!", exultou *O fan*), o filme é considerado hoje perdido. Nos seus livros de memórias *Cadernos verdes I e II* (inéditos), Peixoto registrou sua pobre "trajetória intelectual" de 1921 a 1933. As imagens projetadas na tela do pequeno cinema de Eastbourne, em Sussex, onde estudou em 1927, preparando-se para ser médico, segundo o desejo do odiado pai, enchiam seus olhos. No seu *Diário* (*My Diary*), Peixoto registrava as impressões dos filmes que via. Ficou deslumbrado com *Sonho de valsa* (*Ein Walzertraum*, 1925), de Ludwig Berger:

> Um dos mais belos filmes que já vi. Agora, estou convencido de que a UFA é uma fábrica de filmes muito boa. [...] nunca mais vou esquecer a expressão de Xenia Desni quando, sacrificando seu amor pela felicidade da princesa, interpreta a *Waltz Dream* [*sic*]. Oh, é maravilhoso e ao mesmo tempo triste. Ela é uma garota linda e seu sorriso e olhar são tão puros, que temos a impressão de estar vendo um anjo e não uma artista [...]. Preciso ter uma foto dela!

Em setembro de 1927, Mário deixou o colégio inglês e voltou para o Rio. Com seu aprimoramento técnico, o cinema mudo ganhava prestígio e conquistava os "formadores da opinião pública": "Ao lado dos *pulgueiros*, surgiam palácios do cinema, de alto luxo, com monopólios de lançamentos, o que terminou por transformar o cinema no mais importante lazer para as classes urbanas".[18] Mas no auge da glória do cinema mudo surgiu o "falado"! Em 1928, estreou *Luzes de Nova Iorque* (*The Lights of New York*, 1928), de Bryan Foy, o primeiro filme totalmente falado, com o som gravado no sistema em disco Vitaphone. O filme, de baixo custo (US$ 23 mil), estourou as bilheterias, arrecadando mais de US$ 1 milhão. O entusiasmo do público com os *talkies* foi enorme.

Alta traição (*The Patriot*, 1928), de Ernst Lubitsch, rodado mudo e depois sonorizado, inaugurou o cinema Paramount em São Paulo; e, no Rio, *Melodia da Broadway* (*Broadway Melody*, 1929), de Harry Beaumont, apresentou a nova técnica que encantava as plateias.[19] No final de 1929, Hollywood começou a produzir exclusivamente filmes sonoros. Em Moscou, saiu o *Manifesto dos três cineastas russos* (Sergei Eisenstein, Vsevolod Pudovkin e Vladimir Alexandrof) a favor do sonoro. No Brasil, contudo, o mudo prolongou-se até 1931, tanto por falta de equipamentos, que precisavam ser importados, quanto pela escolha estética dos cineastas-cinéfilos, apaixonados pelo silencioso.

Braza dormida (1928), de Mauro, marcou a estreia do fotógrafo Edgar Brasil, que rodou as cenas urbanas documentais no hipódromo da Gávea.

---

18 Virgílio Noya Pinto, *Comunicação e cultura brasileira*, São Paulo: Ática, 1995, p. 43-53.
19 Ana Pessoa, *Carmen Santos: o cinema dos anos 20*, Rio de Janeiro: Aeroplano, 2002, p. 88.

O diretor fez das quedas d'água o cenário das cenas de amor: "Cinema é cachoeira", ele intuiu. O filme foi lançado nacionalmente e ganhou elogios de Octavio de Faria, que o equiparou, com exagero, às melhores produções de Hollywood. Na revista *Verde*, J. Martins auspiciou que "Cataguazes se transformará numa Hollywood mirim".[20]

O filme seguinte de Mauro, *Sangue mineiro* (1929), trouxe Carmen Santos como a filha adotiva de um milionário mineiro que sofria uma desilusão amorosa ao ver seu namorado beijando a irmã. Tentando afogar-se num lago, ela era salva por dois jovens que a recolhiam a uma fazenda e se apaixonavam por ela, que por fim aceitava casar-se com um deles. Durante as filmagens, Carmen namorou Edgar Brasil. Com ciúmes, o crítico Pedro Lima vingou-se da atriz não divulgando o filme. Carmen queixou-se a Mauro: "Mandei-lhe quarenta e tantas fotos de cena e não publicou uma só, e ainda me vem dizer que não tem fotografias!". A atriz investira bastante dinheiro na Phebo, e Lima só destacava, em suas notinhas, a atuação de sua protegida Nita Ney.

Como a Phebo devia ao laboratório de Carmen, a cópia montada foi-lhe entregue por Benedetti na esperança de que ela quitasse a dívida. A atriz tentou reeditar o filme com Edgar Brasil para favorecer suas cenas, mas, ao saber disso, Mauro invadiu a sala de edição e sequestrou a cópia para remontá-la com Benedetti. Furiosa, Carmen tentou furar Mauro com um espeto. Mais tarde, os dois entraram em entendimentos para o lançamento do filme. Carmen arrendou o Cine Rialto e, para fazer publicidade do filme, contratou Barros Vidal, que derramou elogios superlativos à estrela.[21] Nem assim o filme despertou interesse, permanecendo poucos dias em cartaz. O fracasso de *Sangue mineiro* sepultou o "Ciclo de Cataguases".

Carmen Santos, Adhemar Gonzaga e Pedro Lima estavam, contudo, determinados a investir todo o dinheiro ganho ou herdado no negócio ingrato do cinema brasileiro. Eles decidiram construir um estúdio moderno, com laboratórios, distribuidora e equipamentos importados dos EUA (com a ajuda de Edgar Brasil) e contratando os melhores profissionais disponíveis: os diretores mineiros Humberto Mauro e Almeida Fleming. E assim nasceu a Cinédia.

Excluindo *Somente as horas* (*Rien que les heures*, 1926), de Alberto Cavalcanti (1897-1982), realizado em Paris sem a "brasilidade" essencial à ideologia do modernismo, os primeiros filmes brasileiros que poderíamos associar ao movimento, por levarem o cinema a sério, como uma nova arte, e desejarem que ela também se tornasse brasileira, ou por sofrerem a mesma influência das vanguardas europeias que os modernistas sofreram, antes de reivindicar uma identidade "genuinamente nacional", foram:

Fogo de palha (1926), de Canuto Mendes, produzido pela Rossi Film, de Gilberto Rossi, por ser concebido como uma grande propaganda da Casa

20 J. Martins, "Cataguazes, o cinema, a Phebo, a lei de menores, etc.", em: *Verde*, Cataguases, ano 1, n. 5, jan. 1928, p. 4.
21 Ana Pessoa, *op. cit.*, p. 90.

A atriz e produtora Carmen Santos (1904-1952) em imagem publicitária dos anos 1930.

Alemã, utilizando seus móveis e adereços, numa pioneira estratégia de *merchandising* no cinema nacional. Para os críticos da *Cinearte*, o filme era mil vezes superior a *Acabaram-se os otários*. Jurandyr Noronha considerou que, dos filmes de 1926, foi o que quase arrancou o troféu permanentemente exposto na cidade mineira de Cataguases desde *O tesouro perdido*. Paulo Emílio era da mesma opinião, acreditando que a concessão do prêmio a Humberto Mauro deveu-se à garantia de continuidade que a Phebo oferecia. Não podemos avançar no julgamento, uma vez que nada restou de *Fogo de palha*.[22]

Fragmento da vida (1929), de José Medina, produzido pela Rossi Film, pouco tem de modernista em sua forma e em seu conteúdo. Tudo se resume à propaganda da moral conservadora do trabalho honesto para os pobres, a fim de que os ricos possam viver no ócio e no luxo, explorando a massa trabalhadora em suas empreiteiras, fábricas e fazendas de café. Contudo, o filme se associa a um modernismo reacionário pelo elogio que faz ao progresso e à modernidade da nova Pauliceia Desvairada, onde há uma gota de sangue operário que despenca no chão em cada prédio que dele se alevanta.

São Paulo: a symphonia da metrópole (1929), de Adalberto Kemeny e Rodolfo Lustig, foi inspirado, até em seu título, pelo filme abstrato alemão *Berlim–sinfonia da metrópole* (*Berlin, Die Sinfonie der Großstadt*, 1927), de Walther Ruttmann. Mas está longe de ser uma obra de vanguarda, associando-se ao modernismo pela exaltação de uma cidade que cresce à custa do trabalho semiescravo da mão de obra barata empregada pelas empreiteiras que erguem ao redor do Tietê suas pirâmides modernas.

---

22 Maria Eneida Fachini Saliba, *Cinema contra cinema. O cinema educativo de Canuto Mendes (1922-1931)*, São Paulo: Annablume / Fapesp, 2003, p. 38-9.

A sinfonia de Cataguases (1929), de Humberto Mauro, seu primeiro filme sonoro, produzido pela Cinédia, foi um institucional para a Companhia Força e Luz de Cataguases, que também se inspirou no filme urbano-sinfônico de Ruttmann. Em 1930, Mauro quis adaptar *Macunaíma*[23], mas o projeto não vingou.

Da fase áurea do modernismo sobreviveu a *Cena inédita de Mário de Andrade em 1930*, um fragmento da *Rossi Atualidades* n. 212 (1930), produzida pela Rossi Films, registro cinematográfico da inauguração da exposição na Casa Modernista à rua Itápolis, 119, no Pacaembu, construída pelo arquiteto Gregori Warchavchik e decorada com obras da Semana de Arte Moderna. Entre os presentes à inauguração destacava-se a figura de Mário de Andrade (ao lado de Anita Malfatti), talvez seu único registro fílmico.

Limite (1930)

Limite (1930), de Mário Peixoto, foi eleito pelos críticos como o principal *Ersatz* do "filme modernista", por sua pretensão vanguardista até certo ponto bem-sucedida diante da inexistência de filmes nascidos dentro do movimento modernista feitos pelos seus autores e que ilustrassem a multiplicidade estética e ideológica dos diversos grupos que agitavam suas bandeiras, revolucionárias e reacionárias.

Segundo Saulo Pereira de Mello, passeando em Paris, a caminho da Gare du Nord, Mário Peixoto viu exposta numa banca de Montmartre a revista *Vu* com uma foto de André Kertész na capa: uma mulher olhando para a câmara enlaçada por duas mãos masculinas algemadas: "A capa na revista provocou tudo [...]. Rebou dentro de mim... Eu vi um mar de fogo, um pedaço de tábua e uma mulher agarrada". Correu para o hotel e escreveu o esboço de um filme. De volta ao Brasil, terminou o *scenário* de *Limite*. Seria um filme mudo, na contramão da onda dos *talkies*. Inseguro para dirigi-lo, ofereceu o *scenário* a Gonzaga e Mauro, que se recusaram a filmá-lo por considerá-lo demasiado pessoal. Mário decidiu assumir a direção. Adhemar encarregou-se do tráfego da película junto ao laboratório de Benedetti, sugerindo Edgar Brasil para fotógrafo e obtendo da Phebo uma câmera emprestada. *Limite* começou a ser rodado em Mangaratiba. Num barco, perdidos no mar e abatidos, um homem e duas mulheres deixam de remar e conformam-se ao seu destino, recordando suas vidas tristes em *flashbacks*. As imagens vão e vêm como as ondas do mar, compostas pelo diretor como acordes de uma sinfonia ou versos de um poema. Para os enquadramentos insólitos, Edgar Brasil criou equipamentos originais.[24]

---

23 Eduardo Escorel, "A décima musa: Mário de Andrade e o cinema", em: *Adivinhadores de água: pensando no cinema brasileiro*, São Paulo: Cosac Naify, 2005, p. 111.

24 Saulo Pereira de Mello, *Limite*, Rio de Janeiro: Rocco, 1996, p. 22-3.

Brutus Pedreira, ator do filme *Limite* (1931) e cofundador do grupo Os Comediantes.

Olga Breno (nome artístico de Alzira Alves) em imagem de *Limite*.

O filme estreou em 17 de maio de 1931, numa sessão não comercial no Cine Capitólio, na Cinelândia, no Rio, em sessão promovida pelo Chaplin Club. Houve outra única exibição de *Limite* no começo de 1932, numa sessão patrocinada pela revista *Bazar*. Foram suas únicas projeções para o público da época. Mário de Andrade elogiou o primeiro livro de poemas de Mário Peixoto, *Mundéu* (1931), mas ignorava a existência de *Limite*, como o demonstrou numa carta que escreveu à época a Augusto Meyer: "Você me pergunta quem é esse poeta Mário Peixoto. É um fluminensinho destanhico, feinho, almofadinha, diz o Manuel Bandeira que já fui apresentado a ele uma vez na casa do Álvaro Moreyra [...]. Não me lembro absolutamente dele, mas o livro é excelente".[25]

Parece que uma maldição caiu sobre *Limite*: Edgar Brasil morreu atropelado pouco depois das filmagens e o filme foi o único nas vidas da maior

---

25 Mário de Andrade, *Mário de Andrade escreve cartas a Alceu, Meyer e outros*, org. Lygia Fernandes, Rio de Janeiro: Edição do Autor, 1968, p. 98.

parte das pessoas nele envolvidas, a incluir o diretor. Os críticos duvidavam que Mário tivesse dirigido *Limite* por ser jovem demais. Suspeitavam que o verdadeiro diretor fosse Edgar Brasil. Se Vinicius de Moraes, Octavio de Faria e Plínio Süssekind Rocha incensavam *Limite*, as críticas na imprensa, orientadas por Mário, não surtiram efeito. O filme nem foi distribuído: o representante da Paramount mandou parar a projeção no primeiro rolo.

Em 1942, quando Orson Welles esteve no Brasil, Vinicius exibiu-lhe *Limite*, e o cineasta teria dito: *Gosh! Marvellous!* Mas pode ter dormido na sessão, pois vivia bêbado e nunca escreveu uma linha sobre o filme. Sentindo-se subestimado, Mário não hesitou em forjar um sucesso para seu filme, propagando que Mário de Andrade escrevera um belo artigo sobre *Limite*. O suposto artigo nunca foi encontrado.

Em suas pesquisas de arquivo, Carlos Adriano descobriu duas cartas de Mário Peixoto, datadas de 31 de julho de 1938 e de 29 de março de 1939, nas quais ele pedia de volta a Mário de Andrade o manuscrito de *O sono sobre a areia*, que inscrevera no concurso de roteiros da Companhia Americana de Filmes, cuja comissão julgadora era integrada por Mário de Andrade, Menotti del Picchia, Guilherme de Almeida e Pedro de Oliveira Ribeiro Neto. Peixoto ansiava pelo prêmio para poder viajar novamente à Europa. Mas o concurso foi cancelado.[26]

Mário Peixoto arquivava tudo que saía nos jornais sobre *Limite*, e, se o filme existe hoje, é graças ao seu zelo. Até os anos de 1950, o filme só era exibido em sessões privadas, em cineclubes e faculdades. Em 1959, quando a matriz em nitrato começou a se deteriorar, um professor de física amigo do cineasta, Plínio Süssekind Rocha, decidiu, com Saulo Pereira de Mello (seu aluno na época), restaurar o filme, sem terem qualquer experiência na área, aprendendo tudo em livros técnicos.

Entusiasmado com a restauração de *Limite*, Mário Peixoto propagou que Sergei Eisenstein plasmara sua admiração pelo filme numa resenha na revista inglesa *Tatler*. Em 1964, ouvindo um amigo dizer que o elogio de Eisenstein o ajudaria a levantar financiamento para *A alma segundo Salustre*, Mário apresentou um manuscrito com sua letra assinado "Eisenstein". Suspeitando de uma fraude, Saulo quis ver o original. Mário disse que só achara essa sua tradução da versão francesa do original em inglês.

Em 1965, o "artigo de Eisenstein" saiu na revista *Arquitetura* n. 30, apresentado por Carlos Diegues. Surpreso, Saulo alertou Mário para o perigo de divulgar uma fraude. Peixoto mudou sua versão e atribuiu a tradução que dissera ser sua, do francês, a Edgard Brasil, do alemão, que aquele dominava: "Sinto — realmente — não poder desencafuar o original deste artigo — mas importa que Edgard o traduziu — e traduziu bem — para que não morresse de todo". E ainda culpou outro amigo: "Jorginho Castro incumbiu-se de dar sumiço na revista, num tugúrio mal afamado, assim diziam, que possuía em plena Lapa, não me recordo em que rua! Como poderia existir

---

26 Carlos Adriano, *op. cit.*

o remanescente traduzido se a matriz não houvesse?". Saulo disse ou pensou: "O *remanescente* poderia existir sem a matriz *se alguém o houvesse inventado*". Mário acreditava ter imitado à perfeição o estilo de Eisenstein, embora nada houvesse de Eisenstein no artigo. No acervo do cineasta foram encontrados muitos esboços em português do "artigo de Eisenstein" e o original manuscrito na letra de Mário.[27]

O trabalho da restauração de *Limite* levou vinte anos e só foi concluído em 1971. Peixoto morreu em 1992 e seu filho adotivo, Arleu Vale da Silva, doou seu acervo ao Arquivo Mário Peixoto. Em 1993, a italiana Raffaella de Antonnellis defendeu a tese *Avanguardia nel Cinema Muto Brasiliano: "Limite" di Mário Peixoto* na Universidade de Pavia. Em 1996, a Casa de Rui Barbosa apresentou uma exposição acompanhada de catálogo ilustrado com a crônica mais completa da vida e da obra de Mário Peixoto.

Em 2000, o CD-ROM *Estudos sobre Limite de Mário Peixoto* (2000), realizado por Lecio Augusto Ramos, Maria Christina Emmerick e Tonico Amâncio, do Laboratório de Investigação Audiovisual (www.uff.br.lia) da Universidade Federal Fluminense (UFF), trouxe o filme completo decupado plano a plano, e vasto material iconográfico, dados sobre Mário Peixoto e a equipe do filme e ensaios analíticos de Raffaella de Antonnellis, Saulo Pereira de Mello, Maria Christina Emmerick, Tania Clemente de Souza e Lecio Augusto Ramos.

Em 2007, a versão restaurada de *Limite* foi exibida no Festival de Cannes, sendo selecionada para uma nova e melhor restauração e preservação pela World Cinema Foundation. O astro *pop* David Bowie o elegeu então como o único filme brasileiro entre seus dez favoritos da América Latina, para a mostra *High Line Festival*.

Em 2013, a Cinemateca Brasileira lançou o DVD *Limite* no segundo número da *Revista da Cinemateca Brasileira*; e a Criterion Collection lançou o filme em DVD e Blue-Ray.

Em 2021, Denilson Lopes, dentro de seu projeto de "leitura *gay* da vida de artistas brasileiros, e dos modernistas, em particular", acessou o Arquivo Mário Peixoto para investigar a homossexualidade oculta do cineasta em seus diários e cartas. Lançou o *e-book Mário Peixoto antes e depois de "Limite"*, que traz curiosas revelações, como o racismo de uma prima: "O seu retrato, tirado juntamente com os dois japoneses está excelente. Você está da pontinha ao lado daqueles dois camafeus. Não desejo com isto ofender os teus amigos, pois bem sabes que a raça japonesa é medonha". Outra prima refletiu: "Não deves contar tuas aventuras, frequências... etc., a ninguém. Só a nós. Senão te metem as botinas, como nos retratos de bailarino nu". Denilson percebeu no cineasta, sufocado pelo conservadorismo da família, do qual não conseguiu escapar, um "modernismo cosmopolita e local, decadente e aristocrático da melancolia ao invés da alegria, da catástrofe ao invés da utopia".[28]

---

27 Saulo Pereira de Mello, *Mário Peixoto: escritos sobre cinema, op. cit.* p. 11, 23, 26-7, 31, 33, 38-9.
28 Denilson Lopes, *Mário Peixoto antes e depois de "Limite"*, São Paulo: e-galáxia, 2021, p. 6.

Onde a terra acaba (1931)

De acordo com a pesquisadora Ana Pessoa, Edgar Brasil editava *Limite* na casa de Carmen Santos, e esta, ao ver as imagens, lançou ao fotógrafo: "Diz ao Mário que se ele escrever um argumento para mim, para que eu me torne uma estrela, não vou cobrar nada dele do laboratório". Edgar transmitiu o recado e Mário foi conhecê-la: "Ela usava uns brincos grandes bonitos". Encantado pelos brincos, Mário temeu que a atriz "faceira, vaidosa", fosse volúvel e lhe desse trabalho. Mandou Edgar dizer que tentaria escrever um argumento para ela se ela fizesse uma ponta em *Limite*, seu nome nem aparecendo nos créditos: "Eu fiz isto de propósito, para testar a vaidade dela".[29]

Carmen fez a ponta em *Limite* e Mário começou a escrever o roteiro: *O sono sobre a areia*, um filme narrativo, em contraponto ao cinepoema *Limite* que ninguém viu. O roteiro foi renomeado de *Sonolência*. Carmen não aprovou. O diretor sugeriu: *Onde a terra acaba e as coisas do espírito se iniciam*. Carmen simplificou-o para *Onde a terra acaba*. Com a ajuda de Edgar Brasil, ela importou de Paris uma câmera Debrie para fazer um filme moderno, mas ainda mudo, pois nem Mário nem ela gostavam do "cinema com voz", considerando os *talkies* em inglês "uma desconsideração com a plateia brasileira".[30]

A instalação do *set* foi complexa. Em uma semana as cabanas de madeira da equipe foram montadas e levadas do Rio para a Ilha de Marambaia sob os cuidados de Carmen. A cabana-estúdio foi instalada numa clareira e seu teto retrátil deixava entrar a luz do sol, filtrada por uma fina musseline[31]. Os encanamentos do laboratório e da cozinha, feitos de bambus, eram remexidos à noite por macacos e tiveram que ser substituídos por canos de borracha. Os mantimentos eram trazidos de Mangaratiba, a duas horas de viagem de lancha, pois não havia o que colher na ilha e os peixes eram escassos. A região sofria frequentes temporais, agitando o mar. Apesar de tudo, Carmen adorou a beleza do lugar, acreditando que o filme a transformaria numa estrela. Faria os maiores sacrifícios para se tornar aquilo que ela mais desejava ser.

A trama do filme prometia. Uma escritora amarga e decidida refugiava-se numa ilha para escrever um romance. Desembarcava com poucas roupas e sua máquina de escrever. Era acolhida por um solitário morador, que a instalava numa cabana. A relação entre os dois se aprofundava e eles adotavam os codinomes de Gúpi e Eva. Enquanto escrevia seu romance, Eva desbravava a ilha com Gúpi. A princípio distante, Eva terminava submissa a Gúpi. O contrabandista Marcos, outro morador da ilha, visitava Gúpi e reconhecia Eva de outros carnavais. Ele ameaçava contar tudo ao rapaz. Decidida a calar Marcos, Eva desferia-lhe um tiro. Mesmo ferido, Marcos se-

---

29 Ana Pessoa, *op. cit.*, p. 114.
30 *Ibidem*, *op. cit.*, p. 97.
31 *Ibidem*, *op. cit.*, p. 119.

guia Eva e a encontrava cuidando de Gúpi, que ardia em febre. Marcos e Eva brigavam, ele a estapeava e os dois trocavam ameaças. No dia marcado da partida de Eva, um iate a buscava e ela partia ouvindo Gúpi prometer que iria ao seu encontro dentro de sete dias.

Na visão de Mário, a mulher representava "a coisa sofisticada, falsa, a civilização", e o homem era "a coisa direta, bonita, sincera, a natureza". Na sequência final, via-se uma pilha de livros numa livraria e lia-se nas tiras que envolviam as capas: "Último sucesso de Rita, em que com raro brilho a escritora nos narra com o seu conhecido humor e finura como pode amar um selvagem do nosso século".[32]

As filmagens foram selvagens. Durante uma cena de briga, um rapaz que não sabia dar "tabefes técnicos", se descontrolou e bateu forte em Carmen. Para que a cena não se perdesse, a estrela aguentou firme, mas ficou inchada e dormiu com febre.[33] Perfeccionista, mas indolente, Mário só rodava três ou quatro pequenas cenas a cada dia, enquanto o dinheiro de Carmen escorria veloz para o ralo.

Para satisfazer suas "ávidas expressões", Mário pedia a Edgar que captasse "nuvens em lentos panoramas com detalhes iluminados nos céus embolados". Essas buscas delirantes começaram a irritar a atriz-produtora. Mário parava de filmar quando o tempo não lhe agradava e ia cair na farra. Carmen voltava deprimida para o Rio.

A tensão no *set* se elevou até que uma noite Carmen perdeu a paciência. De botas, calça comprida, camisa de *cowboy*, lenço amarrado no pescoço, ela foi de lancha até Mangaratiba ter com Mário, que se divertia num baile de São João, em Ibicuí, "na casa de tal homem que tinha sete filhas bonitas, e que eu namorava uma delas", disse Mário. Carmen chamou-o ao telefone: "Mário, você vai voltar comigo para continuar meu filme, senão vou aí e acabo com tudo". Mário desafiou-a: "Então venha". Armada de chicote, Carmen entrou no baile e deixou Mário "mais sujo que pau de galinheiro", horrorizando o pai da moça, que concluiu ser aquela mulher a amante de Mário. A festa acabou e Mário voltou para Mangaratiba com Carmen, que chorava sem parar. Mário aproveitou o descontrole da atriz para praticar o *gaslighting*:

> Você queria que eu filmasse você. Você estava que nem uma caveira. Não podia. E fazer outras cenas sem você se era preciso você junto daquelas. E a ordem dos *scenários* tem de ser assim, senão fica muito dispendioso, caro, a gente tem que poupar o dinheiro. O dinheiro não é meu, Carmen, é seu. Quem vai levar a fama depois sou eu. Carmen, você é cruel.[34]

---

32 *Ibidem*, p. 121-2.
33 *Ibidem*, p. 123.
34 Mário Peixoto *apud* Ana Pessoa, *op. cit.*, p. 126-27.

Carmen dispensou Mário e passou a beber de desgosto. Internou-se por meses num sanatório[35] até que, recuperada, decidiu refazer *Onde a terra acaba* com Adhemar Gonzaga. O roteiro de Mário foi abandonado e uma nova trama foi criada a partir do romance *Senhora*, de José de Alencar. Em vez da história de amor selvagem de um casal em conflito entre ventos e tempestades numa ilha deserta, a atriz protagonizou, sob a direção de Octávio Gabus Mendes, um *Onde a terra acaba* (1933) onde a personagem era agora uma jovem toda pura.[36]

Em março, as filmagens exteriores foram concluídas e a equipe transferiu-se para o Rio, aguardando a conclusão dos cenários desenhados por Rui Costa. Além de quartos imensos e ultramodernos, Rui preparava *decórs* estilo *déco* com adornos expressionistas, incluindo um gigantesco crucifixo sobre a cama da protagonista.[37]

Carmen acreditava que seu filme seria a melhor produção do ano: "se eu conseguir o meu intento serei a mulher mais feliz do universo".[38] Mas *Onde a terra acaba* foi um grande fracasso, ficando só uma semana em cartaz. Também *Ganga bruta* (1933), de Humberto Mauro, anunciado como o melhor filme brasileiro de todos os tempos, foi friamente recebido pela crítica e pelo público, que repudiou a mescla dos processos do cinema mudo com os do sonoro. Humberto Mauro deixou a Cinédia e os planos do sonoro *Céu de Marambaia* foram cancelados.

O Globo listou os dois filmes entre os "piores do ano" e suas atrizes entre "as piores do período". Carmen ainda ganhou uma pilhéria em forma de profecia de Ano Novo: "Fale, Madame Ocidental: — *Vejo a ilha da Marambaia afundar-se com a star Carmen Santos, que se abraça à Câmera, fazendo uma promessa de mudar de assunto. A ilha não acredita e mergulha...*".[39] Num impulso de "desgosto artístico", Carmen ateou fogo em *Onde a terra acaba*, a produção mais cara do cinema brasileiro até então. Sobreviveu apenas um copião de dez minutos, além de um *scrap book*, o *scenário* e fotos, entre as quais uma em que vemos Carmen Santos assistindo a um jogo de xadrez entre Mário Peixoto e Raul Schnoor, tendo nas mãos um exemplar do livro *Retrato do Brasil* (1928), de Paulo Prado.[40] Carmen anunciou que faria um filme inteiramente falado com sequências coloridas, a partir de uma novela que escrevia, intitulada *Infinito*[41]. Em dezembro, chegaram à Cinédia os caixotes da aparelhagem de som, abertos com aclamações: a cada peça re-

35 *Ibidem*, p. 61-1.
36 *Ibidem*, p. 5, 134.
37 *Ibidem*, p. 137.
38 Ana Pessoa, *op. cit.*, 139.
39 *O Globo*, 22 dez. 1933, *apud* Pessoa, *op. cit.*, p. 144.
40 Saulo Pereira de Mello, *Mário Peixoto: escritos sobre cinema, op. cit.*, p. 123; Ana Pessoa, *op. cit.*, p. 135.
41 Ana Pessoa, *op. cit.*, p. 135.

tirada da caixa, um grito de alegria. O delírio culminou com um *test* de voz falado por Gilberto Solto e Raul Roulien[42]. O sonoro venceu, assim, o último bastião da resistência do cinema mudo no Brasil.

Contudo, após a euforia que a novidade provocou, o falado matou o cinema paulista de ficção, que desapareceu por uma década e meia. O número de produções do cinema paulista despencou:

1930	1931	1932	1933	1934
8 filmes	10 filmes	2 filmes	2 filmes	1 filme

A razão disso é que, além dos problemas técnicos da fotografia e da gravação do som, os custos de produção aumentaram com as dificuldades, de modo que "o cinema não estava mais à altura dos nossos pobres cineastas".[43]

No começo do sonoro, o cinema tornou-se um veículo para a música: nos EUA, o *jazz*; na Argentina, o tango; no Brasil, as marchinhas de carnaval. Ia-se ao cinema para *ver* a música e os seus intérpretes[44]. Assim como Hollywood aproveitava a estrutura da Broadway, os cineastas brasileiros aproveitavam as do teatro de revista, do circo e do rádio, entremeando apresentações musicais com sátiras políticas. O primeiro filme sonoro brasileiro por meio de disco sincronizado, em processo semelhante ao Vitaphone, foi produzido na Cinédia: *Coisas nossas* (1931), de Wallace Downey[45].

Favella dos meus amores (1935)

Carmen Santos produziu e estrelou *Favella dos meus amores* (1935), de Humberto Mauro, filme em que jovens da cidade montam um cabaré numa favela. Ao subir o morro e filmar os negros, o cineasta teria, na visão de Alex Viany, criado o neorrealismo *avant-la-lettre*. A presença dos pretos na favela do filme desagradou os setores conservadores da sociedade, e Mauro foi convocado pela polícia para depor, devendo explicar porque havia ousado filmar uma favela no ano do Levante Comunista de Luís Carlos Prestes, sendo suspeito de comunista e inimigo da pátria ao querer "*denegrir* a imagem do país". Queriam cortar a cena (elogiada pela crítica) do enterro na favela, mas Mauro não cedeu. Foi apoiado por setores de esquerda, incluindo Di Cavalcanti e José Lins do Rego[46]. Lançado o filme, o musical conquistou crítica e público e, na revista *Boletim de Ariel* (1935), Jorge Amado fez-lhe um grande elogio:

---

42 *Idem*, p. 139.

43 Maria Rita Galvão, *Crônica do cinema paulistano*. São Paulo: Ática, 1975, p. 62.

44 Paulo Paranaguá, *Cinema na América Latina. Longe de Deus e perto de Hollywood*. Porto Alegre: L&PM, 1985.

45 Sheila Schvarzman, *Humberto Mauro e as imagens do Brasil*, São Paulo: Edunesp, 2004.

46 *Idem*, p. 88-9.

É simplesmente extraordinário. O grande morro legendário não aparece nesse filme com a sua fisionomia deturpada. Muito ao contrário, Humberto Mauro soube conservar o ar próprio do morro e sua vida miserável e, no entanto, com tanta beleza. Os pretos e as mulatas do morro que movimentam o filme se revelam, além de tudo, artistas admiráveis. Estão de uma naturalidade espantosa. [...] Os efeitos da fotografia conseguidos com as ruas da favela e com as vistas da cidade tiradas da favela estão além de toda e qualquer expectativa. [...] As músicas do filme [...] são muito boas. O som também está bom, perdendo-se um número relativamente pequeno de palavras. O momento de maior emoção do filme [...] é quando aquele negro sobe no alto do morro, põe a mão junto da boca e grita para o morro e para a cidade: "Nhonhô morreu!". Grito angustiante que lembra o apito final da locomotiva no filme russo *O caminho da vida*. Santa Rosa me confessou que, na hora desse grito, teve de fazer força para [...] não botar a boca no mundo.[47]

Infelizmente o filme não sobreviveu.

Alô, Alô, Carnaval! (1936)

O Carnaval foi tema frequente no cinema brasileiro desde 1906, presente nos documentários mudos dos anos de 1910-1920 e logo registrado nos primeiros filmes sonoros: *O Carnaval cantado de 1933* (1933), produzido por Fausto Macedo; e *A voz do Carnaval* (1933), de Humberto Mauro e Adhemar Gonzaga[48], produzido pela Cinédia.

Fizeram bastante sucesso os filmes musicais *Alô, Brasil!* (1935), de Wallace Downey, e, sobretudo, *Alô, Alô, Carnaval!* (1936), de Adhemar Gonzaga, com números antológicos (Linda e Dircinha Batista, Francisco Alves, Almirante), com destaque para o *grand finale* eleito pelo público (na primeira versão era outro número que encerrava a fita): "Nós somos as cantoras do rádio", com Aurora e Carmen Miranda. Foi o único filme brasileiro da Pequena Notável que sobreviveu e o único musical da safra de 1935-1936 que chegou até nós[49] após todos os incêndios de produtoras e cinematecas. Restaurado recentemente, o filme encanta por ser uma cápsula do tempo, com sua brilhante cenografia modernista:

47 Jorge Amado *apud* André Filipe Mauro, *Humberto Mauro, o pai do cinema brasileiro*, Rio de Janeiro: IMF Editora. 1997, p. 164.

48 Sérgio Augusto, *Esse mundo é um pandeiro*, São Paulo: Companhia das Letras, 1989. Susana Cristina de Souza Ferreira, Cinema carioca nos anos 30 e 40. Os filmes musicais nas *telas da cidade*, São Paulo: Annablume; Belo Horizonte: PPGH-UFMG, 2003.

49 Sérgio Cabral, *A MPB na era do rádio*, São Paulo: Moderna, 1996. Ruy Castro, *Carmen, uma biografia*, São Paulo: Companhia das Letras, 2006.

Do ponto de vista da composição, os cenários de *Alô, alô, Carnaval* representam um avanço para o filme musical. Numa mistura de charge e pintura abstrata, os grandes painéis do palco são indicadores da influência da arte moderna nos artistas que os conceberam, somada à tradição carioca e brasileira de caricaturas, desde revistas como *Careta, Fon Fon, O Malho*, nos diversos jornais da capital e do país, além de revistas como *Vida Doméstica* e *O Cruzeiro*. Todos esses periódicos diários tinham o seu cronista do traço de plantão. E foi essa mistura de influências que deu ao cenário de *Alô, alô, Carnaval* as características modernas que ainda hoje ressaltam aos olhos. Todo o espaço físico do Cassino é de influência *art déco*, além de alguns objetos de recursos cênicos usados nos números musicais, como mesas, relógios, cadeiras, camas.[50]

Bonequinha de seda (1936)

Carmen Santos produziu *Cidade mulher* (1936), também dirigido por Mauro, que pretendia ser um hino à cidade do Rio, inspirado nas músicas de Noel Rosa. O filme fracassou nas bilheterias e hoje se perdeu. Já com *Bonequinha de seda* (1936), de Oduvaldo Viana, a Cinédia acertou em cheio com um tema caro ao modernismo.

Uma jovem educada em Paris, recém-chegada da Europa, adentra a alta sociedade carioca com estrondoso sucesso. A ilustre desconhecida é cortejada pelos homens, e seus lindos vestidos são apreciados pelas mulheres. Todos aplaudem seu *savoir-dire* e seu *savoir-faire* exclusivos de Paris e que jamais seriam aprendidos na terra dos botocudos. No final, os deslumbrados descobrem que a jovem era brasileira, nascida e educada no Brasil, e que seus vestidos haviam sido desenhados e confeccionados por nacionais. O filme repercutia as críticas modernistas à colonização cultural dos brasileiros, seu arraigado "complexo de vira-lata".

Como Carmen Miranda não pode assumir o papel principal devido a outros compromissos, a cantora lírica de sucesso Gilda de Abreu foi convidada, e o roteiro adaptado ao seu perfil. Ela fez uma plástica nas maçãs do rosto para fotografar melhor. No dia da estreia, a cópia não estava pronta e cada rolo era secado a álcool e levado de táxi dos laboratórios da Cinédia para o Cine Palácio à medida que ficava pronto. O público na porta do cinema era tão grande que parou o trânsito. *Bonequinha de seda* ficou cinco semanas em cartaz, atrasando os lançamentos estrangeiros.

O filme foi exibido para Getúlio Vargas no Palácio Guanabara, e o presidente ficou tão entusiasmado que enviou a Adhemar Gonzaga, por intermédio de Epitácio Pessoa Filho, a mensagem: "Assistindo à *Bonequinha de*

---

50 Susana Cristina de Souza Ferreira, *Cinema carioca nos anos 30 e 40. Os filmes musicais nas telas da cidade*, op. cit., p. 85.

seda sinto-me compensado pelo esforço que fiz amparando o cinema nacional". A Comissão de Censura Cinematográfica (Nazareth Prado, Stella Guerra Durval, Moacyr de Abreu, Raymundo Magalhães, José Montojos, Affonso Vargas e Joracy Camargo) exaltou *Bonequinha de seda* como "o filme mais importante da década de 1930" e "a primeira superprodução brasileira".

Sheila Schvarzman observou, em *Humberto Mauro e as imagens do Brasil*, que os cineastas brasileiros dos anos de 1930 (Adhemar Gonzaga, Humberto Mauro, Octavio Gabus Mendes, Jota Soares), influenciados por Hollywood, projetavam nas telas a utopia de um Brasil moderno e industrial, urbano e cosmopolita, produzindo filmes "fotogênicos" e "eugênicos" que tentavam mascarar o fato de que a sociedade brasileira permanecia agrária e tradicionalista, dominada pelas oligarquias rurais.

Entretanto, em 1937, o Estado Novo cooptou os artistas e os intelectuais, especialmente os modernistas (Carlos Drummond de Andrade, Abgard Renault, Mário de Andrade, Cândido Portinari, Manuel Bandeira, Heitor Villa-Lobos, Cecília Meireles, Lúcio Costa, Vinicius de Moraes, Afonso Arinos de Melo Franco, Rodrigo Melo Franco de Andrade, Lúcio Costa, Oscar Niemeyer) para seu projeto de Brasil, "levado adiante por um regime, em princípio, renovador, que dadas as circunstâncias históricas se tornou ditatorial e, em seguida, totalitário".[51]

No Ministério da Educação, Gustavo Capanema (1900-1985) pretendeu moldar o novo homem brasileiro com uma política de proteção às artes, ao cinema, ao filme educativo. Em 1936, o antropólogo Edgard Roquette-Pinto criou o Instituto Nacional do Cinema Educativo (Ince) e projetou usar o cinema como instrumento modernizador do país. Aderindo à sua proposta, Humberto Mauro realizou 357 filmes de propaganda nacionalista (vultos históricos, riquezas naturais, descobertas científicas e tecnológicas). Mais que a Itália fascista, o modelo que Vargas seguia era a Alemanha nazista:

> Duas cartas de meados de 1936, enviadas [a Gustavo Capanema] por Antônio de Sá Pereira, em missão do Ministério da Educação naquele país, revelam os contatos feitos em nome do Ministro com "o professor Jansen, talvez o maior arquiteto urbanista alemão, e também com o professor Werner Mach, o arquiteto que construiu o Estádio Olímpico e a Aldeia Olímpica (a moradia dos atletas), duas perfeitas maravilhas do gênero". Ambos manifestaram interesse em elaborar o projeto da Cidade Universitária e [...] "pensa o professor Mach que, com um pouco de tato por parte do urbanista estrangeiro, não haveria com esta solução com que ferir o amor próprio dos arquitetos nacionais".[52]

51 Fábio Silvestre Cardoso, *Capanema*, São Paulo: Record, 2019.
52 Simon Schwartzman, Helena Maria Bousquet Bomeny, Vanda Maria Ribeiro Costa, *Tempos de Capanema*, prefácio de Afonso Arinos, filho, São Paulo: Paz e Terra, 2000, p. 116.

Porém essas gestões para a contratação dos dois arquitetos alemães não tiveram consequências. Já o cinema brasileiro absorveu algumas lições da propaganda nazista.

O descobrimento do Brasil (1937)

Em *O descobrimento do Brasil* (1937), Mauro reconstitui a descoberta do Brasil por Pero Vaz de Caminha tal como foi descrita em sua carta à Coroa Portuguesa e na pintura de Pedro Américo. Pouco depois de sair do cárcere do Estado Novo, Graciliano Ramos escreveu para um jornal paulista aquela que foi talvez sua única crítica de cinema, na qual destacou na obra de Mauro o *realismo* da recriação de *quadros oficiais* — uma qualidade que seria, ao mesmo tempo, um defeito:

> Temos enfim um trabalho sério, um trabalho decente: a carta de Pedro Vaz reproduzida em figuras, com admiráveis cenas, especialmente as que exibem multidão. Aí estão os fidalgos cobertos de veludo e de seda, a marujada descalça, a nau perdida, a chegada a Santa Cruz, a missa, a excelente dança dos índios, com excelente música de Villa-Lobos. De atores, apenas frei Henrique de Coimbra e mais dois frades. Afirmaram que o físico Mestre João passou alguns meses habituando-se a coxear. E tanto se habituou que hoje peixeiro e fora da tela continua coxeando. Esse Mestre João, que vive mexendo no astrolábio e descobre uma vereda no céu, é espantoso. Bom como ele só o degredado que fica junto da Cruz. E índios muito verdadeiros, muito vivos, o que anuncia a vinda dos marinheiros, que dançam na praia. Os dois encontrados na piroga e levados a Cabral. E aí nos aparece um desgosto. Esses dois selvagens são ótimos. Ingénuos, confiáveis, facilmente excitáveis. Perfeitos selvagens. O que nos espanta é o acolhimento que eles tiveram a bordo. Essas coisas estão na carta de Pero Vaz, claro, mas lá estão contadas simplesmente e agora surgem pormenores que prejudicam a verossimilhança do caso. Os estrangeiros se extasiam na presença dos hóspedes beiçudos e pintados que jogam fora a comida e cospem a bebida. São uns santos, os portugueses, têm uma expressão de beatitude que destoa das façanhas que andaram praticando em terras da África e da Ásia e por fim neste hemisfério. É o próprio almirante que põe cobertores em cima dos selvagens e lhes arruma travesseiros com uma solicitude, uma delicadeza de Mãe carinhosa. Os visitantes praticam numerosos disparates. E os brancos não desmancham um Sorriso de condescendência, babosa. Diante do invariável sorriso, chega-nos uma ideia triste. Se os europeus procederam de semelhante modo foram os maiores canalhas do universo. Pois enganaram, adularam torpemente

os desgraçados, que pouco depois iam exterminar. Mas a intenção dos criadores da melhor película brasileira não foi denegrir o invasor. Foi melhorá-lo, e emprestar-lhe qualidades que ele não tinha. Se nos mostrassem apenas ofertas de cascavéis e voltas de contas, muito bem. Mas vemos um sorriso beato nos lábios daqueles terríveis aventureiros. Vemos o comandante da expedição, com desvelo excessivo, lançar cobertas sobre os tupinambás e retirar-se nas pontas dos pés para não os acordar. Como não é possível admitir que o almirante pretendesse iludir criaturas adormecidas, é razoável supor que ele tinha um coração de ouro. Sabemos, porém, que os que vieram depois dele foram muito diferentes. E lamentamos que nesse trabalho de Mauro, trabalho realizado com tanto saber, se dê ao público retratos desfigurados dos exploradores que aqui vieram escravizar e assassinar o indígena.[53]

Segundo o neto e biógrafo do cineasta, o ator André Filipe Mauro, *O descobrimento do Brasil* (1937) foi a primeira "superprodução" brasileira, financiada pelo Instituto do Cacau da Bahia, com trilha original composta por Villa Lobos — a única que o compositor criou originalmente para o cinema[54].

Inconfidência Mineira (1937)

Embarcando na onda nacionalista do Estado Novo, Carmen Santos produziu um épico: *Inconfidência Mineira* (1937), no qual interpretou Bárbara Heliodora, assumindo também a direção, com a ajuda de Edgar Brasil. Os limites financeiros de sua companhia, agravados pelas dificuldades trazidas pela Segunda Guerra, fizeram com que o filme só estreasse em 1948. Depois de consumir mais de dez anos da vida de Carmen, o filme desapareceu queimado num incêndio, e dele só restaram fragmentos.

Lampião, o Rei do Cangaço (1937)

Em *Fortaleza e a era do cinema* (1995), Ary Bezerra Leite reconstituiu o caso do filme *Lampião, o Rei do Cangaço* (1937) a partir de notícias de jornais locais da época, as únicas fontes que parecem ter sobrevivido sobre essa complexa e inusitada produção. Eis um resumo do relato de Leite:

> Benjamin Abrahão, nascido em Zahelh, no Líbano, imigrou para o Recife durante a Primeira Guerra Mundial. Sobrevivendo como mascate, deslocou-se da capital pernambucana para Juazeiro e tornou-se "secretário internacional" do Padre Cícero, presenciando a histórica visita, em 4 de março de 1926, do cangaceiro Virgulino Ferreira da Silva, o Lampião,

53 Graciliano Ramos, "Uma tradução de Pero Vaz" (1937), em: *Linhas tortas,* Rio de Janeiro, São Paulo: Record, 2005, p. 202-4.
54 André Filipe Mauro, *Humberto Mauro, o pai do cinema brasileiro, op. cit.,* p. 174.

acompanhado por 49 membros de seu bando. O governo federal queria cooptar Lampião para o seu combate à Coluna Prestes que adentrava no Nordeste. Lampião aceitou o título de Capitão concedido oficialmente, mas não deu trégua à sua guerra particular contra a Polícia.

Abrahão simpatizou com a sina do bandoleiro, revoltado contra as forças da repressão que haviam matado sua família. Adhemar Albuquerque forneceu a Abrahão equipamentos e o treinamento necessário para documentar a vida de Lampião e Maria Bonita (Maria Déa).

Em 1935, Abrahão percorreu de trem a Paraíba, Pernambuco, Alagoas, Sergipe e Bahia. Depois de onze meses de buscas, conseguiu encontrar dois cangaceiros que o abordaram com fuzis. Lampião sabia que Abrahão queria fotografá-lo, mas temia que ele fosse da Polícia. Os dois bandidos o levaram até o chefe, acampado a meia légua de distância. O grupo mantinha sentinelas a duzentos metros da base e[,] antes de ter com Virgulino, Abrahão teve ainda que passar pelo crivo do bandido Sabonete.

Ao chegar ao acampamento, Lampião perguntou como ele conseguira chegar com vida. Abrahão esclareceu seus propósitos e[,] após uma revista (ele só possuía um facão para cortar mato), pode se familiarizar com o bando. Era maio de 1936 e ele passou cinco dias na fazenda Bom Nome, no interior de Alagoas, fotografando e filmando. Ao ver o resultado do trabalho nos laboratórios da Aba Film, retornou em outubro para novas tomadas. *Lampião, rei do cangaço* foi finalizado, mas antes de ser lançado teve de ser exibido em sessão privada ao Chefe de Polícia, Capitão Cordeiro Neto.

Em 7 de abril de 1937, o *Correio do Ceará* noticiou a ordem do Dr. Lourival Fontes, diretor do Departamento Nacional de Propaganda da Ditatura Vargas, de sequestrar todas as cópias e negativos do filme, proibindo sua venda e envio ao exterior. A justificativa: o público não podia simpatizar com um bandido. Em 10 de maio de 1938, Benjamin Abrahão foi encontrado morto, com quarenta e duas facadas, em Águas Belas (Pernambuco). Em 28 de julho de 1938, Lampião, Maria Bonita e nove membros do bando foram mortos numa emboscada em Angico (Alagoas). Suas cabeças foram cortadas, exibidas em festejos e expostas como troféus num museu de Salvador.

Lampião, o rei do cangaço permaneceu oculto do público por duas décadas. Mas Adhemar Albuquerque havia escondido uma cópia, que foi vendida em 1950, com outras produções do acervo da Aba Film, a distribuidores paulistas. Em 1957, o filme foi recuperado por Alexandre Wulfes e Al Ghiu. Porém foi lançado[,] no Rio e em São Paulo, com apenas quinze minutos de duração.[55]

---

55 Ary Bezerra Leite, *Fortaleza e a era do cinema,* 2 vols. Fortaleza: Secretaria da Cultura e Desporto do Estado do Ceará, 1995.

Os primeiros filmes etnográficos (1938)

O modernismo possuía uma forte vertente antropológica. Para criar *Macunaíma* (1928) em seis dias, Mário de Andrade estudou por anos o folclore nacional. Todo o espectro político do modernismo obcecava-se com a brasilidade: Oswald de Andrade e Tarsila do Amaral (1886-1973), com seus movimentos *Pau-Brasil* (1925) e *Antropófago* (1928), integrado também por Raul Bopp (1898-1984), com *Cobra Norato* (1931); Gilberto Freyre (1900-1987), com seu *Manifesto Regionalista* (1926); Menotti del Picchia (1892-1988), Plínio Salgado (1895-1988), Guilherme de Almeida (1890-1969) e Cassiano Ricardo (1895-1974) com o nacionalismo *Verde-Amarelo* (1927) e seu póstumo *Manifesto Nhengaçu* (1929); e o fascista Plínio Salgado, com sua *Escola da Anta* (1927), buscavam, todos eles, a "identidade nacional".

Assim, nas veias do cinema etnográfico brasileiro corre o sangue do modernismo, embora esse cinema possua uma história que o precede de muitos anos. O cinema etnográfico brasileiro foi supostamente inaugurado pelos antropólogos franceses Dina e Claude Lévi-Strauss, com *A vida de uma aldeia Bororo* (1935), onde podemos acompanhar a feitura do fogo, o artesanato e a tecelagem dos índios Bororo, a caça e a pesca na aldeia Kejara até o entardecer. Não por acaso o filme encontra-se no *Acervo de Pesquisas Folclóricas de Mário de Andrade, 1935 a 1938*.

Então diretor do Departamento de Cultura de São Paulo (atual Secretaria Municipal de Cultura), Mário de Andrade fomentou uma missão para coletar e preservar em disco o folclore musical das regiões Norte e Nordeste do país. As gravações seriam complementadas por filmes, fotografias e coleta de objetos populares.

A missão foi coordenada pelo arquiteto e folclorista Luiz Saia e incluía Martim Bráulio Visa, técnico musical; Benedito Pacheco, técnico de gravação; e Antonio Ladeira, auxiliar. Durante pouco mais de quatro meses, de 27 de fevereiro a 4 de julho de 1938, a missão viajou pelos estados de Pernambuco, Paraíba, Ceará, Piauí, Maranhão e Pará. De todos os materiais coletados, foram os filmes que mais resistiram ao tempo.

Durante a viagem, Luiz Saia escreveu à Sociedade de Etnografia e Folclore informando que as filmagens só eram realizadas depois que a equipe se familiarizava com o assunto a ser documentado. As gravações sonoras foram feitas em disco de acetato com base em alumínio, sulcado por agulha de diamante. Oneyda Avarenga, chefe da Discoteca Municipal de São Paulo, trabalhou com esmero na montagem das matrizes para a preservação do material e na posterior organização do acervo: quinze trechos de danças filmadas e 22 horas de música gravadas.

A missão seguiu o roteiro da viagem empreendida por Mário de Andrade ao Norte e Nordeste em 1927 e 1928, quando tirou fotos e tomou notas, desenvolvidas em *O turista aprendiz* (1928), *Danças dramáticas do*

Brasil (1928-1959), *Os cocos* (1928-1929) e *Música de feitiçaria no Brasil* (1929). Em Pernambuco, Maranhão e Pará, a Missão registrou em filmes curtos, às vezes de dez ou quinze segundos, danças de carnaval e folclóricas de imenso valor cultural e tradicional nesses quatro estados.

A Cinemateca Brasileira reuniu a coleção produzida pela *Missão de Pesquisas Folclóricas* no filme *Mário de Andrade — Primeiros filmes etnográficos* (1997), cujo roteiro foi escrito por José Eduardo Azevedo e Kurt Wagner Riedel.

Argila (1940)

Acomodando-se ao Estado Novo, a indomável Carmen Santos produziu e estrelou *Argila* (1940), de Humberto Mauro, sobre o envolvimento da rica viúva protetora das artes Luciana, admiradora da cerâmica de Marajó, com um humilde artesão habilidoso. O ex-cônsul Barrocas, admirador da velha Grécia e de seus costumes refinados, encontra-se com um amigo pintor, que faz o ousado nu de uma mulata.

Com trilha de Heitor Villa-Lobos — que à época de *O descobrimento do Brasil* autorizou Mauro a usar em seus filmes quaisquer de suas composições[56] —, direção musical de Radamés Gnattali e roteiro de Roquette-Pinto, que também compôs a "Canção de Romeu" com letra de Olavo Bilac, *Argila* foi o filme mais modernista do cinema brasileiro. Ele buscava a beleza na cultura étnica e popular de raiz, no bailado amazônico "Mandu-Çarará" composto por Villa-Lobos especialmente para o filme; na cerâmica marajoara que decorava os cenários e era exaltada numa preleção aos personagens pelo próprio professor Roquette-Pinto; na celebração do nacionalismo pela rica mecenas Luciana (Carmen Santos), contra o cosmopolitismo de seu pedante e caricato amigo Barrocas. Com sua estética modernista, o filme alinhava-se, ainda, perfeitamente aos ideais do Estado Novo, como bem mostrou Claudio Aguiar Almeida em *O cinema como "agitador de almas"*.[57]

A rica, livre e boa Luciana simboliza o Estado Novo, patrocinador das artes nacionais. Ela liberta o artista do comercialismo representado pela fábrica do português colonizador. Os modelos que inspiravam Roquette Pinto eram os da Itália fascista e da Alemanha nazista. Mauro fora enviado ao Festival de Veneza de 1938 para apresentar os curtas-metragens *Vitória régia* (1937) e *Céu do Brasil* (1937) e, numa mostra paralela, *O descobrimento do Brasil* (1937), tornando-se o primeiro cineasta brasileiro a representar o país num festival internacional de cinema. De volta ao Brasil, queixou-se junto à imprensa da falta de solidariedade de seus colegas:

---

56 André Filipe Mauro, *Humberto Mauro, o pai do cinema brasileiro, op. cit.*, p. 192.
57 Claudio Aguiar Almeida, *O cinema como "agitador de almas": Argila, uma cena do estado novo*, São Paulo: Annablume, 1999.

Logo que fui indicado, procurei os diretores da Associação Cinemato-gráfica de Produtores Brasileiros, a Cinédia, a Brasil Vita Filmes e outros produtores, solicitando contribuições. Pois bem, meu caro, nem como amigos compareceram, sequer ao meu embarque e desembarque.[58]

A recusa em ajudar o colega seria apenas inveja ou consciência política contra a colaboração do governo e de Mauro com os fascistas e os nazistas? Em sua missão exterior, Mauro encontrou-se com o ditador Mussolini[59], com o cineasta fascista Alessandro Blasetti, com a cineasta nazista predileta de Hitler, Leni Riefenstahl, e com o diretor predileto de Goebbels, Veit Harlan[60]. *Argila* foi o fruto desse aprendizado: a celebração da mulata nua na pintura acadêmica e da cerâmica marajoara — arte de raiz — num filme de propa-ganda que condizia com a estética nazista que já inspirara a *Escola da Anta*. Felizmente, o público não respondeu bem à proposta estética desse moder-nismo reacionário.

Vera Cruz

Ao fim da Segunda Guerra surge, em área de 100 mil m², em São Ber-nardo do Campo (SP), a Companhia Cinematográfica Vera Cruz (1949-1953), financiada pelos novos ricos imigrantes italianos Franco Zampari e Francisco Matarazzo Sobrinho. Considerando as chanchadas da Atlântida precárias co-médias carnavalescas, Zampari pretendia produzir filmes "de qualidade" como os de Hollywood.

Devido à sua experiência internacional — participando da *Avant-garde* parisiense, introduzindo o som no cinema francês nos estúdios de Joinville e renovando o documentário britânico —, Alberto Cavalcanti (1897-1982) foi convidado, em 1949, quando fazia conferências no Museu de Arte de São Paulo, para dirigir a Vera Cruz. Gostou da ideia de uma Hollywood brasileira e obteve carta branca como diretor-geral da companhia. Conseguiu produ-zir diversos filmes de alta qualidade, como *Caiçara* (1951), de Adolfo Celi, e também dirigiu *O canto do mar* (1951), que causou polêmica com sua visão pessimista do Nordeste.

Atacado, então, como agente do imperialismo por jovens cineastas raivosos, como Nelson Pereira dos Santos, que desejavam em vão trabalhar na Vera Cruz; chamado de comunista pela imprensa conservadora, horroriza-da com sua homossexualidade assumida, Cavalcanti pediu demissão da Cia. e fundou sua própria produtora, a Kino Filmes, dirigindo na Cinematográfi-ca Maristela duas comédias originais, de tons surrealistas, que poderíamos

---

58 *Ibidem*, p. 184.
59 *Ibidem*, p. 183.
60 Sheila Schvarzman, 2004, *op. cit.*, p. 216.

O diretor Alberto Cavalcanti (à direita) e seu assistente Trigueirinho Netto durante as filmagens de *O canto do mar* (1953), em Pernambuco.

considerar como modernistas, precursoras de sua vertente tropicalista: *Simão, o caolho* (1952), baseado em crônicas de Galeão Coutinho; e *Uma mulher de verdade* (1953), na qual introduziu no cinema a travesti portuguesa Ivaná.

Cavalcanti também produziu o drama *Terra é sempre terra* (1953), com a colaboração musical do compositor modernista César Guerra-Peixe (1914-1993), em sua primeira composição original para cinema. Nos anos de 1940, Guerra-Peixe fez experiências dodecafônicas, passando em seguida a pesquisar a música brasileira em sua "fase nacional", quando releu *Os sertões*, de Euclides da Cunha (1866-1909), e o *Manifesto Regionalista de 1926*, dos intelectuais nordestinos, na primeira fase do modernismo (1922-1930)[61].

Depois de legar ao cinema brasileiro algumas de suas obras mais significativas, Cavalcanti retornou à Europa. Françoise Gilbert, responsável pelo arquivo do cineasta, declarou caber aos brasileiros se perguntarem a razão de Cavalcanti, "essa pessoa maravilhosa", não ser conhecida em sua terra.[62]

O cangaceiro (1953)

Em 1953, a Vera Cruz lançou *O cangaceiro* (1953), prêmio de melhor filme de aventura no Festival de Cannes e uma das maiores bilheterias internacionais do ano. Nenhum dólar entrou, contudo, para o caixa da companhia, pois toda a comercialização internacional pertencia à Columbia. No auge do sucesso, a Vera Cruz, quebrada, acumulava uma dívida gigantesca. Em 1954, o credor principal, o Banco do Estado de São Paulo, assumiu a direção

---

61 Luitgarde Oliveira Cavalcanti Barros; Antônio Guerreiro Faria; Ruth Serrão (org.), *Guerra-Peixe, um músico brasileiro*, Rio de Janeiro: Lumiar Editora, 2007, p. 66.

62 Mário Augusto Jakobskind, "Alberto Cavalcanti, ilustre desconhecido, no Brasil", *Observatório da Imprensa*, 1º mar. 2005. Disponível em: http://www.observatoriodaimprensa. com.br/artigos.asp?cod=318AZLOo1.

da empresa e concluiu os últimos filmes, incluindo *Floradas na Serra* (1954), outro grande sucesso. No Natal, a Vera Cruz fechou as portas. Foi também o fim de Franco Zampari, que havia colocado sua fortuna pessoal em jogo para tentar salvar a empresa: morreu pobre, amargurado e esquecido.

Carnaval em lá maior (1955)

Produzido pela Maristela, *Carnaval em lá maior* (1955), de Adhemar Gonzaga, realizado em parceria com a TV Record, seguia a linha dos carnavalescos cariocas, com uma história cômica interligando números musicais. Embora a ideia fosse realizar o primeiro musical paulista, foi contratado para a direção o experiente cineasta carioca Adhemar Gonzaga. O filme tornou-se um documento da cultura popular paulista da época ao incluir todo o elenco da Record em seu auge, com destaque para Elisete Cardoso, Nora Ney, Araci de Almeida, Ataulfo Alves, Carlos Galhardo, Hervê Cordovil, Carmélia Alves, Isaurinha Garcia, Nelson Gonçalves, Alvarenga e Ranchinho, Jorge Goulart e Inezita Barroso, além dos apresentadores Randal Juliano, Sandra Amaral, Durval de Souza, Blota Júnior; dos palhaços Pimentinha e Arrelia; do compositor Adoniran Barbosa; e da comediante Renata Fronzi. O filme tornou-se uma *cápsula do tempo*, capaz de encantar as gerações mais velhas com sua nostalgia e as novas com uma paródia absurda do cinema 3D então na moda.

Casei-me com um xavante (1957)

Entre as produções da Cinematográfica Maristela, criada em São Paulo por Mario Audrá Junior, apaixonado pelo neorrealismo italiano, pode-se destacar a comédia de sabor modernista *Casei-me com um xavante* (1957), de Alfredo Palácios, escrita por Luís Sérgio Person e Palácios, estrelado por Pagano Sobrinho. A história complexa promete gargalhadas com os choques culturais que caracterizam a história do Brasil: os jornais noticiam a descoberta de um cacique no alto Xingu que é, na verdade, um homem branco. Ele perdeu a memória da queda do avião: sobrevivera ao acidente e se integrara à tribo, terminando por se tornar, por suas habilidades, o cacique. Uma senhora reconhece seu marido nas fotos do jornal e uma expedição é formada para resgatá-lo para a civilização. Ele vive num local idílico, rodeado pela tribo que o respeita e adorado por jovens índias com as quais vive em poligamia. Com muito custo a esposa consegue convencê-lo a voltar para casa, mas ele impõe a condição de que com ele venham seu pajé e suas índias. Situações hilariantes seguem-se até o final do filme, com os índios armando confusões no ambiente dito civilizado.[63]

---

63 Maristela Filmes. *Maristela Filmes, há 6 décadas produzindo arte*, 2016. Disponível em: http://www.maristelafilmes.com.br.

Osso, amor e papagaios (1957)

Outra deliciosa comédia de inspiração modernista foi *Osso, amor e papagaios* (1957), de Carlos Alberto de Souza Barros e César Memolo Jr., adaptada do conto "A nova Califórnia", de Lima Barreto, e produzida pela Cinematográfica Brasil, de Abílio Pereira de Almeida. O prefeito corrupto de Acanguera, coronel Bentes, comemora o fato de que há dez anos ninguém morria na cidade. Faz uma festa e resolve se reconciliar com o líder da oposição, o farmacêutico Bastos. Mas a festa é interrompida com a notícia da morte do coveiro, seguindo-se quase inumeráveis quiproquós.

A deusa branca (1958)

Já em seu primeiro artigo publicado na imprensa, em 1926, o polímata Flávio de Carvalho ilustrou e comentou a *Dança serpentina* de Loie Fuller, um ícone do cinema primitivo, com seus borboleteares coloridos a mão.

Em 1934-1935 o artista registrou, em *Os ossos do mundo*, suas impressões de viagem em seis meses pela Europa, onde ouviu de passagem na Itália um discurso de Mussolini, resumindo em uma linha todo o fascismo: "Prêmios para as mulheres prolíferas, imposto sobre o celibato, medidas para fortificar o tipo comum"[64].

Em 1939, informado (sem precisão) pelo pintor Antônio Gomide, Flávio saudou, no artigo "Um nome brasileiro na cinematografia mundial", o diretor Alberto Cavalcanti, "quase desconhecido no Brasil, mas já famoso nos meios artísticos europeus". Flávio escreveu que Cavalcanti "estudou a decoração (*sic*) no circo (*sic*), com Jaques Paletan (*sic*)", referindo-se ao ator Jaque Catelain, que estreou como cineasta com *A galeria dos monstros* (*La Galerie des monstres*, 1924), um melodrama vanguardista *cuja ação se passava num circo espanhol*, com produção, direção de arte e supervisão de Marcel L'Herbier, tendo Cavalcanti como seu *primeiro assistente*. Mas em seguida Flávio acertou:

> Cavalcanti procurou sempre efeitos novos dentro da concepção moderna de luzes, claros-escuros e novas formas. [...] Não é de admirar que tenha sido até hoje esquecido dos seus compatriotas, nem de espantar que os brasileiros ignorem as suas grandes realizações, pois estamos acostumados a esse desinteresse, verdadeira atonia, para com o que se refere à nossa gente e aos nossos valores.[65]

---

64 Flávio de Carvalho, *Os ossos do mundo,* Edição revista e ampliada. Campinas-SP: Editora Unicamp, 2014, p. 158.

65 Flávio de Carvalho, "Um nome brasileiro na cinematografia mundial", *Revista Anual do Salão de Maio, incorporando o Catálogo do III Salão de Maio*, n. 1, 1939. Disponível em: https://edisciplinas.usp.br/pluginfile.php/3760937/course/section/877449/aula4_MalfattiAnita_1917_Sal%C3%A3oDeMaio1939.pdf.

Então, em 1958, Flávio de Carvalho realizou sua *Experiência n. 4*: projeto de longa-metragem *A deusa branca*, filmado em locações no Amazonas, no alto Rio Negro. Flávio ficara impressionado com o relato de Umbelinda Valério, mulher branca de 38 anos, chamada de Putira Uaçu (Flor Grande), raptada às margens do rio Demini aos 14 anos, flechada e ferida por índios da tribo Coruxauteles, que ficara 24 anos em poder dos índios, até que em 1956 a tribo entrou em guerra com os Coritateres, nação venezuelana de seu terceiro marido, e ela fugiu de canoa com seus quatro filhos. Ele deu ainda notícia de uma nação de índios loiros de olhos azuis que habitava a região.

Fascinado com a narrativa romanesca, Flávio imaginou montar uma expedição para investigar o assunto de perto. Comprou uma passagem para Manaus e foi se entrevistar com Tubal Fialho Viana Filho, chefe da Inspetoria Regional do Serviço de Proteção aos Índios. Impressionado com a ilustre visita, Tubal disse a Flávio que já estava organizando uma grande expedição até o alto do Rio Negro para uma inspeção aos postos avançados daquele serviço com o célebre sertanista Ataíde Inácio Cardoso e Umbelinda como guia, pois ela falava trinta idiomas indígenas, para localizar a maloca dos índios loiros às margens do misterioso rio Caburis.

Flávio, que quase se embrenhara na Amazônia em 1934, junto com Tarsila e Di, solicitou permissão para participar da expedição como jornalista (do *Diário de São Paulo*), antropólogo, etnólogo e cineasta, pois imediatamente imaginou um genial filme surrealista a ser rodado na selva. Pedido aceito, Flávio retornou a São Paulo para tratar da viagem. Comprou modernos equipamentos de cinema e foi para Porto Alegre ("celeiro das mulheres mais bonitas do Brasil") selecionar sua estrela, atraindo com um anúncio na imprensa centenas de moças que acorreram a seu hotel, submetendo-se a uma rigorosa seleção.

Flávio pediu doações a empresários e políticos, conseguindo fundos substanciais de entusiastas da empreitada. O governador de São Paulo, Jânio Quadros, autorizou a Secretaria de Saúde a doar vacinas e medicamentos. O artista levaria centenas de objetos para serem trocados com os índios por materiais que enriqueceriam o acervo de um futuro museu etnográfico ou sua própria coleção.

Enquanto choviam donativos, Flávio entrava em pânico com os relatos de Tubal sobre a violência dos selvagens: duas expedições haviam sido dizimadas: em dezembro de 1942, quando onze funcionários do Serviço de Proteção ao Índio desapareceram; e em 1946, quando os irmãos Briggs e mais doze funcionários daquele serviço foram massacrados.

Temendo os ferozes índios loiros do Eldorado, Flávio encomendou rojões potentes e fogos de artifício para causar-lhes pavor. Ele anunciou à imprensa que, pela primeira vez na história da humanidade, seria utilizado um foguetório como arma psicológica contra índios selvagens. Anotaria to-

Flávio de Carvalho em sua "experiência cinematográfica". Filmagens no Rio Negro, com a atriz Eva Harms, 1958.

das as reações dos silvícolas diante do portentoso espetáculo de luz e som que apresentaria à noite para pasmá-los.

Caso os fogos não amedrontassem os índios, decidiu levar granadas de gás lacrimogêneo para repelir eventuais ataques. Num ofício ao governador Jânio Quadros solicitou que fizessem com que o Comandante da Força Pública lhe entregasse uma caixa de granadas. Jânio respondeu: "Dizer a Flávio que não posso atendê-lo. Os índios já têm razão de sobra para chorar, mesmo sem granadas de gás lacrimogêneo".

Flávio encomendou então ao engenheiro industrial Anthony Peer um peitoral de alumínio revestido de veludo vermelho que ele desenhara para servir de escudo contra os índios enfurecidos que quisessem flechá-lo. O bizarro aparato deveria aterrorizar os selvagens. Importou, ainda, dois sofisticados gravadores, para uma retumbante audição na selva com Stravinsky, Debussy, Mozart, Ravel, Bach e Beethoven, para estudar a reação psicológica dos índios "ao ouvirem música ocidental civilizada".

Obcecado com sua pirotecnia antropológica, Flávio não se preocupou em elaborar um roteiro para o filme. Tinha apenas uma ideia geral do que gostaria de filmar, a partir da reportagem que havia lido sobre Umbelinda, porém "o real interesse do filme seriam as danças e canções dos guerreiros selvagens no festival da safra e sua maneira de viver".[66]

---

66 Carvalho *apud* J. Toledo, *Flávio de Carvalho, o comedor de emoções*, Campinas-SP: Editora da Unicamp; São Paulo: Brasiliense, 1994, p. 576.

O gigantesco farnel do artista pesava meia tonelada e incluía uma "geladeira-pêndulo", que ele havia criado, para guardar filmes e medicamentos; um completo laboratório fotográfico; 15 mil pés de filme virgem colorido; 6 mil em preto e branco; máquinas fotográficas; máquina de escrever; rádio-telefones; material para desenho e pintura; uma pequena farmácia e as duas "deusas brancas" que foram selecionadas: Eva Harms, de 19 anos, e Olga Valeska, enfermeira gaúcha de 24 anos — dispostas a tudo para se tornarem estrelas.

Flávio convidou o fotógrafo belga Raymond Frajmund, com experiência em fotografia, mas não em cinema. Depois de sua aventura amazônica, Flávio já planejava comprar um *jeep* e percorrer o Brasil escrevendo um livro em quatro volumes sobre *O homem brasileiro*. Pragmático em sua loucura, o artista ofereceu às maiores empresas jornalísticas do mundo reportagens exclusivas de sua missão na Amazônia, com fotos e desenhos seus.

Em Manaus, Flávio embarcou numa das oito unidades fluviais da missão. A tripulação oficial, chefiada por Tubal, era composta por 32 homens. O pequeno grupo liderado por Flávio era composto por ele, Eva, Olga e Raymond. O repórter Norberto Esteves, do jornal *Última Hora* de São Paulo, infiltrou-se na última hora, mas, como Flávio, queria ter a exclusividade das matérias, persuadiu-o a desistir da viagem.

Durante a missão, Flávio passou a dormir com Eva na mesma rede, escancarando seu tórrido idílio. Os expedicionários, sem mulher, se escondiam atrás da vegetação para espiar Eva banhando-se nua no rio, em sessões de masturbação que enciumavam Flávio. Olga e Raymond também se atracavam, magoando Tubal, que esperava obter os favores da garota. Rejeitado ao forçar um avanço, abandonou a pobre moça numa praia deserta, advertindo que, se alguém decidisse ajudá-la, teria o mesmo destino. Alheio a tudo, Flávio ouvia o canto do sapo-boi que gravara na véspera.

Ao chegarem à maloca dos índios Xirianãs, trocaram muitos presentes e foram todos bem alimentados. Mas os índios não perceberam que uma tribo desconhecida os atacava de surpresa para roubar suas mulheres. Flávio causou espanto entre os índios de um metro e meio: com seus dois metros de altura, seu bizarro peitoral de alumínio e usando óculos, Flávio foi tomado por um deus de peito vermelho e olhos de vidro.

Flávio colocou então os indígenas em fila e, ao som de Stravinsky, passou a medir-lhes o crânio, a arcada dentária e a sola dos pés, colhendo profundas observações sobre sua sexualidade e suas superstições. Foi compilando um dicionário Xirianã, com mais de 300 verbetes. Recebia presentes especiais e as melhores porções de carne de macaco. Enciumado com a popularidade do artista entre os nativos, Tubal proibiu-o de filmá-los.

No calor insuportável de 42 graus sob o assédio enervante dos mosquitos, os dias passavam lentamente e Tubal tornava-se cada vez mais grosseiro. Flávio fugia dele e só lhe falava através de intermediários. Passaram por outras tribos, sem encontrar nenhum guerreiro loiro de olhos azuis.

Eu queria filmar uma das cenas num barranco alto, como um tipo de desfile de moda com o rio Demimi serpenteando no fundo ao pôr do sol. As duas moças e alguns homens desfilariam esse traje de selva, exibindo para a alegria infantil dos guerreiros nus e sua gente nossa ideia de vestimenta em seu clima, mas o estúpido chefe da expedição achou isso ridículo e proibiu.[67]

Tendo ordenado ao incompetente fotógrafo que todas as cenas deveriam ser filmadas com tripé, teve o desgosto de ver uma de suas câmeras, brutalmente arrancada da base, com a rosca quebrada. Mais tarde, descobriu que uma das embalagens dos filmes também trazia água. Suspeitou que Tubal estivesse sabotando seu trabalho, e fazia o máximo para impedi-lo de filmar, criando todo tipo de obstáculo.

Certa tarde, Flávio e Eva se perderam na floresta. Só sobreviveram porque um menino índio os viu e os levou de volta à trilha correta. Quando se juntaram ao resto da coluna, foram recebidos com vaias e risadas. Depois, Flávio soube que os homens ficavam felizes sempre que ouviam seus gritos. Viu em seus rostos que estavam aborrecidos de terem voltado à segurança. Comportavam-se como macacos, imitando os gestos, os sentimentos e as piadas do chefe da expedição.

Todos passaram perigos e durezas incontáveis. Com redes amarradas nas árvores, ficavam ensopados com as chuvas torrenciais que caíam durante horas. Passaram dois dias sem comer, mas Tubal se fartava. Em várias ocasiões, Flávio se jogou desesperado numa poça de água fétida, cheia de insetos mortos, para saciar a sede. A comida sintética e os remédios que ele havia levado foram confiscados pelo chefe e deixados para trás. As duas moças não podiam mais usar sapatos, com os pés repletos de bolhas e feridas abertas. O fotógrafo contraiu malária e teve uma diarreia terrível; cheirava mal e desejava morrer, mas Flávio o medicou e cuidou dele. O sádico Tubal dizia a cada desgraça: "Quem quer conforto fica na cidade". Quando bêbado, confessava divertir-se fazendo sofrer os citadinos e dizia que, se alguém reclamasse, ia mandar matar.

O grupo encontrou índios canibais, mas não se importaram, pois só comiam seus inimigos. Flávio temia mais Tubal, a única besta selvagem que encontrou na Amazônia. Conseguiu filmar os rituais da lavagem dos macacos defumados à beira do rio, mas foi barrado ao filmar a cerimônia mais importante, "o ato de tomar o pó da confissão e da histeria que os levava a contorções frenéticas". Na viagem de volta, foi proibido por Tubal de filmar a cerimônia, raramente vista, da cremação de um homem doente. O cacique, seu amigo, havia permitido. Era costume queimar vivo um homem doente se o pajé decidisse que o mal era incurável.

———

67 Carvalho *apud* J. Toledo, *op. cit.*, p. 577.

Quando Eva perdeu seu pente, Flávio foi até Tubal pedir um dos 2 mil que doara ao SPI como presente aos índios. Tubal se recusou a entregar um sequer, alegando ser a carga agora patrimônio da União. Enfurecido, Flávio apoderou-se de um Colt 44 e, entrincheirado num barco, pôs-se a atirar a esmo. Dezoito horas depois, quando a munição acabou, ele foi detido pelos homens do SPI. Ele e seu equipamento foram então jogados na praia de Barcelos, junto com as duas moças e o inútil cinegrafista, todos num estado lastimável. Desembarcaram no porto de Manaus, retornando depois de avião para São Paulo.

Flávio relatou seu caótico experimento antropofágico nos textos "Motim na Amazônia", escrito em inglês para a revista *Life*, mas nunca publicado, e em "Flávio por ele mesmo", publicado no Catálogo do MAM-SP (2010), acompanhado de *stills* do filme frustrado, mostrando a aldeia Xirianã e momentos da expedição, além de *croquis* de um escafandro e de trajes contra mosquitos que desenhou e testou na expedição.

Flávio processou Raymond por vender seus filmes a exibidores argentinos e suas fotos a revistas estrangeiras. O belga mudou-se para Brasília e abriu uma agência de turismo. Tubal despareceu do mapa. Eva foi morar com Flávio, servindo-lhe de secretária e modelo; casou-se com o nissei administrador da fazenda do artista em Valinhos e teve três filhos. O filme *A deusa branca* nunca foi editado e Flávio jamais quis ver os copiões. Ele entregou a seu amigo e biógrafo J. Toledo todo o material bruto para que pudesse usar em seu filme *O comedor de emoções* (1973), que também permaneceu inacabado.[68] A aventura desse filme imaginário foi resgatada no curta-metragem *A deusa branca* (2013), de Alfeu França, que se vale do precioso material filmado na expedição, incluindo algumas belas imagens originais em cores.

Orfeu negro (1959)

Realizado em pleno carnaval carioca, adaptado da peça *Orfeu da Conceição*, de Vinicius de Moraes, e estrelado pelos negros Breno Mello (ator e futebolista brasileiro) e Marpessa Dawn (francesa nascida nos EUA), *Orfeu negro* (1959), de Marcel Camus, poderia ser considerado o mais belo exemplar do modernismo no cinema, se ele ao menos fosse "um filme 100% brasileiro". Mas os críticos brasileiros não permitiram que o "filme-mestiçagem" representasse o Brasil no Oscar, e, assumido pela França, levou para esse país o Oscar de Melhor Filme em Língua Estrangeira, o Globo de Ouro de Melhor Filme e a Palma de Ouro em Cannes.

O mito grego de Orfeu e Eurídice é transposto para as favelas cariocas no roteiro escrito por Camus, Jacques Viot e Vinicius, a partir de sua peça, montada em 1956, com música de Antonio Carlos Jobim e cenários de Oscar Niemeyer, no Theatro Municipal do Rio de Janeiro, pelo Teatro Experimental do Negro, de Abdias Nascimento.

---

68 *Ibidem*, *op. cit.* p. 556-8.

Cinema Novo e Cinema Marginal

No Brasil, o Cinema Novo repercutiu as grandes mudanças que ocorriam de Leste a Oeste — o Cinema do Degelo Soviético; o Novo Cinema da Polônia, da Hungria e da Tchecoslováquia; o *Angry Cinema* inglês; o *Cinéma Verité*, o *Cinéma Direct*, a *Caméra Stylo* e a *Nouvelle Vague* francesas; o Cinema Político italiano; o Novo Cinema alemão — que difundiam novos ideais e comportamentos, em especial da juventude.

Em sua primeira fase, influenciado por *Rio, 40 graus* (1955) e *Rio Zona Norte* (1957), de Nelson Pereira dos Santos, por sua vez marcado pelo neorrealismo italiano, o Cinema Novo produziu obras de impacto como *Assalto ao trem pagador* (1962), de Roberto Farias; *Barrela* (1962) e *Deus e o diabo na terra do sol* (1964), ambos de Glauber Rocha; *Os fuzis* (1965), de Rui Guerra; *A falecida* (1965), de Leon Hirszman; *O desafio* (1965), de Paulo César Saraceni; *São Paulo S/A* (1965), de Luis Sérgio Person; e *A hora e vez de Augusto Matraga* (1965), de Roberto Santos, entre tantos outros.

Para Sheila Schvarzman, de todo o cinema brasileiro, o Cinema Novo apropriou-se apenas da herança de Humberto Mauro, edificado como seu "pai fundador", como se nada de valor existisse antes dele[69]. Glauber Rocha alçou *Ganga bruta* entre os vinte maiores filmes da história do cinema, julgamento que sabia exagerado. Já a *Limite* — que não vira — reservava anátemas degradantes: "formalista", "alienado", "decadente". Os cinemanovistas apreciavam em Mauro o nacionalismo, o amor à "realidade brasileira", o serviço de educação e de propaganda prestado à ditadura do Estado Novo.

Embora exaltando o modernismo nacionalista de Humberto Mauro, Glauber também flertou com o modernismo anárquico, presente no emprego das *Bachianas* de Heitor Villa-Lobos em *Deus e o diabo na terra do sol* (1964) e *Terra em transe* (1967); no colorido tropicalista de *O Dragão da Maldade contra o Santo Guerreiro* (1969) e de *Cabeças cortadas* (1970); na revisão da sua *Estética da fome* (1965) na *Estética do sonho* (1971); na "antropofagia cristã" de *A idade da terra* (1980).

O baiano apocalíptico abraçou mais calorosamente a vertente anárquica do modernismo nas suas *performances* dentro do programa *Abertura*, na TV Tupi, e na realização improvisada do *Manifesto Antropofágico* que foi seu *Di-Glauber*, uma despedida alucinante do pintor modernista Di Cavalcanti em seu enterro, um filme que Glauber editou com raiva, cortando a película com os dentes, segundo o documentarista, pesquisador de cinema e produtor de TV Phillip Johnston. Glauber declarou à época que "filmar meu amigo Di morto é um ato de humor modernista-surrealista que se permite entre artistas renascentes: Fênix/Di nunca morreu. Meu filme é uma celebração que liberta o morto de sua hipócrita-trágica condição"[70].

---

69 Sheila Schvarzman, "Humberto Mauro: a matriz do cinema brasileiro", *O Estado de S. Paulo*, 28 ago. 2002; Sheila Schvarzman, *op. cit.*, 2004.
70 "O filme de Glauber Rocha sobre enterro do pintor Di Cavalcanti foi censurado", *O Globo*,

Para o crítico e professor mineiro José Tavares de Barros, descartando o "experimentalismo estéril" de *Limite*, o modernismo só teria se manifestado de fato no cinema brasileiro com o *Macunaíma* (1969), de Joaquim Pedro de Andrade[71].

Contudo, há mesmo no cinema ingênuo de Humberto Mauro um modernismo que se conecta com o modernismo da fase burocrática de Mário de Andrade, com sua vida tristonha, sacrificada no Departamento de Cultura ("O Departamento é o meu túmulo!"), sua paixão pelo folclore, seu nacionalismo conservador e sua homossexualidade reprimida. O modernismo burocrático deve ser considerado como tal, ainda que difira dos modernismos mais famosos: o modernismo socialista das mulatas gordas pintadas por Di Cavalcanti; o modernismo anarquista das *Experiências* de Flávio de Carvalho; o modernismo stalinista-festivo de Oswald de Andrade.

Humberto Mauro manteve bom relacionamento com os cinemanovistas e, já idoso, contribuiu como ator em *Memória de Helena* (1969), de Davi Neves, e como tradutor, para o tupi, dos diálogos de *Como era gostoso o meu francês* (1971), de Nelson Pereira dos Santos, e *Anchieta, José do Brasil* (1978), de Paulo César Sarraceni.

Já o Cinema Marginal criou obras inspiradas pelo Tropicalismo (1967-1969), o movimento tributário do *Manifesto Antropofágico* (1928), de Oswald de Andrade, bem como de sua peça *O rei da vela* (1937-1967). Entre os principais títulos do Cinema Marginal, citem-se *Hitler do Terceiro Mundo* (1968), de José Agrippino de Paula, autor da epopeia literária *PanAmérica* (1967), que retrata o cotidiano de um diretor de cinema a realizar uma superprodução hollywoodiana baseada na Bíblia; *O bandido da luz vermelha* (1968) e *A mulher de todos* (1969), ambos de Rogério Sganzerla e com sua mulher Helena Ignez; *O anjo nasceu* e *Matou a família e foi ao cinema* (1969), ambos de Júlio Bressane; e o muito censurado *Orgia ou o homem que deu cria* (1970), de João Silvério Trevisan, que se chamaria *Foi assim que matei meu pai,* numa referência à revolta do Cinema Marginal contra o Cinema Novo — o cangaceiro grávido seria uma alusão a Glauber Rocha, "o pai do Cinema Novo".

A antropofagia cultural de Oswald, bem como o lirismo experimentalista dos livros de Mário de Andrade dos anos 1920, seu "desvairismo", inspiraram o Cinema Marginal e também uma vertente libertária do Cinema Novo, já esboçada na revolucionária sequência de *Os cafajestes* (1962), de Ruy Guerra, em que a personagem de Norma Bengell é obrigada a correr nua pela praia perseguida por dois *playboys* motorizados (Jece Valadão e

---

25 out. 2013. Disponível em: https://acervo.oglobo.globo.com/em-destaque/filme--de-glauber-rocha-sobre-enterro-do-pintor-di-cavalcanti-foi-censurado-10539863#ixzz7sVL8WPag.

71 José Tavares de Barros, "O cinema", em: Affonso Ávila (org.), *O Modernismo*, 3ª ed., São Paulo: Perspectiva, 2013, p. 153-61.

Ao lado, Othon Bastos como Corisco, no cartaz do filme *Deus e o diabo na terra do sol*, de Glauber Rocha, 1964.

Abaixo, Dina Sfat e Grande Otelo em cena de *Macunaíma* (1969), de Joaquim Pedro de Andrade.

Daniel Filho); na violenta sequência final de *Os fuzis* (1964), também de Guerra, em que o povo faminto do Nordeste estripa uma vaca; e em *Terra em transe* (1969), retrato ainda em preto e branco de uma farsesca e trágica República das Bananas.

As imagens subversivas logo ganharão as cores vivas do Tropicalismo com *Macunaíma* (1969), de Joaquim Pedro de Andrade, a mais bela adaptação que se poderia desejar da rapsódia de Mário. O herói preto, preguiçoso e feio (Grande Otelo), que nasce de uma índia horrenda (Paulo José travestido) e se torna um branco mentiroso (Paulo José), perdendo seu muiraquitã — a sua alma —, representa o Brasil das massas messiânicas e das elites degeneradas dos filmes de Glauber — um país de alucinados e sem futuro.

Perfeccionista, Joaquim Pedro deu um rosto inesquecível ao mítico personagem, e a sequência da feijoada preparada para o Gigante antropófago numa piscina de cadáveres parecia aludir à ditadura militar brasileira. O filme sofreu 16 cortes, ou meia hora de filme, o que inviabilizou seu lançamento, a gerar uma epopeia de seu diretor junto às autoridades da Polícia Federal, em Brasília. *Macunaíma* não foi, contudo, "o filme que mais sofreu com a Censura", como escreveram alguns críticos: as melhores obras do Cinema Marginal, como *A família do barulho* (1970), de Júlio Bressane, sequer chegaram às salas de cinema.

Joaquim Pedro foi talvez o cinemanovista mais fiel ao espírito do modernismo, realizando, ainda, *O padre e a moça* (1966), que narra, a partir de poema do principal autor da segunda geração modernista, o mineiro Carlos Drummond de Andrade, a história de um amor proibido entre um padre (Paulo José) e uma jovem (Helena Ignez) cujo padrasto domina a cidade; *Vereda tropical*, episódio de *Contos eróticos* (1977), no qual um homem faz sexo com uma melancia; e *O homem do pau-brasil* (1982), uma fantasia histórica em torno de Oswald de Andrade.

Também *Os herdeiros*, de Cacá Diegues, e *Pindorama*, de Arnaldo Jabor, ambos realizados em 1970, auge da repressão do regime militar, reviveram com metáforas e simbolismos a estética modernista em suas vertentes antropofágica e etnográfica, manifestando um nacionalismo de gosto amargo para aqueles que experimentavam "horror e asco à ditadura".

Em *Como era gostoso o meu francês* (1971), Nelson Pereira dos Santos encenou em modo literalmente antropofágico o Brasil de 1594, quando os tupinambás eram amigos dos franceses e inimigos dos tupiniquins, amigos dos portugueses. Um francês (Arduíno Colasanti) é capturado pelos tupinambás e não consegue convencê-los de que é francês (eles pensam que é um português). Escravizado e obrigado a casar-se com Seboipepe (Ana Maria Magalhães), o francês acaba sendo cozinhado e devorado.

Integram ainda a vertente modernista-tropicalista os importantes painéis *A crônica da casa assassinada* (1971), de Paulo César Sarraceni, adaptado do romance de Lúcio Cardoso; e *Azyllo Muito Louco* (1971), de Pereira dos Santos, baseado no conto "O alienista", de Machado de Assis. Curiosamente, menos *modernistas* foram outras adaptações dos livros dos próprios modernistas, como *Lição de amor* (1975), de Eduardo Escorel, a partir do romance de Mário de Andrade; ou *Os condenados* (1975), de Zelito Viana, a partir do romance de Oswald de Andrade.

No apogeu da vertente tropicalista do Cinema Novo, Carlos Augusto Calil realizou o curta-metragem *Acaba de chegar ao Brasil o bello poeta francez Blaise Cendrars* (*L'aventure en Utopialand*, 1972, 25′), narrado por Mário Lima, Othon Bastos, Paulo Emilio Salles Gomes e Paulo Duarte. O documentário reconstituiu, com fotos, filmes e textos, a chegada ao Brasil do poeta Blaise Cendrars em 1924. Ele convive com os modernistas paulistas em ambientes finos e aristocráticos, é homenageado em jantares e convidado a fazer conferências em francês, que poucos entendiam na ainda provinciana "metrópole". No interior, hospedou-se em fazendas de café, cujas plantações imensas o encantaram. Assistiu ao carnaval do Rio e visitou as cidades barrocas mineiras, ficando impressionado com as obras de Aleijadinho em Congonhas do Campo. Num maravilhoso depoimento em cores, Tarsila do Amaral, o rosto oval emoldurado por uma touca azul, recorda o encontro do poeta com o canibal brasileiro Febrônio Índio do Brasil numa pequena prisão de Tiradentes. O filme traz ainda entrevistas com Prudente de Moraes Neto, Sérgio Buarque de Holanda e Marinette Prado, viúva de Paulo Prado. A revolução do general Isidoro Dias Lopes, em julho de 1924, registrada pelas câmeras de Luís da Silva Prado, Humberto Caetano e M. Dias, impediu Cendrars de realizar *Um filme 100% brasileiro*. De volta a Paris, tornou-se embaixador do modernismo brasileiro até 1928. Surgiram então críticas acerbas de Cendrars aos modernistas, orgulhosos de sua "cidadezinha provinciana" que imaginavam se tornando uma metrópole ("Que lindo entusiasmo"). Mário de Andrade teria se tornado "o Papa paulista [do modernismo] e lançava todos os dias manifestos com excomunhões cada vez mais numerosas". Oswald de Andrade "aburguesou-se na boêmia da vanguarda, o pior dos romantismos". Este revidou a crítica chamando Cendrars de "palhaço da burguesia, o pirata do Lago Léman", que o teria feito perder tempo, atolado numa "trincheira reacionária". Como entender essa ruptura?

O modernismo tropicalista continuou a exercer forte influência entre os novos cineastas, como em *A lira do delírio* (1978), de Walter Lima Júnior. Seu experimentalismo estético é enobrecido pela fotografia feérica de Dib Lufti, que fez a alucinação erótica do carnaval carioca transbordar para a realidade. O beijo lésbico entre Anecy Rocha e Nara Leão, improvisado pelas próprias atrizes, fez história no cinema brasileiro.

Novas floradas de inspiração modernista produziram *Índias do Sul do Brasil* (1979), de Guará Rodrigues, um belo documentário etnográfico sobre a tragédia da aculturação de tribos instaladas em Chapecó; *Um filme 100% brasileiro* (1986), de José Sette, sobre a visita ao Brasil de Blaise Cendrars em pleno carnaval carioca; *Hans Staden* (1999), de Luiz Alberto Pereira, baseado no relato histórico antropofágico *Duas viagens ao Brasil*, de Hans Staden ("Ali vem a nossa comida pulando", cap. 28), e que procurou o máximo de acuidade no elenco formado por xavantes, cadiuéus, mundurucus, quéchuas e guaranis, bem como por atores esforçados que aprenderam o tupi. Macunaíma voltou ao cinema como *Exu-Piá* (1983), de Paulo Veríssimo. O documentário *Mário de Andrade — Reinventando o Brasil* (2001) abordou a vida e a obra do autor de *Pauliceia desvairada* (1922), considerando *Macunaíma* o "espelho-crítica" da formação do homem brasileiro. Em *Tabu* (1982), Júlio Bressane imaginou um encontro de Oswald de Andrade com Lamartine Babo, promovido por João do Rio. E com *Eternamente Pagu* (1988), Norma Bengell, no primeiro filme que dirigiu, deu o protagonismo à escritora e jornalista Patrícia Galvão (Carla Camurati), companheira de Oswald (Antônio Fagundes), rival de Tarsila (Esther Góes) e esposa de Geraldo Ferraz (Otávio Augusto).

Bressane continuou suas homenagens a Oswald no pouco visto *Miramar* (1997), que se inspirou simultaneamente nas *Memórias sentimentais de João Miramar* (1924), de Oswald, e nas *Memórias póstumas de Brás Cubas* (1881), de Machado de Assis.

Paola Ribeiro realizou o documentário *Mário de Andrade — O turista aprendiz* (2017), a partir do livro homônimo, narrando suas viagens de descobertas aos estados de Pernambuco, Rio Grande do Norte, Alagoas e Bahia em 1928.

Céu D'Ellia realizou *Pauli_céia* (2011), sofisticada e profética piada visual de cores tropicalistas na qual o "cientista louco" Mário de Andrade cria um horrendo Frankenstein-Macunaíma, tosco e preguiçoso, que se elege presidente da República.

Finalmente — para este levantamento, destinado a ser ampliado —, o documentário *Por onde anda Makunaíma?* (2020), de Rodrigo Séllos, resgatou o mito que plasmou para sempre a "essência" do brasileiro e que é, na verdade, originário de etnias da tríplice fronteira Brasil-Venezuela-Guiana, registrado pela primeira vez pelo etnólogo alemão Theodor Koch-Grünberg em expedição realizada entre 1911 a 1913 e publicado em *Mitos e lendas dos índios Taulipangue e Arecuná*, segundo tomo da obra em cinco volumes *Vom Roroima zum Orinoco* (*Do Roraima ao Orinoco*, 1917-1928), finalmente reeditada em 2023 pela Editora da Universidade Estadual de São Paulo.

Referências

ADRIANO, Carlos. Semana fora de quadro. *Folha de S.Paulo*, 1º fev. 2022. Disponível em: https://quatrocincoum.folha.uol.com.br/br/artigos/historia/semana-fora-de-quadro.

ALMEIDA, Claudio Aguiar, *O cinema como "agitador de almas": Argila, uma cena do estado novo*. São Paulo: Annablume, 1999.

ALMEIDA, Martins de. "Sobre a expressão técnica". *Terra roxa e outras terras*. São Paulo, 27 abr. 1926 ano 1, n. 5.

ANDRADE, Mário de. "A escrava que não é Isaura". Em: *Obra imatura*, Obras Completas de Mário de Andrade. São Paulo: Livraria Martins Editora, 1960.

_____. *No cinema*. Organização de Paulo José da Silva Cunha. Rio de Janeiro: Nova Fronteira, 2010.

ANDRADE, Oswald de. *A crise da filosofia messiânica*. Tese para Concurso da Cadeira de Filosofia da Faculdade de Filosofia, Ciências e Letras da Universidade de São Paulo. São Paulo, 1950.

_____. Manifesto Antropófago. *Revista de Antropofagia*. Direção: Antonio de Alcântara Machado. Gerência: Raul Bop. São Paulo, maio 1928, ano 1, n. 1.

_____. *O homem e o cavalo*. Espetáculo em 9 quadros. São Paulo, 1934.

ANÔNIMO. "Cinema na Europa". *O Homem do Povo*, 13 abr. 1931, p. 4. Em: *O Homem do Povo: coleção completa e fac-similar do jornal criado por Oswald de Andrade e Patrícia Galvão (Pagu)*. São Paulo: Globo / Museu Lasar Segall / Imprensa Oficial do Estado de São Paulo, 2009.

_____. "Estrellinhas de São João". *O Homem do Povo*, 27 maio 1931, p. 4. Em: *O Homem do Povo: coleção completa e fac-similar do jornal criado por Oswald de Andrade e Patrícia Galvão (Pagu)*. São Paulo: Globo / Museu Lasar Segall / Imprensa Oficial do Estado de São Paulo, 2009.

_____. "Freud e o cinema". *O Homem do Povo*, 4 abr. 1931, p. 4. Em: *O Homem do Povo: coleção completa e fac-similar do jornal criado por Oswald de Andrade e Patrícia Galvão (Pagu)*. São Paulo: Globo / Museu Lasar Segall / Imprensa Oficial do Estado de São Paulo, 2009.

AUGUSTO, Sérgio. *Esse mundo é um pandeiro*. São Paulo: Companhia das Letras, 1989.

BARRETO, Mêrivania Rocha. *Makunaima/Macunaíma: Theodor Koch-Grünberg e Mário de Andrade, entre fatos e ficções*. Dissertação apresentada ao programa de pós-graduação em Linguagens e Saberes na Amazônia, como requisito para a obtenção do título de mestre em Linguagens e Saberes na Amazônia. Orientador: Prof. Dr. Gunter Karl Pressler. Universidade Federal do Pará. Programa de Pós-Graduação em Linguagens e Saberes na Amazônia, Bragança / Pará, 2014.

BARROS, José Tavares de. "O cinema". Em: ÁVILA, Affonso (org.). *O Modernismo*. 3ª ed. São Paulo: Editora Perspectiva, 2013, p. 153-61.

BARROS, Luitgarde Oliveira Cavalcanti; FARIA, Antônio Guerreiro; SERRÃO, Ruth (org.). *Guerra-Peixe, um músico brasileiro*. Rio de Janeiro: Lumiar Editora, 2007.

CABRAL, Sérgio. *A MPB na era do rádio*. São Paulo: Moderna, 1996.

CALIL, Carlos Augusto. Quem foi Blaise Cendrars, franco-suíço que se encantou por Aleijadinho e influenciou Oswald e Tarsila. *Folha de S.Paulo*, 23 jan. 2021. Disponível em: https://www1.folha.uol.com.br/ilustrissima/2021/01/quem-foi-blaise-cendrars-franco-suico-que-se-encantou-por-aleijadinho-e-influenciou-oswald-e-tarsila.shtml

CARDOSO, Fábio Silvestre. *Capanema*. São Paulo: Record, 2019.

CARVALHO, Flávio de. *Os ossos do mundo*. Edição revista e ampliada. Campinas – SP: Editora Unicamp, 2014.

CARVALHO, Flávio de. "Um nome brasileiro na cinematografia mundial". *Revista Anual do Salão de Maio*, incorporando o Catálogo do III Salão de Maio, n. 1, 1939. Disponível em: https://edisciplinas.usp.br/pluginfile.php/3760937/course/section/877449/aula4_MalfattiAnita_1917_Sal%C3%A3oDeMaio1939.pdf.

CARVALHO, Maria Alice Rezende de. "O samba, a opinião e outras bossas na construção re-publicana do Brasil". Em: CAVALCANTE, Berenice *et al*. (org.). *Decantando a República. Inventário histórico e político da canção popular moderna brasileira*. Rio de Janeiro: Nova Fronteira / São Paulo: Fundação Perseu Abramo, 2004, p. 37-68.

CASTRO, Ruy. *Carmen, uma biografia*. São Paulo: Companhia das Letras, 2006.

CATÁLOGO CINÉDIA 75 ANOS. São Paulo: Centro Cultural Banco do Brasil, jan. 2006.

CENDRARS, Blaise. *O filme 100% brasileiro*. Tradução e notas de Carlos Augusto Calil. Revisão de Maria Teresa de Freitas. Revista IEB n. 47, São Paulo, set. 2008, p. 201-13.

CEPPAS, Filipe, "Oswald de Andrade e a cinepoética antropófaga", Revista *Ensaios filosóficos*, v. X, Uerj, Rio de Janeiro, dez. 2014, p. 64-74. Disponível em: http://ensaiosfilosoficos.com.br/Artigos/Artigo10/CEPPAS_F_Cinepoietica.pdf.

ESCOREL, Eduardo. "A décima musa: Mário de Andrade e o cinema". Em: *Adivinhadores de água: pensando no cinema brasileiro*. São Paulo: Cosac Naify, 2005, p. 109-63.

FERNANDES, Lygia (org.). *Mário de Andrade escreve cartas a Alceu, Meyer e outros*. Rio de Janeiro: Edição do Autor, 1968.

FERREIRA, Susana Cristina de Souza. *Cinema carioca nos anos 30 e 40. Os filmes musicais nas telas da cidade*. São Paulo: Editora Annablume; Belo Horizonte: PPGH-UFMG, 2003.

FUSCO, Rosário. "Notas de arte. Música e cinema". *Verde*, Cataguases, ano 1, n. 1, set. 1927. *Revistas do Modernismo 1922-1929*. Organização: Pedro Puntoni e Samuel Titan Jr. São Paulo: Imprensa Oficial do Estado de São Paulo / Biblioteca Brasiliana Guita e José Mindlin, 2014.

GALVÃO, Maria Rita. *Crônica do cinema paulistano*. São Paulo: Ática, 1975.

GALVÃO, Patrícia. *Paixão Pagu. Uma autobiografia precoce*. Organização de Geraldo Galvão Ferraz. Rio de Janeiro: Agir, 2005.

_____. *Parque industrial*. São Paulo: Editora José Olympio, 2006.

GOMES, Paulo Emílio Salles, "Um discípulo de Oswald em 1935". Em: SCHWARTZ, Jorge (org.). *Oswald de Andrade: Obra incompleta*. Edição crítica. Tomo 2. Coleção Archivos. São Paulo: Edusp, 2021, p. 1153.

JAKOBSKIND, Mário Augusto, "Alberto Cavalcanti, ilustre desconhecido, no Brasil". *Observatório da imprensa*, 1º mar. 2005. Disponível em: http://www.observatoriodaimprensa.com.br/artigos.asp?cod=318AZL001.

LEITE, Ary Bezerra. *Fortaleza e a era do cinema*. 2 vols. Fortaleza: Secretaria da Cultura e Desporto do Estado do Ceará, 1995.

LOPES, Denilson. *Mário Peixoto antes e depois de limite*. São Paulo: e-galáxia, 2021.

MARISTELA FILMES. *Maristela Filmes, há 6 décadas produzindo arte*, 2016. Disponível em: http://www.maristelafilmes.com.br.

MARTINS, J. "Cataguazes, o cinema, a Phebo, a lei de menores, etc". Revista *Verde*, Cataguazes, ano 1, n. 5, jan. 1928.

MAURO, André Filipe. *Humberto Mauro, o pai do cinema brasileiro*. Rio de Janeiro: IMF Editora, 1997.

MELLO, Saulo Pereira de. *Limite*. Rio de Janeiro: Rocco, 1996.

MELLO, Saulo Pereira de. *Mário Peixoto: escritos sobre cinema*. Rio de Janeiro: Aeroplano, 2000.

MENDES, Adilson Inácio. "Vanguarda, sem retaguarda. O caso Chaplin Club." Em: *Segunda Jornada Brasileira de Cinema Silencioso: 8 a 17 ago. 2008*. São Paulo: Cinemateca Brasileira, 2008, p. 24-6.

MORETTIN, Eduardo. "Tradição e modernidade nos documentários de Silvino Santiago". Em: in PAIVA, Samuel; SCHVARZMAN, Sheila (org.). *Viagem ao cinema silencioso do Brasil*. Rio de Janeiro: Beco do Azougue, 2011, p. 152-73.

NAZARIO, Luiz. *O cinema errante*. São Paulo: Perspectiva, 2013.

O GLOBO. O filme de Glauber Rocha sobre enterro do pintor Di Cavalcanti foi censurado. *O Globo*, 25 out. 2013. Disponível em: https://acervo.oglobo.globo.com/em-destaque/filme--de-glauber-rocha-sobre-enterro-do-pintor-di-cavalcanti-foi-censurado-10539863.

PARANAGUÁ, Paulo, *Cinema na América Latina. Longe de Deus e perto de Hollywood*. Porto Alegre: L&PM, 1985.

PEIXOTO, Mário. *Limite*. Texto de Saulo Pereira de Mello. Rio de Janeiro: Funarte, 1978.

_____. Mário. *Mundéu*. Rio de Janeiro: Sete Letras, 1996.

PELIZZARI, Lorenzo e VALENTINETTI, Cláudio. *Alberto Cavalcanti: Pontos sobre o Brasil*. Trad.: Cláudia Cavalcanti. São Paulo: Instituto Lima Bo e P. M. Bardi, 1995.

PESSOA, Ana. *Carmen Santos*. O cinema dos anos 20. Rio de Janeiro, Aeroplano, 2002.

PINTO, Virgílio Noya. *Comunicação e cultura brasileira*. São Paulo: Ática, 1995.

RAMOS, Graciliano. "Uma tradução de Pero Vaz" (1937), in *Linhas tortas*. 21ª edição. Rio de Janeiro / São Paulo: Editora Record, 2005, p. 202-204.

SALIBA, Maria Eneida Fachini. *Cinema contra cinema. O cinema educativo de Canuto Mendes (1922-1931)*. São Paulo: Annablume / FAPESP, 2003.

SALLES, Francisco Luiz de Almeida. *Cinema e verdade*. São Paulo: Companhia das Letras / Cinemateca Brasileira; Rio de Janeiro: Fundação do Cinema Brasileiro, 1988.

SCHVARZMAN, Sheila. *Humberto Mauro e as imagens do Brasil*. São Paulo: Edunesp, 2004.

SCHWARTZMAN, Simon; BOMENY, Helena Maria Bousquet; COSTA, Vanda Maria Ribeiro. *Tempos de Capanema*. Prefácio de Afonso Arinos, filho. São Paulo: Editora Paz e Terra, 2000.

TOLEDO, J. *Flávio de Carvalho, o comedor de emoções*. Campinas, SP: Editora da Unicamp / São Paulo: Brasiliense, 1994.

VIANNA, Hermano. *O mistério do samba*. Rio de Janeiro: Jorge Zahar Editor / UFRJ, 2004.

VIEIRA, Denise Adélia. *A literatura, a foice e o martelo*. 87 f. Dissertação (Mestrado em Letras). Universidade Federal de Juiz de Fora, Juiz de Fora, 2004.

Sobre os autores

Alvaro Machado [org.]

Jornalista, doutor em teatro pelo Programa de Pós-Graduação em Artes Cênicas da Escola de Comunicações e Artes da Universidade de São Paulo (ECA-USP) com biografia do dramaturgo e escritor argentino Tulio Carella (1912-1979). Em 1987 traduziu e coordenou edição do clássico da literatura persa *A linguagem dos pássaros*, de Farid ud-Din Attar (Attar Editorial, 1987). Publicou reedição crítica de *Orgia: os diários do Recife*, 1960-61, de Tulio Carella (Opera Prima Editorial, 2011). É autor de *A sabedoria dos animais: mitologias* (Ground, 1996), *Teatro Popular do Sesi, 40 anos* (Sesi, 2004) e *Balagan, companhia de teatro* (ed. Balagan, 2016), bem como do texto de apoio de *Claudia Andujar: La Danse des Images* (ed. Marval, Paris, 2007). Escreveu *[...] metade é verdade — Ruth Escobar* (Edições Sesc, 2021), indicada a melhor biografia no Prêmio Jabuti. Na editora Cosac Naify, organizou e editou, de 2002 a 2014, cerca de vinte títulos nas áreas de cinema, fotografia e moda, entre os quais *A vulnerabilidade do ser*, de Claudia Andujar; *Notas de viagem*, de Thomaz Farkas; *Manoel de Oliveira*; *Abbas Kiarostami*; e *O anticinema de Yasujiro Ozu*, de Kiju Yoshida. Foi repórter, editor e crítico de artes dos cadernos Ilustrada (*Folha de S.Paulo*) e Caderno 2 (*O Estado de S. Paulo*), crítico de cinema e teatro das revistas *Bravo!* e *CartaCapital*. Em 2017, criou a Associação de Amigos do Teatro Brasileiro de Comédia (ATBC), movimento em defesa desse patrimônio teatral. Curador de artes cênicas na Biblioteca Municipal Mário de Andrade (São Paulo) entre 2017 e 2023.

Gutemberg Medeiros

Gutemberg Medeiros (1964-2023) foi jornalista, pesquisador e professor na Graduação de Jornalismo no Centro de Educação, Comunicação e Artes da Universidade Estadual de Londrina (UEL). Mestre, doutor e pós-doutor em Ciências da Comunicação pela Escola de Comunicações e Artes da Universidade de São Paulo (ECA-USP). Foi discípulo dileto do casal de mestres Boris Schnaiderman e Jerusa Pires Ferreira, esta colaboradora de seu trabalho de pós-doutorado a respeito de edição de livros no Brasil. Sua produção de artigos focou-se em História da Edição e do Livro, História das Mídias, Literaturas brasileira e russa e Semiótica da Cultura de Tártu-Moscou. Colaborou em dossiês sobre Iúri Lotman (*Revista da USP*, 2022) e Jerusa Pires Ferreira (*Revista Sentidos da Cultura*, 2023).

Irineu Franco Perpetuo

Jornalista e tradutor, colabora com a revista *Concerto* e é jurado do concurso de música Prelúdio, da TV Cultura de São Paulo. Entre algumas de suas traduções do russo, destacam-se *Pequenas tragédias* e *Boris Godunov*, de Aleksandr Púchkin; *Memórias de um caçador*, de Ivan Turguêniev; *A morte de Ivan*

Ilitch, de Liev Tolstói; *Memórias do subsolo*, de Fiódor Dostoiévski; e *Vida e destino* e *A estrada*, de Vassíli Grossman. Publicou *História concisa da música clássica brasileira* (Alameda Editorial, 2018) e *Como ler os russos* (ed. Todavia, 2021), entre outros títulos.

Luiz Fernando Ramos

Possui graduação em ciências sociais pela Universidade de São Paulo (1980), graduação em jornalismo pela Faculdade de Comunicação Social Casper Líbero (1980), mestrado em artes cênicas pela Universidade de São Paulo (1989) e doutorado em literatura brasileira pela Universidade de São Paulo (1997). É professor do Departamento de Artes Cênicas da Universidade de São Paulo. Encenador, dramaturgo e documentarista, realizou pesquisas em torno da produção teatral de Gordon Craig, Samuel Beckett, Tadeusz Kantor, José Celso Martinez Corrêa e Martins Pena. Autor de *Mimesis performativa: a margem de invenção possível* (Annablume, 2015). Foi crítico de teatro da *Folha de S.Paulo* (2008 e 2013), coeditor da revista *Palco e Plateia* (1986-1988) e coeditor responsável da revista *Sala Preta*, do Programa de Pós-Graduação em Artes Cênicas da USP (2001-2010/2013-2020).

Luiz Nazario

Professor de História do Cinema na Escola de Belas Artes da Universidade Federal de Minas Gerais (UFMG), com ampla colaboração na imprensa. Pesquisou, com bolsa CAPES, o cinema nazista na Alemanha e em Israel, doutorando-se pela Universidade de São Paulo com a tese *Imaginários de destruição: o papel da imagem na preparação do Holocausto* (1994). Publicou, entre outros, os livros: *Da natureza dos monstros* (1999), *As sombras móveis* (1999), *A cidade imaginária* (2005), *Autos-de-fé como espetáculos de massa* (2005), *Todos os corpos de Pasolini* (2007) e *O cinema errante* (2013).

Maria Lívia Nobre Goes

Mestre em artes cênicas pela Escola de Comunicação e Artes da Universidade de São Paulo (ECA-USP), graduada em filosofia (bacharelado e licenciatura) pela Faculdade de Filosofia, Letras e Ciências Humanas da Universidade de São Paulo (FFLCH-USP) e direito pela Pontifícia Universidade Católica de São Paulo (PUC-SP). Realizou iniciação científica sobre artistas brasileiros no acervo do MAC USP e formou-se em atuação pelo Teatro Escola Célia Helena. Trabalha como pesquisadora e assistente de direção em espetáculos teatrais. Participou da equipe de pesquisa e escrita do livro *TAIB — Teatro de Arte Israelita Brasileiro, uma história do teatro* (2023).

Sérgio de Carvalho

Dramaturgo, encenador e pesquisador de teatro. É fundador da Companhia do Latão, grupo teatral de São Paulo. É professor livre-docente na Universidade de São Paulo, onde atua desde 2005 na área de dramaturgia e crítica. Foi professor de teoria do teatro na Unicamp entre 1996 e 2005 e da Escola Livre de Teatro de Santo André, entre 1992 e 1993. Mestre e doutor pela Universidade de São Paulo, graduado em jornalismo. Realizou conferências sobre dramaturgia em países como Portugal, México, Argentina, Cuba, Grécia e Alemanha (na Casa Brecht de Berlim, Goethe Universidade de Frankfurt e Akademie der Kunst). Foi premiado como encenador pela União dos Escritores e Artistas de Cuba pela montagem de *O círculo de giz caucasiano*, de Brecht, em 2008. É autor de *O drama impossível* (Edições Sesc, 2023).

Veronica Stigger

Escritora, crítica de arte e professora universitária. Cursou jornalismo na Universidade Federal do Rio Grande do Sul. É mestre em semiótica pela Unisinos e doutora em Teoria e Crítica de Arte pela USP. Possui pós-doutorado pela Università degli Studi di Roma "La Sapienza", pelo Museu de Arte Contemporânea da Universidade de São Paulo (MAC USP) e pelo Instituto de Estudos da Linguagem da Unicamp. Coordena o curso de Criação Literária da Academia Internacional de Cinema e é professora nas pós-graduações em História da Arte e em Fotografia da FAAP e na pós-graduação em Formação de Escritores do Instituto Vera Cruz. Seu livro de estreia, *O trágico e outras comédias*, uma reunião de contos, foi publicado em Portugal pela editora Angelus Novus, de Coimbra, e ganhou uma edição brasileira pela 7Letras. Em 2019 lançou *Sombrio, ermo, turvo* pela Todavia. Também assinou a dramaturgia da peça *¡Salta!*, do Coletivo Teatro Dodecafônico, de São Paulo, e teve textos de sua autoria adaptados para o palco no espetáculo *Extraordinário cotidiano*, apresentado em Curitiba, e no espetáculo *Puzzle*, por Felipe Hirsch, encenado em Frankfurt, São Paulo e no Rio de Janeiro.

José Celso
Martinez Corrêa
(1937 • 2023)

Fonte Chalet • The Antiqua
Papel Pólen Natural 70 g/m²
Impressão Visão Gráfica
Data dezembro de 2023